CZY WIESZ, CO JESZ?

Poradnik konsumenta

czyli na co zwracać uwagę, robiąc codzienne zakupy

Katarzyna Bosacka
Małgorzata Kozłowska-Wojciechowska

CZY WIESZ, CO JESZ?

Poradnik konsumenta

czyli na co zwracać uwagę, robiąc codzienne zakupy

publicat
WYDAWNICTWO

Fotografie na okładce – Palto/Istockphoto (telewizor),
fotografie Autorek pochodzą ze zbiorów TVN S.A.

Ilustracje – Barbara i Tomasz Piątkowscy,
z wyjątkiem: Jamie Carroll/Istockphoto (ikona „kości"), Ganna Didora/Istockphoto (szynka – s. 54),
Oleg Tokarev/Istockphoto (pasztet – s. 57), Jeremy Mayes/Istockphoto (sery – s. 70),
Kheng Guan Toh/Istockphoto (mięso – s. 92), Iolon/Istockphoto (tabliczka czekolady – s. 138),
Angelina Vassileff/Istockphoto (szklanka czekolady – s. 138),
T-Immagini/Istockphoto (parówki – s. 160), AlonPerf/Istockphoto (pizza – s. 179),
Adobest/Istockphoto (laboratorium chemiczne – s. 195)

Redakcja – Eleonora Mierzyńska-Iwanowska, Krystyna Starczewska, Magdalena Ludwiczak
Projekt okładki – Hubert Grajczak
Projekt graficzny wnętrza – Michał Pańczak
Realizacja komputerowa projektu – Michał Pańczak, Marek Nitschke
Korekta – Eleonora Mierzyńska-Iwanowska, Anna Olsztyn-Patyk

ISBN 978-83-245-1852-4

Publicat S.A.
61-003 Poznań, ul. Chlebowa 24
tel. 61 652 92 52, fax 61 652 92 00
e-mail: publicat@publicat.pl
www.publicat.pl

Katarzyna Bosacka – dziennikarka prasowa i telewizyjna. Przez wiele lat kierowała działami zdrowia, urody i kuchni w „Wysokich Obcasach", dodatku do „Gazety Wyborczej", przez trzy lata była korespondentką „Wysokich Obcasów" w Waszyngtonie. Przed wyjazdem do Stanów Zjednoczonych przez dwa lata redagowała i prowadziła wspólnie z Klaudią Carlos w telewizji TVN Style program promujący zdrowy tryb życia – *Salon piękności*.

Do „Gazety Wyborczej" pisze m.in. o zwyczajach żywieniowych Amerykanów, o nowych dietach i trendach kulinarnych, o zdrowiu, ciekawych zjawiskach i ludziach. Udało jej się m.in. przeprowadzić rozmowę z królową amerykańskiego wywiadu, dziennikarką Barbarą Walters, pisała o Michelle Obamie, najsłynniejszej amerykańskiej kucharce Julii Child i wielokrotnej recydywistce dietetycznej Oprah Winfrey. Obecnie pisze i prowadzi w TVN Style popularny program konsumencki *Wiem, co jem, i wiem, co kupuję*. Namiętnie gotuje i urządza przyjęcia, a potem, gdy już to wszystko zje wraz z przyjaciółmi, mężem Marcinem i trójką dzieci – Jasiem, Marysią i Zosią – namiętnie biega.

Dr hab. n. med. Małgorzata Kozłowska-Wojciechowska – lekarz, specjalista chorób wewnętrznych i chorób przewodu pokarmowego, specjalista ds. żywienia. Wieloletni pracownik naukowy i kierownik Zakładu Upowszechniania Wiedzy o Żywności i Żywieniu w Instytucie Żywności i Żywienia w Warszawie. Od siedmiu lat samodzielny pracownik naukowy Warszawskiego Uniwersytetu Medycznego, adiunkt i kierownik Zakładu Opieki Farmaceutycznej, którego jest organizatorem i twórcą. Od pięciu lat kierownik studiów podyplomowych z psychodietetyki w Szkole Wyższej Psychologii Społecznej w Warszawie.

Aktywnie zajmuje się żywieniową promocją zdrowia oraz edukacją zdrowotną wszystkich grup społecznych. Przewodnicząca i inicjatorka powstania Rady Promocji Zdrowego Żywienia Człowieka, a także przewodnicząca Warszawskiego Oddziału Polskiego Towarzystwa Badań nad Miażdżycą. Jest autorką licznych wykładów, monografii i artykułów na temat żywienia oraz książki pt. *Żyjmy w zdrowiu, czyli piramida żywienia*. Razem z mężem Jackiem czas wolny spędza na podróżach po świecie, wedle zasady, że dwa razy w to samo miejsce się nie wraca, bo świat jest za duży, a czasu i tak za mało.

SPIS TREŚCI

Legenda

jedz (lub pij) dany produkt jak najczęściej

produkt dobry dla serca

produkt dobry dla kości

produkt o działaniu przeciwnowotworowym

nie jedz danego produktu nigdy, OK, skuś się najwyżej raz w miesiącu

produkt niskokaloryczny

produkt średniokaloryczny

produkt wysokokaloryczny

Zdrowe zakupy

Chleb nasz powszedni, osełka masła, pęto kiełbasy… Codzienny koszyk zakupów. Dziś już zdajemy sobie sprawę, że to, co jemy, może zapewnić dobre samopoczucie i zdrowie albo stać się zbędnym balastem, a nawet trucizną. Wiemy to szczególnie my, Polacy, bo na własnej skórze doświadczyliśmy siermiężnej PRL-owskiej diety, obfitującej w smalec, mąkę, wieprzowinę, polane tłuszczem ziemniaki, wódkę i papierosy. To m.in. dzięki fundamentalnym zmianom w sposobie odżywiania się: zjadamy mniej tłuszczu zwierzęcego, a więcej warzyw i owoców, rezygnujemy z palenia tytoniu i picia mocnego alkoholu, udało się nam w ciągu ostatnich 20 lat wydłużyć życie średnio aż o 10 lat!

A jeszcze nie tak dawno świat zachłystywał się sztuczną żywnością. Matki karmiły dzieci mlekiem w proszku, Amerykanie bez umiaru łykali witaminowe pigułki, modna była oranżada w proszku i „plastikowe", napompowane kaloriami potrawy gotowe do odgrzania w mikrofalówce. Jednak dziś, zmagając się z epidemią otyłości, wysokimi wskaźnikami zachorowań na cukrzycę, choroby serca czy nowotwory w krajach rozwiniętych, już wiadomo, że nie ma prawdziwego zdrowia bez prawdziwego jedzenia.

Żyjemy w czasach transformacji – z jednej strony oferta zdrowej żywności jest coraz bardziej imponująca, z drugiej – producenci nadal więcej obiecują, niż proponują. Niedawny raport roczny Inspekcji Handlowej pokazał, że przedsiębiorcy wprowadzają konsumentów w błąd, oferując zafałszowane produkty spożywcze. Nieprawidłowości dotyczące mleka i jego przetworów polegały m.in. na niepodawaniu konserwantów w wykazie składników, użyciu nieadekwatnej nazwy oraz dodawaniu tłuszczów roślinnych do masła. Inspektorzy wykryli, że ser gouda zawierał 91 proc. tłuszczów roślinnych, a w deserze czekoladowym nie było w ogóle czekolady. Poddano kontroli 268 partii jaj. Zastrzeżenia dotyczyły głównie deklarowania wyższej, więc i droższej, klasy wagowej (34,3 proc. spośród 137 zbadanych partii), a także niezgodnego z prawdą oznakowania informującego o ekologicznym chowie kur (4 partie, 1,4 proc.). Spośród przebadanych w laboratorium 133 partii mięsa zakwestionowano 10,5 proc., natomiast z 8 partii przetworów – 3,3 proc. Okazało się m.in., że do mięsa mielonego wołowego dodano tańszej wieprzowiny, parówki cielęce zamiast cielęciny zawierały drób, w schabie w majeranku znajdowało się mięso z kurczaka, a w pasztecie grzybowym nie było grzybów.

Gdzie zatem szukać zdrowych produktów? Jak kupować dobrą jakościowo żywność, niekoniecznie wydając fortunę? Na co zwracać uwagę, czytając etykiety? Jak nie dać się zwieść pustym hasłom i oszukańczej reklamie? Nasz poradnik odpowie na wszystkie Państwa pytania.

Od września 2010 roku na antenie TVN Style można oglądać program naszego autorstwa *Wiem, co jem* (od września 2012 roku – *Wiem, co jem, i wiem, co kupuję*), jedyną w polskich mediach cykliczną audycję poświęconą tematom konsumenckim. Dzięki Państwa zainteresowaniu bije on rekordy popularności. Po co go robimy? Przede wszystkim po to, by uświadomić nam, konsumentom, że w nas jest ogromna siła, zaś twierdzenie, iż „głodny lud wszystko kupi" jest po prostu nieprawdziwe. Dziękujemy wszystkim naszym widzom za życzliwość, szefostwu stacji TVN Style za wsparcie, ekipie współtworzącej program za ciężką pracę. Bez Was nie byłoby to możliwe.

Autorki

Kupuj z głową

- **Nie kieruj się niską ceną, często jest równoznaczna z gorszą jakością.**
- **Nie sięgaj po żywność nieznanego pochodzenia (bez oznaczeń, opisów na opakowaniu, listy składników, adresu producenta), szczególnie na targowiskach.**
- **Nie sugeruj się kolorowym opakowaniem, jego wielkością czy też fantazyjnym określeniem produktu. Szukaj właściwej nazwy, z reguły podanej znacznie mniejszą czcionką. Wybieraj opakowania bez uszkodzeń.**
- **Czytaj informacje na etykietach, zwłaszcza te podane drobnym drukiem. Z badań wynika, że robi to jedynie co piąty Polak, więc czas to zmienić!**
- **Na opakowaniu powinny znajdować się: nazwa rodzajowa wyrobu (np. „kiełbasa suszona", „mleko pełne"), wykaz składników (według masy w porządku malejącym), termin przydatności do spożycia (np. „należy spożyć do...") lub data minimalnej trwałości (np. „najlepiej spożyć przed..."), warunki przechowywania, zawartość netto, nazwa producenta.**
- **Zawsze czytaj informacje o zawartości netto wyrobu.**
- **Porównuj skład podobnych produktów, np. śmietana może zawierać dozwolone substancje dodatkowe bądź ich nie mieć, natomiast w parówkach może być od 10 proc. do 95 proc. mięsa. Wytwórca ma obowiązek podać procentową zawartość głównego składnika, czyli np. mięsa w wędlinach.**
- **Wybierając produkty typu light, sprawdzaj ich wartość odżywczą i skonfrontuj z innymi artykułami, bo może się okazać, że mają więcej kalorii niż te niedietetyczne.**
- **Kontroluj terminy przydatności do spożycia (datę minimalnej trwałości) oraz warunki przechowywania.**
- **Produkty spożywcze możesz reklamować u sprzedawcy. Najlepiej jak najszybciej. Masz prawo do zgłoszenia reklamacji w ciągu trzech dni od otwarcia opakowania opatrzonego terminem przydatności do spożycia lub datą minimalnej trwałości bądź w ciągu trzech dni od dnia zakupu w wypadku towaru sprzedawanego luzem.**
- **W razie kłopotów z uznaniem reklamacji możesz zwrócić się o pomoc do: Inspekcji Handlowej (której inspektoraty działają w każdym mieście wojewódzkim), miejskiego lub powiatowego rzecznika konsumentów (adresy dostępne na stronie www.uokik.gov.pl), organizacji konsumenckich (np. Federacji Konsumentów, Stowarzyszenia Konsumentów Polskich). Bezpłatne porady można uzyskać również, dzwoniąc pod numer Infolinii Konsumenckiej Federacji Konsumentów 800 007 007.**

śniadanie

Kawa

Kalorie w 100 g:

kawa czarna bez cukru – 2 kcal
szklanka z dwiema łyżeczkami cukru – 60 kcal
szklanka z dodatkiem mleka o zawartości:
0,5 proc. tłuszczu – 48 kcal, 2 proc. tłuszczu – 63 kcal,
3,2 proc. tłuszczu – 76 kcal
kawa z mlekiem, cukrem, bitą śmietaną i lodami – nawet 600 kcal!

Zalecana dawka:

do 4 filiżanek dziennie

Kawa na ławę

Powieszono na niej wszystkie psy świata. Za to, że wypita wieczorem nie pozwala zasnąć. Ostrzegano, że wypłukuje wapń z kości, powoduje anemię, palpitacje serca i pryszcze. Straszono, że głodzi, odwadnia, uzależnia i truje. Tymczasem wiele nowych badań wykazuje, że wcale nie taki czarny szatan straszny, jak go malują. Kawa pita w umiarkowanych ilościach i w rozsądnych porach jest zdrowa!

Odkryli ją Arabowie, ale na europejskie salony wprowadził… Polak – Jerzy Franciszek Kulczycki, dyplomata i żołnierz Jana III Sobieskiego. Legenda mówi, że świetnie znającemu turecki wojakowi, przebranemu w turban i szarawary, udało się wydostać z oblężonego przez niewiernych miasta i wezwać chrześcijańską Europę na odsiecz. W nagrodę za bohaterski czyn pozwolono mu z porzuconych tureckich taborów zabrać to, co zechce. Zamiast kosztowności żołdak wziął… worki z kawą, po czym otworzył w Wiedniu pierwszą jadłodajnię w mieście podającą ten napój. W gospodzie Pod Niebieską Flaszką można było ją pić sposobem Kulczyckiego – bez fusów, za to z mlekiem i cukrem.

Magiczna moc kawy tkwi w jej niesamowitym aromacie, a także w niepozornej, białej substancji o gorzkawym smaku, czyli kofeinie. Pobudza ona układ oddechowy, stymuluje krążenie, obniża napięcie mięśni. Kawosze przyznają, że nic tak nie odpręża jak poranna (albo popołudniowa) filiżanka dobrej kawy, która od razu poprawia samopoczucie i koncentrację. W kawie znajduje się 700 różnych olejków zapachowych. Jej aromat działa na nas mocniej niż smak, ale warto pamiętać, że jest ulotny. Kawa mielona traci aromat już po godzinie, napar kawowy – w ciągu kilkunastu minut. Dlaczego przez lata ten czarny napój miał tak czarny wizerunek?

Owszem, kawy raczej nie powinno się pić wieczorem, bo może niektórym utrudnić zaśnięcie. To prawda, że nie jest zalecana osobom z hipercholesterolemią, gdyż powoduje wzrost poziomu cholesterolu we krwi. Osoby z nadciśnieniem też muszą na nią uważać, bo podnosi ciśnienie (jednak na krótko i uważa się, że dwie filiżanki dziennie nie powinny zaszkodzić). Poza tym reakcja na kofeinę jest u każdego z nas inna – jedni po dwóch łykach po południu są tak nakręceni, że nie mogą spać do rana, inni po kilku filiżankach wypitych wieczorem chrapią jak susły. Jednak z całą pewnością w świetle najnowszych badań kawa nie ma wpływu na nowotwory i choroby serca, nie powoduje zaburzeń jego rytmu, nie zwiększa ryzyka choroby niedokrwiennej. Ba, jest wręcz odwrotnie. Picie trzech-czterech filiżanek dziennie zmniejsza prawdopodobieństwo śmierci z powodów krążeniowych o ponad jedną trzecią! Dlaczego? Bo mała czarna (również ta bezkofeinowa) zawiera mnóstwo substancji przeciwzapalnych i przeciwutleniających, które chronią naczynia krwionośne przed miażdżycą, a organizm przed starzeniem się. Umiarkowane i systematyczne picie kawy powinno zalecać się szczególnie kobietom, gdyż ma działanie wyszczuplające, tzn. zmniejsza wydzielanie insuliny, obniżając ryzyko otyłości i cukrzycy typu II. Najnowsze badania wykazują też, że kofeina nie powoduje osteoporozy, zwłaszcza u osób jedzących ryby i przetwory mleczne. Kawoszki rzadziej zapadają na nowotwory macicy. Kofeina stymuluje wzrost mieszków włosowych u panów, których czupryna zaczęła się już przerzedzać, natomiast u pań… może wpływać na rozmiar (lekkie powiększenie) piersi.

Bezpieczna ilość kawy to trzy-cztery filiżanki dziennie, dostarczające 300-400 mg kofeiny (dwie filiżanki dla kobiet w ciąży i karmiących). I jeszcze jedno: kawa nie powinna zastępować śniadania, nie należy też po nią sięgać przed śniadaniem. Kofeina zmienia wrażliwość organizmu na insulinę i może powodować gwałtowny wzrost poziomu cukru po jedzeniu. Natomiast pita już po pierwszym posiłku ma same zalety: usuwa zmęczenie, wzmacnia serce i mięśnie, ułatwia oddychanie, pomaga pozbyć się zakwasów po intensywnym wysiłku.

Prawie nie zawiera kalorii, ale jeśli wypijamy ją ze śmietanką, tłustym mlekiem i cukrem, staje się bombą kaloryczną. Brytyjska grupa konsumencka Which przeprowadziła niedawno badania napoju podawanego w kawiarniach w Londynie. Latte z dodatkiem mleka odtłuszczonego miała 71 kcal, cappuccino z większą ilością pianki – tylko 27, natomiast z mlekiem pełnotłustym – nawet 400! A tak w ogóle, czy kawa z lodami, słodkim syropem i bitą śmietanką, posypana wiórkami czekolady, oblana ajerkoniakiem lub likierem, to jeszcze kawa czy po prostu ociekający kaloriami deser cięższy niż porcja frytek XXL i podwójny hamburger? Aż 560 kcal ma kawa mrożona z kawiarni Starbucks. To więcej niż Big Mac! Według rzecznika Which miłośnicy porannej małej czarnej powinni być świadomi, ile zawiera ona kalorii. Szefowie barów kawowych, ujawniajcie kaloryczność napojów, inaczej pod naporem waszych kaw padniemy jak kawki!

Co do kawy?

Kawa ma 2 kcal w 100 ml. Kaloryczności dodają jej zabielacze i cukier. Jeśli wypijesz jedną filiżankę z mlekiem skondensowanym dziennie – pół biedy, jeśli cztery – zyskasz dodatkowych 200 kcal.

Co warto wlewać do kawy?

- Mleko odtłuszczone, tzw. świeże (1- lub 2-procentowe), krótko pasteryzowane w niskiej temperaturze, które zachowuje niemal wszystkie wartości mleka prosto od krowy i jest smaczniejsze – NAJZDROWSZY WYBÓR.
- Mleko odtłuszczone 1- lub 2-procentowe – NAJZDROWSZY WYBÓR.
- Śmietanki w kartoniku mają sporo kalorii: 110-150 w 100 ml – STOSOWAĆ CZASAMI.
- Mleko skondensowane, które powstaje z odparowania wody z mleka zwykłego, ma bardzo dużo białka i tłuszczu, a jeśli jest słodzone – stanowi bombę kaloryczną. Mleko 1,5-procentowe zawiera ok. 20 kcal w 100 ml, mleko skondensowane o zawartości 10 proc. tłuszczu: aż 180 kcal – DODAWAĆ BARDZO OSTROŻNIE.
- Zabielacze i śmietanki w proszku, wytwarzane z mleka w wyniku odparowania wody i wysuszenia tego, co zostało – to samo białko i tłuszcz bez wielu cennych witamin, które nie są odporne na przemysłowe procesy technologiczne. Taka śmietanka nie dość, że smakuje jak proszek do prania, to jeszcze ma mnóstwo kalorii, nawet 550 w 100 g i aż 13 g tłuszczu. Zawiera też wiele dodatków: regulator kwasowości, syrop skrobiowy, zabójcze dla naszych tętnic utwardzone tłuszcze roślinne (trans) – UNIKAĆ JAK OGNIA!

Ile kofeiny?

Kofeina znajduje się nie tylko w kawie, ale również w herbacie, napojach bezalkoholowych i energetyzujących, w czekoladzie:

– kawa parzona – filiżanka o pojemności 190 ml – 85 mg,
– kawa rozpuszczalna – filiżanka o pojemności 190 ml – 75 mg,
– herbata parzona – filiżanka o pojemności 190 ml – 50 mg,
– napoje typu coca-cola (zwykłe i light) – pojemność 250 ml – 8-53 mg,
– napoje energetyzujące z dodatkiem kofeiny lub guarany – pojemność 250 ml – 28-87 mg,
– czekolada – tabliczka 100 g – 11-71 mg.

Na zakupach

- Prawdziwa kawa to ziarna, a nie przetworzony przemysłowo produkt-gotowiec typu saszetka „3 w 1". Kupujmy więc kawę w ziarnach. Mielmy ją w domu tuż przed parzeniem, bo niezwykła moc kawy tkwi w jej aromacie. Piękny, głęboki zapach mają tylko zdrowe ziarna. Powinny być błyszczące, niepopękane, z wyraźnym śladem tłustych olejków kawowych na skorupce. Po rozgryzieniu te najlepsze są mocne w smaku i chrupiące.

• Po ropie naftowej kawa jest drugim produktem obrotu handlowego na świecie. To ogromny rynek. Jest o co walczyć. W Polsce kosztuje od kilku do kilku tysięcy złotych za kilogram!

• Na świecie uprawia się zasadniczo dwa gatunki kawy – Arabikę i Robustę. Która lepsza? Zdecydowanie Arabica. To kawa najwyższej jakości, delikatna i łagodna w smaku. Robusta jest co prawda bardziej odporna na kaprysy klimatu i szkodniki, rośnie i owocuje szybciej, ale jest mniej smaczna, kwaskowata, często ma ziemisty posmak. Zawiera za to mnóstwo kofeiny. To kawa gorsza jakościowo od Arabiki, stąd o 30 proc. tańsza. Kiedy więc stoisz przed półką w sklepie, wybierz kawę z napisem: „100 proc. Arabica". Do najszlachetniejszych odmian należą: Arabica Excelso Kolumbia, Arabica Kostaryka Tarazzu, Arabica Etiopia Djimmah, Jamajka Blue Mountain, Kopi Luwak – kawa z Indonezji o niezwykłym sposobie produkcji. Wszystkożerny łaskun muzang, zwany popularnie cywetą, łasuje nocą na krzewach kawowych, gdzie wybiera najdojrzalsze owoce. Miękkie części owoców trawi, nasiona wydala nietknięte, choć na ich smak wpływają soki trawienne. Takie nasiona zbiera się, oczyszcza, suszy i pali. Kilogram ziarna kosztuje 3000-5000 zł.

• Znawcy najwyżej cenią kawę średnio paloną (niestety, prawie niedostępną w sklepach), bo jej bukiet jest najbogatszy. U nas prym wiodą ciemno palone.

• Smakosze twierdzą, że ten produkt najlepiej kupować w małych palarniach lub specjalistycznych sklepach. Dlaczego? Aby zapakować dużą ilość kawy palonej, nierzadko studzi się ją lodowatą mgłą wodną. Wówczas gorące ziarna chłoną wilgoć i przybierają na wadze o 5 proc. Płacąc za kawę, kupujesz więc 5 proc. wody. W małych palarniach ochładza się ją zimnym powietrzem.

• Kupując ziarno luzem w specjalistycznym sklepie, zapytaj o datę palenia. Jeśli sprzedawca nie potrafi jej podać, a do tego ziarna leżą w otwartej beczce czy worku, lepiej zrezygnuj z zakupu. Świeżo palone chrupią podczas rozgryzania i mają mocny smak. Gdy są gumowate i gorzkie, należy przypuszczać, że już długo zalegają półki.

• Kawa smakuje wyśmienicie, gdy jest świeżo zmielona. Dlatego kupuj ziarna i samemu je miel tuż przed parzeniem, i to w młynku żarnowym – najlepiej ręcznym. Młynki udarowe o szybkich obrotach rozdrabniają kawę na pył, ale rozgrzewają ją, co powoduje uwalnianie aromatu, a o aromat przecież tu chodzi!

• Jeśli nie masz wyjścia i jesteś skazany na supermarket (również z powodów finansowych), lepiej wybierz kawę w ziarnach niż mieloną, bo przynajmniej wiadomo, co jest w środku (producenci nadal nie muszą podawać składu na opakowaniu).

- Opakowanie – powinno być jak najbardziej szczelne. Może to być puszka, słoik, ale najlepsze jest próżniowe, czyli takie, w którym nie ma powietrza. Chroni ono ziarna kawy przed tlenem, wilgocią i światłem, i pozwala zachować ich aromat. Dobre jakościowo kawy pakowane są w torebki z wentylkiem (ziarna kawowe mogą w nich minimalnie „oddychać" i nie „pocić się"). Po otwarciu przesyp zawartość do szczelnego słoika i przechowuj w lodówce. Nie warto kupować hurtowo i magazynować!
- Dobra kawa nie może kosztować kilka złotych, ale nie ma sensu wydawać na nią ponad 100 zł (w przeliczeniu na kilogram). Ta tania jest z pewnością niewiele warta. Sprzedaje się ją za grosze, by się jej pozbyć z półek supermarketów.
- Kawa w małych saszetkach to niezły chwyt marketingowy. Kawy naturalnej ma w sobie tyle, co kot napłakał, za to morze cukru, ekstrakt kawy zbożowej, niezdrowy utwardzony tłuszcz roślinny, mleko w proszku, zagęstniki, fosforany utrudniające wchłanianie wapnia oraz tysiące innych kompletnie pustych składników. Mimo że czasem zawiera zaledwie kilka procent kawy (np. Mokate Cappuccino orzechowe 3,3 proc.), kosztuje więcej niż ziarnista.
- Do przyrządzenia czarnego napoju nigdy nie stosuj wrzątku. Za optymalną temperaturę parzenia w ekspresie specjaliści uważają 85-90°C. Gdy jest wyższa, z kawy, szczególnie drobno zmielonej, wypłukiwane są szkodliwe dla zdrowia substancje.
- Uwaga, wiele osób pije kawę bezkofeinową, uznając, że jest zdrowsza. Tymczasem żeby z kawy wydobyć kofeinę, używa się silnie działających chemicznych rozpuszczalników, np. chlorku metylenu (toksycznego gazu, który usuwa kofeinę bez naruszenia substancji odpowiedzialnych za smak i aromat kawy).
- Dla smakoszy wersja rozpuszczalna to nie kawa, lecz pośledni gatunek spreparowany przemysłowo. Produkuje się ją dwoma sposobami: suszeniem w wyniku wymrażania oraz suszeniem rozpryskowym. Najpierw ziarno się praży, potem miele i parzy, otrzymując gigantyczny zbiornik świeżego naparu. Następnie drobiny kawy ekstrahuje się, a pozostałą ciecz odparowuje metodą liofilizacji (-40°C), czyli suszenia wskutek wymrażania. W tak niskiej temperaturze cząsteczki zawarte w stężonym naparze wody tworzą kryształki lodu. Później lód usuwa się z zamrożonych granulek metodą sublimacji w specjalnej komorze, gdzie następuje osuszanie cząstek w warunkach bardzo niskiego ciśnienia, w wyniku czego uzyskuje się gotowy produkt. Podczas osuszania rozpryskowego koncentrat kawowy wraz z gorącym powietrzem jest rozpryskiwany w dużej kolumnie. Pod wpływem wysokiej temperatury cząsteczki wody, spadając, odparowują, pozostaje tylko sucha, sproszkowana kawa. Proste? Bardzo. Zatem smacznego!

Uważaj na hasła

• Kawa odchudzająca – chwyt reklamowy, bo każda kawa w pewnym sensie odchudza. Poranna filiżanka tego napoju stymuluje perystaltykę jelita grubego, zapobiegając tym samym zaburzeniom funkcji jelit oraz zaparciom. Powinny go pić zwłaszcza kobiety na diecie, które zazwyczaj cierpią na te dolegliwości. Poza tym, czy reklama kawy jako produktu wspomagającego walkę z nadwagą, a zawierającego 352 kcal w 100 g, ma sens?!

• „Kawa" zbożowa – rodzaj napoju bezkofeinowego o smaku zbliżonym do kawy, produkowanego z prażonego żyta, cykorii i buraka cukrowego.

• Kawa w proszku typu cappuccino – z prawdziwym cappuccino nie ma nic wspólnego. Za to jest bardzo kaloryczna (ma ponad 400 kcal w 100 g) i upstrzona chemicznymi dodatkami.

Petryk, działa!

Ratunek na kaca:

Do kawy wlej sok z cytryny, wsyp trochę soli. Pomieszaj, wypij duszkiem.

Badania naukowe z ostatnich lat

• Od ponad 30 lat naukowcy prowadzą badania na temat wpływu kofeiny na sportowców. Wykazują one niezmiennie, że ta substancja poprawia wydolność organizmu. Według doktora Marka Tarnopolsky'ego z Uniwersytetu McMaster w Hamiltonie w Kanadzie, kofeina zwiększa wydolność mięśni nawet o 25 proc., ponieważ uwalnia zmagazynowany w nich wapń. Sportowcy są wtedy wytrzymalsi i szybsi. Wpływa też na mózg – na odbieranie sygnału „jestem zmęczony", „już dalej nie mogę".

• Według amerykańskiego Narodowego Komitetu ds. Prewencji, Rozpoznawania i Leczenia Nadciśnienia – JNC 7, umiarkowane picie kawy nie wpływa negatywnie na stan zdrowia, a nawet może wywoływać korzystne efekty w wypadku chorób sercowo-naczyniowych.

• Interesujące są wyniki 12-letniej obserwacji ponad 55 tys. amerykańskich kobiet. Wykazały one, że kawa nie ma istotnego wpływu na poziom ciśnienia krwi, natomiast napoje typu coca-cola (słodzone lub light), pite regularnie, powodują wzrost ciśnienia tętniczego.

• Międzynarodowy zespół uczonych przez dwie ostatnie dekady przebadał prawie 130 tys. ludzi. Wszyscy okresowo wypełniali ankietę odnośnie ilości kawy wypijanej każdego dnia, a także swojego stanu zdrowia. Szczególną uwagę zwracano na schorzenia układu krążenia – chorobę niedokrwienną serca, udary mózgu i zaburzenia rytmu. Okazało się, że w wypadku kobiet picie czterech-pięciu filiżanek kawy dziennie zmniejszyło (w porównaniu z kobietami, które nie były amatorkami tego napoju) ryzyko śmierci z powodów krążeniowych o blisko jedną trzecią. U panów ryzyko to było mniejsze o 44 proc.

- W wyniku wieloletnich obserwacji prowadzonych wśród amerykańskich lekarzy i pielęgniarek stwierdzono, że u osób spożywających systematycznie umiarkowaną ilość kawy (ale nie bezkofeinowej!) i herbaty ryzyko wystąpienia choroby Parkinsona jest mniejsze w porównaniu z osobami, które unikały obu napojów.

PRAWDY I MITY O KAWIE

- **Nieprawda**, że uzależnia. Uzależnienia w pojęciu klinicznym nie należy mylić z przyzwyczajeniem do pewnych zachowań, z którymi picie kawy bywa nierozerwalnie związane.
- **Prawda**, że przy dużych dawkach (250-750 mg, od czterech filiżanek wzwyż, zależnie od indywidualnych predyspozycji) mogą pojawiać się objawy lekkiego przedawkowania: uczucie zmęczenia, otępienie, mdłości, ból głowy, zwiększone napięcie mięśni, zaburzenia snu, arytmia serca.
- **Prawda**, że u niektórych ludzi z zapaleniem błony śluzowej żołądka, chorobą refluksową czy wrzodową wywołaną infekcją *Helicobacter pylori* może dochodzić po spożyciu czarnego napoju do dolegliwości bólowych w nadbrzuszu, odbijania, zgagi lub nudności. Obserwuje się te przypadłości zwłaszcza u osób pijących kawę niefiltrowaną lub instant (są one mniej zauważalne, gdy na małą czarną decydujesz się po posiłku).
- **Nieprawda**, że każda kawa jest zdrowa. Powinno się unikać tej parzonej po turecku czy, jak kto woli, po polsku – tzw. plujki, najczęściej zalanej wrzątkiem. Po pierwsze, taki sposób parzenia sprawia, że napój jest zawiesiną, a nie roztworem (jak w wypadku kawy rozpuszczalnej), więc silniej podrażnia żołądek. Po drugie, zawiera on duże ilości tłuszczów podwyższających poziom cholesterolu i podrażniających wątrobę. Najbardziej przyjazna dla żołądka jest kawa parzona w ekspresie, z dodatkiem mleka.
- **Nieprawda**, że espresso to kawa szatan. Ze względu na małą ilość wody ma mniej kofeiny niż filiżanka kawy z ekspresu przelewowego.

Kupuj z głową

Czy wiesz, że w jednej z popularnych rozpuszczalnych cappuccino jest zaledwie 3 proc. kawy? To znaczy, że na sto łyżeczek tylko trzy to prawdziwa kawa, reszta to cukier, mleko w proszku i morze chemicznych dodatków.

Mleko

Kalorie w 100 g:

mleko 3,2 proc. tłuszczu – 61 kcal (szklanka – 122 kcal)
1,5 proc. – 47 kcal (szklanka – 94 kcal)
0 proc. – 29 kcal (szklanka – 58 kcal)

Zalecana dawka:

co najmniej 2 szklanki mleka o zawartości 1,5-2 proc. tłuszczu dziennie

Pij mleko, będziesz niewielka!

Tak powinno brzmieć hasło zachęcające kobiety do picia mleka, bo udowodniono, że dzięki niemu są nie tylko zdrowsze, ale i szczuplejsze. Jeśli bowiem można sobie wyobrazić doskonały koktajl białkowo-witaminowo-mineralny (zawierający m.in. wapń, potas, fosfor, magnez, cynk, witaminy A, D, E i z grupy B), to mleko spełnia te warunki. Jednak przede wszystkim stanowi ono najtańsze, najłatwiej dostępne i najlepsze źródło świetnie przyswajalnego wapnia. Pozostałe bogate w wapń pokarmy – ryby czy ciemnozielone warzywa (np. brokuły, szpinak), nie mają z nim szans, bo żeby dostarczyć tyle samo wapnia, co z dwóch szklanek mleka, trzeba zjeść kilkanaście kilogramów sałaty! Ponadto udowodniono, że niektóre składniki białego napoju wykazują działanie przeciwrakowe (sprzężony kwas linolowy, nazywany też kwasem rumenowym – CLA, białka serwatkowe jako bogate źródło aminokwasów siarkowych niezbędnych do syntezy glutationu, wapń i witamina D).

Mleko pełni funkcję kleju łatającego dziury w naszych kościach. Aż 99 proc. wapnia jest zmagazynowane w zębach i kościach, a 1 proc. krąży we krwi – dzięki niemu funkcjonują m.in. serce, nerki, płuca, mięśnie. Gdy tego procentu we krwi brakuje, organizm pobiera go z kości i tworzą się szczeliny. Niestety, Polacy z roku na rok piją mniej mleka, jedzą mniej produktów mlecznych i dostarczają tylko połowę dziennego zapotrzebowania organizmu na wapń, ponadto spożywają niewystarczającą ilość witaminy D, bez której ten pierwiastek nie jest przyswajany. Wszystko wskazuje na to, że za chwilę zapanuje u nas epidemia osteoporozy. Ostatnio lekarze z Białegostoku przebadali dzieci, które piją niewiele mleka. Okazało się, że niektóre z nich już teraz mają większą podatność na wielokrotne złamania kości, a to można uznać za początki osteoporozy!

Mleko i przetwory mleczne powinni spożywać wszyscy poza osobami uczulonymi. Aby zaspokoić zapotrzebowanie na wapń (ok. 1000 mg dziennie), dorośli oprócz jedzenia serów i jogurtów winni pić dziennie dwie szklanki mleka (ok. 600 mg), a uczniowie nawet cztery-pięć lub ich część zastępować napojami z mleka fermentowanego albo serami.

Na zakupach

- Wybieraj mleko z bardziej odległych półek, będzie miało dłuższy termin przydatności do spożycia.
- Kupuj mleko z zawartością 1-2 proc. tłuszczu. Dlaczego? Bo mleko nie jest dla nas głównym źródłem tłuszczu. Codziennie i tak dostarczamy go w nadmiarze. Możemy zapobiec w ten sposób różnym chorobom, np. miażdżycy.
- Co z mlekiem 0 proc.? Mleko z 1- lub 2-procentową zawartością tłuszczu powinniśmy pić głównie z powodu znajdującego się tam wapnia, białka i cukru mlecznego oraz witamin A, E i D, które ułatwiają przyswajanie wapnia. Mleko z 0 proc. tłuszczu tych witamin nie ma, bo są one rozpuszczalne w tłuszczach.
- Smaczniejsze, z większą ilością witaminy C oraz kwasu foliowego i najbardziej zbliżone do mleka prosto od krowy jest mleko świeże, czyli pasteryzowane w temperaturze niższej niż 71,7°C.
- Mleko UHT (*Ultra Hight Temperature*), w kartonie, jest sterylizowane w temperaturze nie niższej niż 135°C. Niektórzy mówią, że traci sporo wapnia. Nieprawda. Traci specyficzny smak, a poza tym trochę witamin z grupy B, kwas foliowy i witaminę C, czyli te składniki, które nie są w nim najważniejsze, bo czerpiemy je z innych produktów.
- Mleko acidofilne, o obniżonej zawartości laktozy – to najnowsza propozycja dla osób z nietolerancją laktozy, które źle się czują po wypiciu tradycyjnego mleka. Cukier mleczny (laktoza), wywołujący u niektórych sensacje żołądkowe, został w takim mleku częściowo już rozłożony i stąd jest łagodniejszy dla żołądka i jelit.

Uważaj na hasła

- „Nie zawiera konserwantów" – żadne mleko ich nie ma, więc po co to pisać?
- „Bez sztucznych dodatków" – do mleka niczego się nie dodaje.
- „Naturalne", „z najczystszych terenów Polski", „z okolic parku krajobrazowego" – jeśli na opakowaniu nie ma certyfikatu ekologicznego (firm Ekogwarancja, PNG, Cobico, Bioekspert, Biocert, Agro Bio Test), tego typu napisy są chwytem reklamowym.
- „Mleko, twoje zdrowie" – każde mleko jest zdrowe, a najzdrowsze to odtłuszczone, o obniżonej zawartości tłuszczu (co najmniej 1 proc. tłuszczu).
- „Czyste", „możesz pić je prosto z kartonu", „bez przegotowania", „wysoka czystość mikrobiologiczna" – mleko zawsze musi być czyste, każde można pić prosto z opakowania.

Kozie wcale nie zdrowsze

Struktura chemiczna mleka koziego i krowiego jest podobna, z tym że kozie ma trochę więcej kalorii niż krowie – 68 kcal (136 kcal w szklance). Według ostatnich badań dzieciom uczulonym na mleko krowie nie powinno się podawać mleka koziego, bo mają one te same alergeny. U części maluchów, po początkowej poprawie, z upływem czasu dochodzi do powstania alergii krzyżowej i nawrotu objawów. Poza tym skład mleka koziego nie odpowiada potrzebom dziecka. Ma zbyt wiele składników mineralnych, co nadmiernie obciąża nerki, może też powodować niedobory ważnych witamin: kwasu foliowego, B_6, B_{12} i D_3. Lepiej malca karmić gotowymi mieszankami.

Kupuj z głową

Czy wiesz, że mleko w proszku, czy dla dorosłych, czy dla dzieci, to – wbrew reklamom – nie to samo, co naturalne? Zostało bowiem przetworzone przemysłowo: poddane procesowi pasteryzacji, następnie podgrzane i ususzone przez rozpylenie. Takie mleko ma zwykle więcej tłuszczu i cukru mlecznego, a mniej witamin niż tradycyjne i ze względu na koncentrację składników jest silniejszym alergenem.

Pstryk, działa!

Ciepłe mleko jest znakomite nie tylko na sen, ale i na wieczorny głód. Dietetycy nazywają je produktem „gęstym żywieniowo", to znaczy, że ma bardzo dużo składników odżywczych w stosunku do ilości dostarczonej energii i nie zawiera pustych kalorii. Dzięki temu pozwala zachować szczupłą sylwetkę.

Badania naukowe z ostatnich lat

- Badania przeprowadzone we Włoszech na prawie 3 tys. młodych kobiet wykazały, że te, które nie zaspokajały zalecanej dawki wapnia, miały o 15 proc. częściej nadwagę niż te, które piły mleko, jadły sery i jogurty.
- Według francuskich i brazylijskich naukowców, kobiety, które po okresie menopauzy piją dwie szklanki mleka dziennie i dodatkowo kefir lub jogurt, są mniej podatne na rozwój raka piersi.
- Badacze z Bristolu przez 25 lat oceniali wpływ spożycia mleka na śmiertelność w wyniku choroby niedokrwiennej serca u 5,5 tys. mężczyzn w wieku 35-64 lat. Stwierdzili, że picie dużej ilości mleka, tj. powyżej 570 ml dziennie, redukuje ryzyko śmierci z powodu tego schorzenia.
- Według włoskich naukowców, ze wzrostem konsumpcji mleka zmniejsza się prawdopodobieństwo wystąpienia ostrego zawału serca u kobiet.
- Wyniki badań prowadzonych na Uniwersytecie Harvarda wykazały, że większe spożycie odtłuszczonych produktów mlecznych zmniejsza ryzyko rozwoju cukrzycy typu II u mężczyzn.

• Właściwie skomponowana dieta, w której dominują warzywa, owoce i niskotłuszczowe produkty mleczne, redukuje poziom ciśnienia tętniczego, tym samym zmniejsza ryzyko incydentów wieńcowych o 15 proc., a udaru mózgu nawet o 27 proc.

PRAWDY I MITY O MLEKU

• **Nieprawda**, że mleko to śmierć w kartonie. Nie ma żadnych dowodów naukowych, by było szkodliwe dla zdrowia. Jego picie jest zalecane przez polską Radę Promocji Zdrowego Żywienia Człowieka i Światową Organizację Zdrowia (WHO).

• **Nieprawda**, że żywieniowcy zależą od koncernów mleczarskich. Owszem, z jednej strony zachęcają do picia mleka, ale z drugiej ganią firmy za sypanie cukru do serków dla dzieci, oszukiwanie na maśle czy wmawianie, że tylko jogurt chroni przed katarem. Odbijając piłeczkę, można powiedzieć, że nagonka na mleko została zapoczątkowana przez producentów tabletek z wapniem, które w porównaniu z mlekiem są horrendalnie drogie, przyswajają się o wiele gorzej, a do tego w dużych dawkach obciążają nerki. W ostatnich latach Stany Zjednoczone odchodzą od promowania tabletek z wapniem na rzecz mleka.

• **Nieprawda**, że w mleku UHT w wyniku obróbki ginie sporo wapnia. Traci ono specyficzny smak, a poza tym trochę witamin z grupy B, kwas foliowy i witaminę C, czyli te składniki, które nie są w nim najważniejsze, gdyż czerpiemy je z innych produktów.

• **Prawda**, że mleko jest silnym alergenem. W Polsce alergia na białko mleka krowiego występuje u 2,7 proc. niemowląt karmionych sztucznie i u 1,8 proc. karmionych naturalnie. Dziecięce alergie na mleko na ogół przemijają i nie ograniczają możliwości picia mleka w dorosłym życiu.

• **Prawda**, że ok. 15 proc. dorosłych osób w Polsce może wykazywać różny stopień nietolerancji laktozy. Powodowana jest ona niedoborem enzymu trawiennego w jelicie cienkim. Niestrawiona laktoza przedostaje się do jelita grubego, gdzie fermentuje pod wpływem obecnej tam flory bakteryjnej, wywołując wzdęcia, bóle brzucha, a często także biegunki. Ludzie z nietolerancją laktozy mogą pić jogurt i kefir, ponieważ obecne w tych produktach bakterie fermentacji mlekowej rozłożyły już ten cukier „za nich", dzięki czemu jest lepiej przyswajalny. Żółty ser mogą jeść bez ograniczeń, gdyż nie zawiera laktozy.

• **Prawda**, że mleko prosto od krowy pijemy na własne ryzyko. Jest pyszne, dobrze się zsiada, ale może zawierać bakterie szkodliwe dla człowieka. Wymię zdrowej krowy wytwarza mleko wolne od bakterii. Zakażeniu ulega ono w czasie udoju, przechowywania i transportu w nieodpowiednich warunkach. Bakterie przenoszą też ludzie. W ten sposób w latach 50. XX wieku rozprzestrzeniła się epidemia gruźlicy.

• **Prawda**, że lepiej nie pić mleka podczas gorączki czy zakażenia bakteryjnego. Wtedy przez dzień, dwa warto zrezygnować z tego napoju, bo jest on świetną pożywką dla bakterii.

Płatki

Kalorie w 100 g:
płatki kukurydziane – 363 kcal
płatki owsiane – 366 kcal
muesli z suszonymi owocami – 325 kcal
otręby pszenne – 185 kcal
słodkie kulki – nawet 450 kcal

Zalecana dawka:
kilka razy w tygodniu

Pytanie na śniadanie

Płatki dla dzieci stanowią niemal połowę wszystkich płatków kupowanych w Polsce, bo garść tego przysmaku z dodatkiem szklanki mleka to ulubione nie tylko przez maluchów śniadanie błyskawiczne. Dobrze robisz, jeśli decydujesz się na otręby, muesli z pełnego ziarna albo zwykłe płatki kukurydziane. Dietetycy są bowiem zgodni: im krótsza droga żywności z pola na stół, tym jest ona zdrowsza. Dlatego lepiej nie przyzwyczajać dzieci do płatków śniadaniowych mocno przetworzonych – dosładzanych, czekoladowych, lepkich od miodu, w postaci kulek, muszelek i „poduszkowców", które wyglądają jak słodycze. Takie płatki mają bardzo dużo kalorii, nawet więcej niż frytki, hamburger czy pizza! Nie dość, że są słodkie jak ulepek, to jeszcze często wzbogaca się je ulepszaczami smaku – solą i tłuszczem. Właściwie powinny znajdować się w sklepie tuż obok słodyczy, a nie być reklamowane jako zdrowe śniadanie. Producenci doskonale wiedzą, że dzieci kochają łakocie, więc by sprzedać jak najwięcej, sypią do nich cukier, a potem tłumaczą, iż ich wyrób: „wygląda i smakuje jak ciasteczka, ale to pyszne płatki śniadaniowe".

Przetworzone przemysłowo płatki produkowane są nie z pełnego ziarna, ale najczęściej z drobnych jego cząstek – grysu. Dlaczego pełne ziarno jest takie ważne? Bo błonnik pokarmowy, z którego w głównej mierze składają się płatki, oczyszcza organizm z toksyn, dostarcza mu cennych witamin i mikroelementów, a regulując pracę jelit, zapobiega tyciu. Takie właściwości ma tylko błonnik w formie nieprzetworzonej. Dlatego zamiast słodkich kuleczek w czekoladzie lepiej wybrać zwykłe płatki kukurydziane (są wytwarzane z pełnego ziarna) albo pełnoziarniste muesli i dorzucić do nich garść pestek słonecznika, kilka orzechów, suszonych moreli czy rodzynek, wkroić jakiś owoc i do tej mieszanki dolać najzdrowsze mleko – 2-procentowe.

Niedawno na zlecenie pisma konsumenckiego eksperci przebadali 275 rodzajów płatków dostępnych na brytyjskim rynku i orzekli, że aż trzech czwartych zdecydowanie nie można określić jako zdrowe. Wiele z nich zawiera więcej tłuszczu niż kanapka z boczkiem i więcej kalorii niż baton czekoladowy! Według danych międzynarodowych organizacji zajmujących się otyłością (np. International Obesity Taskforce), 155 mln dzieci na całym świecie choruje na otyłość lub ma nadwagę. Statystyczny Polak zjada w ciągu roku przeszło kilogram płatków śniadaniowych. W sumie wydajemy na nie 60 mln zł rocznie i ich sprzedaż wciąż rośnie. Daleko nam do Irlandii (na osobę przypada ok. 8 kg) czy Anglii (prawie 6 kg). Jeśli chcemy dogonić wyspiarzy, róbmy to w zdrowym stylu, wybierając płatki pełnoziarniste.

Na zakupach

- Zanim kupisz, przeczytaj informacje na opakowaniu. Sprawdź kaloryczność (niektóre płatki zawierają 400 kcal w 100 g) oraz ilość błonnika.
- Błonnik – niektóre płatki mają go 3 g, inne nawet 15 g. Wybieraj płatki z dużą zawartością błonnika (im więcej, tym lepiej), który wspomaga pracę jelit, niczym szczotka oczyszcza je z toksyn i pobudza trawienie.
- Uważaj na cukier (i inne jego postacie, np. syrop glukozowo-fruktozowy)! Niedawno w 32 krajach na pięciu kontynentach czasopisma i organizacje konsumenckie skontrolowały płatki śniadaniowe. W teście brał udział również nasz „Świat Konsumenta", który wytypował osiem produktów z polskich sklepów. Płatki najgorzej wypadły w badaniu na zawartość cukru – miały go 20-34 proc.! Część z nich zawierała też zbyt mało błonnika, przedłużającego uczucie sytości.
- Do płatków dodawane są także inne całkowicie zbędne substancje: tłuszcze trans, sól, mleko w proszku (tłuszcz i cholesterol), konserwanty, emulgatory, sztuczne barwniki i aromaty.
- Sprawdzaj cenę. Kilogram płatków może kosztować 12 zł, ale również 40 zł, i to bez względu na wartości odżywcze. Uwaga, ceny za kilogram podane są mniejszym drukiem. Tańsze płatki mają bardziej niepozorne, zgrzebne opakowania. Tym opakowaniom, które krzyczą, są piękne i kolorowe, od razu dziękujemy!

Uważaj na hasła

- „Fitness", „fit", „light" – zazwyczaj z rysunkiem smukłej sylfidy na opakowaniu i dopiskiem „lekki posiłek" – te hasła to chwyt reklamowy. Sprzedaż płatków śniadaniowych w opakowaniach sugerujących ich wpływ na szczupłą sylwetkę rośnie w Polsce jak szalona. Wystarczy jednak sprawdzić kaloryczność na torebce. Takie produkty mają tyle samo kalorii (albo nawet więcej: 360-415 kcal), co podobne artykuły bez magicznego „fit" w nazwie!
- „Wzbogacone wapniem" – i co z tego, kiedy, po pierwsze, wapń wchłania się najlepiej z mleka, a po drugie, do opakowania płatków producent dosypał pół kilograma cukru?

• „Moc owoców" – jeśli są to suszone rodzynki czy śliwki, to dobrze. Jeśli kandyzowane owoce – gorzej, bo zawierają mnóstwo pustych kalorii. W wypadku truskawek, brzoskwiń czy wiśni przemysłowe mycie, suszenie, krojenie, podbarwianie sprawia, że tracą prawie wszystkie wartości odżywcze.

• „Płatki i mleko" – to hasło na słodkich batonach oznacza, że są w nich węglowodany, cukier i mleko w proszku, które, jak wiadomo, mają wiele tłuszczu i dużo mniej wartości odżywczych niż normalne mleko.

Kupuj z głową

Czy wiesz, że 100 g niektórych słodkich płatków-ulepków ma nawet 35 g cukru? A więc w paczce, którą kupujesz, jest przeszło jedna trzecia samego cukru!

Jak powstają płatki?

Wytwarzane są ze zbóż: kukurydzy, pszenicy, owsa, jęczmienia, żyta i ryżu kilkoma metodami.

• Tradycyjnie – ziarna kukurydzy gotuje się, miele na papkę, a potem opieka. Podczas tego procesu kurczą się i przyjmują charakterystyczny kształt malutkich, chrupiących placuszków. Na sam koniec we wnętrzu obrotowego bębna posypywane są witaminami, często też solą, cynamonem, cukrem bądź polewane miodem.

• Maszynowo – przetworzone ciasto formuje się w kuleczki, poduszeczki czy muszelki. Zatapia się je potem w miodzie lub w słodkim syropie.

• Pęcznienie – gotuje się mieszankę mąk zbożowych, lekko suszy, a potem gwałtownie „nadmuchuje". Tak powstają lekkie, puste w środku kuleczki, które następnie powleka się słodkościami.

• Muesli – to płatki z dodatkiem suszonych lub kandyzowanych owoców.

Pstryk, działa!

Najlepsze płatki domowe:

Garstka muesli, dwie łyżki otrąb pszennych, kilka rodzynek, płatków migdałów albo orzechów, pokrojone suszone śliwki, świeży owoc, kropla miodu – w wersji dla łasuchów, mleko 2-procentowe. Razem – dużo błonnika, wapnia, witamin i minerałów!

Badania naukowe z ostatnich lat

W płatkach przemysłowo przetworzonych jest obecny akrylamid – substancja chemiczna powstająca w naturalny sposób w żywności podczas pieczenia, grillowania lub smażenia. Naukowcy podejrzewają ją o działanie rakotwórcze, a polscy badacze pod kierunkiem profesora Marka Naruszewicza odkryli ostatnio, że ma negatywny wpływ na serce i układ krążenia. Zaleca się mocne ograniczenie akrylamidu przede wszystkim w diecie dzieci.

PRAWDY I MITY O PŁATKACH

• **Nieprawda**, że słodkie płatki to „wzorowy start dnia" dla dzieci – z małą zawartością błonnika, za to z dużą ilością cukru nie są wcale dobre od rana. Dlaczego? Zadziałają jak zastrzyk energii, tyle że na krótko. Cukier bardzo szybko znajdzie się we krwi, to spowoduje wzrost poziomu insuliny, która będzie go neutralizować, co z kolei sprawi, że malec za chwilę znów poczuje się głodny. Poza tym serwowanie słodkich, kalorycznych płatków na śniadanie to przyzwyczajanie dzieci do cukru od rana.

• **Nieprawda**, że są dietetyczne. Wystarczy policzyć: średnia porcja, czyli sześć łyżek płatków, to jakieś 240 kcal. Do tego szklanka mleka 2-procentowego – 100 kcal. Razem 340 kcal. Sporo. Dla porównania: szklanka mleka, jajecznica z dwóch jaj, kromka razowego chleba i pomidor – 315 kcal; szklanka mleka, kanapka z chlebem razowym, szynką i ogórkiem – 280 kcal.

Jajka

Kalorie w 100 g:
147 kcal (sztuka – 85 kcal)

Zalecana dawka:
bez limitu

Ale jaja!

Czym byłaby Wielkanoc bez pisanek, kogel-mogel bez żółtek i śniadanie bez jajecznicy? Na szczęście naukowcy po latach ostrzegania przed tykającą w każdym żółtku bombą cholesterolową zmienili zdanie. Dziś twierdzą, że jajka nie mają wiele wspólnego z podwyższonym poziomem złego cholesterolu i można je jeść nawet codziennie. Amerykańskie Stowarzyszenie Zapobiegania Chorobom Serca nie zaleca jakiegokolwiek limitu na jajka, a Światowa Organizacja Zdrowia twierdzi, że nawet 10 sztuk tygodniowo nie powinno nikomu zaszkodzić. I słusznie, bo większość z nas więcej cholesterolu produkuje, niż zjada – 80 proc. wytwarza wątroba, pozostałe 20 proc. czerpie się z pożywienia. Jednak nie wszystko, co bogate w cholesterol, od razu musi szkodzić. Jajka, owszem, mają go sporo, ale nigdy nie udowodniono, że po ich zjedzeniu pojawi się we krwi, zatykając żyły i tętnice. Wiele badań przeprowadzonych przez różne ośrodki naukowe na świecie (w tym prace badawcze naukowców z Harvardu, którymi objęto 80 tys. kobiet) wykazało, że nawet codzienne spożycie jajek nie ma żadnego związku z chorobami serca.

Jajka są nie tylko, jak to mówią dietetycy, „gęste żywieniowo". To kopalnia witamin (A, E, D, K, B_{12}, kwasu foliowego), minerałów (potasu, siarki, fosforu, żelaza, cynku), kwasów omega-3 i -6. Przyspieszają przemianę materii i jednocześnie na długo hamują głód. Niedawne badania profesora Nikhila Dhurandhara z uniwersytetu w Luizjanie wykazały, że świetnie sprawdzają się jako składnik diet odchudzających. Profesor Dhurandhar przebadał dwie grupy kobiet będących na diecie 1500 kcal. Obie przez osiem tygodni jadły śniadania o identycznej kaloryczności. Jedna codziennie rano dostawała dwa jajka, druga – bułkę. Okazało się, że kobietom, które spożywały nabiał, udało się w ciągu dwóch miesięcy zrzucić 65 proc. więcej kilogramów, a jednocześnie ich poziom cholesterolu i trójglicerydów pozostał bez zmian.

Zatem większość z nas może delektować się jajkami na miękko czy na twardo, choć lekarze jednocześnie przestrzegają, że codzienna jajecznica z trzech sztuk jest nie dla tych, którzy chorują na cukrzycę bądź mają problemy z podwyższonym cholesterolem. Osoby te mogą się skusić najwyżej na kilka w tygodniu, i to najlepiej gotowanych na miękko lub w koszulkach, bo takie są najzdrowsze. Gorzej z omletem czy jajecznicą, ponieważ podczas smażenia powstają szkodliwe dla zdrowia rakotwórcze dioksyny, i kultowym koglem-moglem, bo dwa żółtka plus cukier równa się bomba kaloryczna (ok. 450 kcal)!

Na zakupach

- Kolor skorupki nie ma żadnego znaczenia. Najważniejszy jest... numer. Każde jajko powinno mieć stempel, a na nim najpierw cyfrę (od 0 do 3), potem symbol państwa (PL) i weterynaryjny numer fermy (jajek można nie stemplować, ale tylko wtedy, gdy się jest właścicielem stadka liczącego do 50 kur i sprzedaje na targu). Cyfra na stemplu mówi o tym, w jakich warunkach żyje kura, która zniosła jajko, a to ma znaczenie i dla naszego zdrowia, i dla sumienia.
- 3 oznacza chów klatkowy, czyli „obóz koncentracyjny" dla kur. Nioski spędzają całe życie zamknięte w klatkach (stojących jedna na drugiej). Są tak stłoczone, że czasem nie mają nawet możliwości obrócenia się, dziobią się, chorują, gubią pióra, ranią łapki. Celem takiej hodowli jest maksymalizacja wydajności i zysku. Zwierzęta karmi się wyłącznie sztucznie, zdarza się dosypywanie hormonów wzrostu oraz antybiotyków, by rosły i nie chorowały. W efekcie produkują więcej hormonów stresu. Żyjąca w warunkach naturalnych kura znosi ok. 200 jajek rocznie, ta na fermie nawet 350! Od 2012 roku w krajach Unii Europejskiej ma być wprowadzony zakaz hodowli w klatkach.
- 2 znamionuje chów ściółkowy. Kura spędza całe życie w zamkniętym pomieszczeniu, karmi się ją paszą, ale przynajmniej może swobodnie się ruszać.
- 1 określa hodowlę wolno wybiegową. W ciągu dnia kura chodzi po podwórku, zjada trawę, dżdżownice, na noc zamyka się ją w klatce. Jajka, które znosi, są nie tylko smaczniejsze, ale i zdrowsze – mają np. więcej żelaza.
- 0 to chów ekologiczny. Kura biega wolno i kiedy chce, wraca do kurnika. Zimą karmi się ją paszą z certyfikatem ekologicznym.
- Na opakowaniu jajek jest jeszcze napis oznaczający klasę: A (jajka przeznaczone do handlu), B i C (do użytku przemysłowego). Powinna być również informacja o rozmiarze. XL, L, M, S to kategoria wagowa, która określa wielkość jajka: XL – bardzo duże (73 g i więcej), L – duże (od 63 g do 73 g), M – średnie (od 53 g do 63 g), S – małe (poniżej 53 g). Pozostałe napisy nie mają znaczenia dla kupującego.
- Jajka kurze – najzdrowsze znoszą kurki zielononóżki, które kochają wolność, jedzą dużo trawy, a gdy zostaną w zamknięciu, zdychają, dlatego hodowane są wyłącznie na wolnym wybiegu. Takie jajka są też smaczniejsze. Jajko od zielononóżki jest małe, lekko podłużne, ma kolor skorupki od cielistego do jasnobeżowego. Ale uwaga – wiele jaj „od zielononóżek" w supermarketach to podróbki!

- Jajka przepiórcze – zawierają mniej tłuszczu i cholesterolu niż jajka kurze. Jest w nich także fosfor, żelazo, miedź, cynk oraz witaminy z grupy B. Ich białko ma właściwości przeciwbakteryjne i przeciwzapalne. Polecane są chorym na astmę, cukrzycę, anemię, z problemami z wątrobą i nerkami. Zwykle nie wywołują reakcji alergicznych u osób uczulonych na kurze białko.
- Jaja strusie – ważą przeszło 1,5 kg, z czego większość jest białkiem. Mają więcej niż jajka kurze dobrego wielonienasyconego tłuszczu i mniej cholesterolu. Aby ugotować jedno na twardo, potrzeba... ponad dwóch godzin, bo wagowo jest odpowiednikiem 30-35 jajek kurzych.
- Jajka kacze i gęsie – ze względu na oleisty, specyficzny smak używa się ich tylko w przemyśle cukierniczym do pieczenia ciast. Kacze bardzo łatwo ulegają zakażeniu salmonellą.

Uważaj na hasła

- „Jajka ze wsi", „z naszej zagrody", „prosto od baby", „z ekologicznych płuc Polski", „spod strzechy" itd. – te „cuda natury" zwykle mają stempel z trójką na początku, która wyjawia, że kura wychowała się na fermie, nie widząc ani trawy, ani słońca.
- Jajka „odlotowe", „kosmiczne", „z mocą", „mocarzy" – to zwykły chwyt reklamowy.
- „Jajka omega-3", czyli z bardzo zdrowymi kwasami tłuszczowymi zapobiegającymi wielu różnym chorobom. Uwaga, te pochodzące od kur z ferm zawierają 20-krotnie mniej omega-3 niż jajka kur wiejskich, biegających po podwórku! Najlepiej więc zaopatrywać się w sklepach ze zdrową żywnością, bo tam otrzymamy nabiał od kur, które dostają codziennie specjalną karmę z dodatkiem siemienia lnianego albo wodorostów, bogatych w ten kwas. Takie jajko będzie miało lekko rybi zapach.

Kupuj z głową

Czy wiesz, że jajka o jaskrawych żółtopomarańczowych żółtkach bardzo często barwione są karotenem? Wielu właścicieli zwykłych hodowli klatkowych karmi kury paszami z dodatkiem karotenu, który sprawia, że żółtka jaj wyglądają tak zdrowo i smacznie jak te od kur karmionych naturalnie.
Jajka o dwóch żółtkach nie są wynikiem genetycznych manipulacji, ale natury. Tendencję do znoszenia takich podwójnożółtkowych jaj mają młode kurki.

Pstryk, działa!

Chcesz się upewnić, czy jajecznica podana w restauracji lub hotelu jest prawdziwa? Przyjrzyj jej się uważnie. Jeśli ma jednolity żółty kolor, niechybnie pochodzi z kartonu (ta zrobiona ze świeżych jajek będzie biało-żółta). Na potrzeby przemysłu restauracyjnego i hotelarskiego jajka pakuje się w wielolitrowe kartony z dodatkiem konserwantów, sztucznych barwników. Wystarczy je potem tylko wylać na patelnię i „świeżutka" jajecznica gotowa.

Badania naukowe z ostatnich lat

- Naukowcy z Instytutu Roślin pod Edynburgiem (gdzie sklonowano słynną owieczkę Dolly) stworzyli genetycznie zmodyfikowane kury, które znoszą jajka zawierające substancje przeciwnowotworowe i antywirusowe. Być może wkrótce będziemy się leczyć jajecznicą.
- Naukowcy z Uniwersytetu Alberty w Edmonton wykazali, że jajka są bogate w białka, które działają identycznie jak leki obniżające ciśnienie, a tym samym zmniejszają ryzyko chorób układu sercowo-naczyniowego. Według nich więcej takich substancji mają jajecznica i jajka sadzone niż gotowane.

PRAWDY I MITY O JAJKACH

- **Nieprawda**, że jajka trzeba myć tuż przed użyciem. Należy to zrobić, jak tylko przyniesiemy je do domu. To zapobiega rozwojowi bakterii i ich rozprzestrzenianiu się w lodówce.
- **Prawda**, że jajka są świetnym i tanim kosmetykiem. Mają nawilżający i chroniący skórę przed wysuszeniem cholesterol, odmładzającą witaminę A i lecytynę (tłuszcz obecny w żółtku). Lecytyna, od greckego *lékithos* – żółtko jajka, jest naturalnym przeciwutleniaczem o właściwościach zmiękczających, odżywczych i nawilżających. Bez niej nie byłoby wielu liposomów, czyli kuleczek tłuszczowych, w których zamyka się aktywne składniki w kremach. Używany w pudrach i cieniach węglan wapnia *(calcium carbonaéte)* stanowi 95 proc. skorupki jajka, a bez albuminy, białka zwiększającego stabilność produktu, botoksu.
- **Nieprawda**, że jajka podnoszą potencję. Mają bardzo dużą wartość odżywczą, są symbolem życia i płodności, ale nie wykazano, by w jakikolwiek sposób wpływały na życie seksualne.

Chleb

Kalorie w 100 g:

żytni jasny – 241 kcal (kromka – 82 kcal)
pszenny – 249 kcal (kromka – 75 kcal)
żytni pełnoziarnisty – 237 kcal (kromka – 80 kcal)
żytni razowy – 233 kcal (kromka – 79 kcal)
żytni chrupki – 353 kcal (kromka – 35 kcal)!

Zalecana dawka:

2-4 kromki dziennie

Chleb i woda, nie ma głoda

Ciężki, kwaskowy, wilgotny w środku, z grubą skórką. Czy w Polsce jeszcze ktoś pamięta prawdziwy chleb, czy w zalewie pszennej, naszpikowanej chemią waty z supermarketów zapomnieliśmy o jego smaku? A może tak nam wygodniej – z łezką w oku wspominamy ciemne, pachnące zakwasem bochenki, ale kupujemy to, co łatwe, proste i najtańsze. Tymczasem większość pieczywa z piekarni i supermarketów to wcale nie chleb, bo ten z definicji powinien być żytni, na zakwasie, powstałym na skutek kilkudniowej fermentacji mąki, bez grama chemii w środku.

Prawdziwy jest bardzo zdrowy. Ma witaminy: B_1, B_2, B_6, E, kwas foliowy. Piecze się go z mąki pełnoziarnistej, bogatej w składniki odżywcze i wysmuklający błonnik. Zakwas, jego bezcenna składowa, zawiera kwasy, dzikie drożdże oraz różne szczepy bakterii mlekowych dobroczynnych dla naszego przewodu pokarmowego, które wraz z błonnikiem poprawiają perystaltykę jelit, oczyszczają organizm z toksyn oraz związków rakotwórczych (azotanów, azotynów i toksyn pleśniowych), pobudzają trawienie. Dzięki zakwasowi bochenek ma lekko kwaśny smak i dużo mniej szkodliwej dla zdrowia soli, której pełno w chlebowej wacie z supermarketu. Kwas mlekowy w ciemnym żytnim pieczywie poprawia przyswajanie wapnia i żelaza, działa leczniczo w przewlekłych schorzeniach żołądka, stanach zapalnych jelita grubego, zaleca się go przy chorobach wątroby, nerek i trzustki. Dzięki dzikim drożdżom (a nie suchym piekarniczym) oraz bakteriom (a nie chemicznym spulchniaczom i polepszaczom) prawdziwy chleb wyśmienicie smakuje, długo zachowuje świeżość, a ciemna mąka (a nie karmel czy sztuczne barwniki) nadaje mu piękny kolor. Ma jednak jedną wadę – trzeba się nad nim więcej napracować. Zakwas rośnie kilka dni, należy go doglądać, dlatego taki wyrób jest droższy.

Co innego chleb oszukaniec – produkt typu fast food. Wystarczą mąka pszenna, suche drożdże i pół wiaderka chemii: spulchniacze, wybielacze, sztuczne kwasy, które powodują szybszą fermentację, konserwanty, środki zapobiegające pleśni, karmel w celu uzyskania ciemnego koloru wypieku albo po prostu zamrożona masa wytwarzana przemysłowo, szast-prast, i gotowe. Robi się go szybko, wygodnie i przede wszystkim mniej kosztuje. Jednak smakuje jak wata, kruszy się w środku, na drugi dzień nie nadaje się do jedzenia, łatwo pleśnieje i jest niezdrowy! Mąka pszenna oczyszczona nie ma nic wartościowego poza węglowodanami napędzającymi apetyt – to dlatego białego pieczywa można jeść nieskończone ilości. Pszenica spowalnia pracę jelit, zakleja je. Nie dosyć, że nie dostarczasz żadnych cennych dla zdrowia składników, to jeszcze po białych dmuchanych bułeczkach tyjesz.

Przeciętny Polak zjada ok. 70 kg pieczywa rocznie, z roku na rok coraz mniej. Przyczyniły się do tego nie tylko hipermarkety, ale i piekarze, którzy psują chleb na potęgę. W Polsce nie obowiązują żadne normy: piec może każdy, co mu się tylko podoba. Ba, nie musi nawet podawać składu swoich wypieków. Słowem, jest niemalże możliwe wyprodukowanie „chleba" ze zmielonej tektury i nazwanie go „staropolskim". Czy nie czas to zmienić? Od nas zależy, jakie pieczywo kupujemy.

Na zakupach

- Chleb żytni, pieczony z mąki żytniej jasnej lub razowej – jest zwarty, ciężki i zdrowszy niż pszenny. Żyto ma twarde ziarno, z większą ilością wysmuklającego i pobudzającego trawienie błonnika. Zakorzenia się bardzo głęboko, czerpie składniki mineralne z głębszych pokładów gleby. Chleb żytni żujesz długo i zjadasz go mniej.
- Pieczywo pszenne jest lekkie i nadmuchane. Pszenica ma miękkie, kleiste ziarno, jeśli pozbawi się ją osłonek – nie zawiera prawie wcale błonnika. Ma też mniej witamin i minerałów niż żyto. Chleba pszennego nie trzeba żuć, rozpływa się już w ustach, szybciej wchodzi w biodra i aby się nasycić, zjada się go więcej.
- Kupując chleb, musisz zabawić się w detektywa. Warto zdawać sobie sprawę, że w krajach Unii Europejskiej piekarze mają obowiązek podawać jedynie jego nazwę i rodzaj (pszenny, żytni lub żytnio-pszenny) oraz datę produkcji. Nie muszą natomiast ujawniać składu. Niektórzy jednak (zwłaszcza ci piekący dobry chleb) nie boją się podawać listy składników. Jeśli na bochenku znajdziesz taką listę, przeczytaj ją uważnie. Im wyższy numer przy oznaczeniu mąki, tym będzie ona bogatsza w wysmuklający błonnik, witaminy i minerały, a więc i zdrowsza.
- Szukaj pieczywa mającego w składzie tylko mąkę, wodę, zakwas i sól. Jeśli zawiera coś więcej, np. zakwaszacz (E322, E330), ulepszacz (E471, E300), oznacza to, że kupujesz podróbkę. Owszem, prawdziwy chleb będzie droższy, ale także zdrowszy i jedna kromka bardziej cię nasyci niż cztery kromki tego oszukanego. Zjesz go do ostatka.

•Dobry chleb jest ciężki, nienadmuchany, lekko mokry w środku, dość twardy, po przekrojeniu powinien się ciągnąć, niemal lepić do noża. Ma specyficzny kwaskowy zapach. Nie pleśnieje ani zanadto nie wysycha w ciągu pięciu-sześciu dni, ten najlepszej jakości zachowuje świeżość nawet dziesięć dni!

•Prawdziwy bochenek nie powinien mieć dodatku mąki sojowej, tzw. naturalnego ulepszacza, który wpływa na wybielenie mąki i pozwala dodać do ciasta więcej wody, co zwiększa objętość oraz miękkość pieczywa.

•O mące pszennej wysoko oczyszczonej dietetycy mówią: „bezcennymi otrębami karmi się świnie, dla ludzi pozostają odpadki". Najzdrowsza jest graham, razowa i z pełnego przemiału:

– tortowa – 450,
– poznańska, wrocławska, krupczatka – 550,
– luksusowa – 550,
– makaronowa – 650,
– żytnia chlebowa (pytlowa) – 720,
– pszenna chlebowa – 750 lub 850,
– sitkowa – 1400,
– graham – 1850,
– razowa – 2000,
– z pełnego przemiału – 3000.

•Skórka – ma najwięcej przeciwutleniaczy, chroniących przed nowotworami i starzeniem, oraz błonnika. W chlebie oszukańcu jest jednolita i cienka. Jeśli ma on wyraźnie rudy kolor (wiewiórki albo czekolady), to znaczy, że dodano do niego karmelu lub słodu, by udawał zdrowsze pieczywo ciemne. Uwaga, są na niej czasem przyklejone ziarna, byśmy myśleli, że to chleb pełnoziarnisty i nie zauważyli, że kupujemy gniot. Jednak po przekrojeniu – ziaren ani śladu. W dobrym jakościowo chlebie skórka powinna być dość gruba, twarda, ładnie przypieczona, błyszcząca i mieć złocisty lub ciemnobrązowy kolor. Jej powierzchnia może pękać w charakterystyczne romby. Dokładnie tak, jak ziemia podczas dużych upałów.

•Konsystencja – chleb oszukaniec jest jak gąbka, ma pustkę w środku. Gdy go zgnieciesz, nie wróci do stanu pierwotnego. Łatwo się kruszy, trudno kroi, podczas smarowania masłem powstają w nim dziury. Natomiast dobry, zdrowy chleb jest lekko gliniasty i łatwo go pokroić na kromki.

•Jeśli nie masz możliwości kupienia chleba na zakwasie, wybieraj chociaż żytni – jest o niebo zdrowszy od pszennego.

•Chleb baltonowski powinien zawierać 40 proc. mąki żytniej i 60 proc. mąki pszennej.

•Chleb pytlowy wytwarza się z mąki żytniej typu 720.

- Oprócz pełnoziarnistego razowca warto kupować dla zdrowia pumpernikiel ze śruty żytniej, bez zawartości drożdży, za to z dużą ilością błonnika.
- Zaleca się również graham – pieczywo z mąki pszennej z pełnego przemiału, delikatniejsze niż razowe żytnie i z tej racji wskazane dla osób, dla których pełnoziarnisty bochenek jest zbyt ciężkostrawny.
- Sitek – chleb nazywany żytnim, ale pieczony z mąki mieszanej, pszennej i żytniej, częściowo oczyszczonej, nie jest tak zdrowy jak razowy, ale na pewno zdrowszy od pszennego.
- Nie do końca zdrowy jest też chleb paczkowany w folię, o przedłużonym terminie przydatności do spożycia, bo ma konserwanty. Jaki jest powód zjadania pieczywa „cudownie" świeżego przez wiele tygodni, skoro chleb można kupować codziennie?
- Pieczywo chrupkie – najlepiej wybierać to z mąki z pełnego przemiału, wzbogacone ziarnami np. słonecznika, siemienia lnianego czy sezamu. I nie pochłaniać od razu całej paczki ze względu na wysoką kaloryczność – ma od razowca mniej wody, a więcej kalorii.
- Zwracaj uwagę na ceny. Zwykłe, niezdrowe, ohydne w smaku pieczywo tostowe może kosztować nawet kilkanaście złotych za kilogram!

Uważaj na hasła

- Czytaj etykiety i staraj się kupować chleb z podanym składem. Nazwy „tradycyjny", „dobry", „staropolski", „wiejski" mają znaczenie tylko wtedy, jeśli na nalepce nie wymieniono ani jednego chemicznego składnika, a są tylko: mąka żytnia, naturalny zakwas, woda i sól.
- „Pasteryzowany" – nie mamy pojęcia, co to znaczy. Pasteryzuje się przecież mleko, a nie chleb!
- „Bez konserwantów" – prawdziwy chleb nigdy ich nie ma.
- „Chleb tostowy. Zawsze świeży i mięciutki" – chleb jak Lenin, wiecznie żywy. W zasadzie to wcale nie chleb, a bułka. Nie ma prawie żadnych wartości odżywczych, za to mnóstwo kalorii, i z racji tego, że jest paczkowany i ma długi termin przydatności do spożycia – morze konserwantów. Ponadto jest zwykle pakowany w folię, a to oznacza więcej polepszaczy i konserwantów niż w tradycyjnym. W zbożu w naturalny sposób powstają pleśnie. Żeby chleb tostowy lub jakikolwiek inny przeżył sto lat w foliowym opakowaniu, trzeba mu podsypać konserwantów. A i nie wiedzieć czemu taka czysta chemia w folii kosztuje nawet 18 zł za kilogram, podczas gdy dobry chleb żytni 6 zł.
- Chleb „fit", „wysmuklający", „light". Czy chleb może nas odchudzić? Nic z tego, chleb to chleb – zawsze będzie kaloryczny.

Chrup skórkę!

Podczas wypieku bochenka tworzą się w nim przeciwutleniacze, które zapobiegają powstawaniu nowotworów. Naukowcy z uniwersytetu w Münster odkryli, że skórka zawiera ich aż osiem razy więcej niż środek chleba.

Kupuj z głową

Czy wiesz, że wiele chlebów na miodzie nie ma w sobie nawet kropli aromatycznej leśnej żywicy? W środku kryje za to... sztuczny miód, który jest wytworem chorej ludzkiej wyobraźni. To przecież sam czysty żywy cukier!

Pstryk, działa!

Chleb na zakwasie można upiec samemu w domu. Potrzebne są tylko mąka, woda i sól… trochę sprzętów kuchennych, sporo cierpliwości. Najpierw zmieszaj miarkę letniej wody z miarką mąki żytniej, potem każdego dnia dodawaj do masy to samo, w ten sposób przygotowując zakwas. Po czterech-pięciu dniach jest gotowy. Wsyp wtedy mąkę, dodaj sól i gdy ciasto wyrośnie, podwajając objętość, upiecz chleb. Szczegółowe informacje znajdziesz na stronie **www.chleb.info.pl**.

Badania naukowe z ostatnich lat

Profesor Magdalena Włodarczyk-Kierczyńska, która prowadzi badania nad chlebem, twierdzi, że pieczywo na zakwasie wcale nie musi być drogie. Przygotowała specjalny zakwas, składający się z trzech szczepów bakterii mlekowych oraz drożdży. Można go zamrażać i długo przechowywać.

PRAWDY I MITY O CHLEBIE

- **Nieprawda**, że tuczy. Dobry chleb długo żujesz i trawisz, jedna-dwie kromki starczą więc na kilka godzin. Tyjesz po pieczywie pszennym typu „wydmuszka" – jest bardzo krótko trawione, po jego zjedzeniu szybko pojawia się we krwi glukoza, która napędza apetyt.
- **Nieprawda**, że chleb chrupki ma mało kalorii. Nie można go jeść dużo, bo zawiera ich więcej niż 100 g innych gatunków!
- **Prawda**, że produkt na zakwasie jest zdrowszy, gdy poleży choć jeden dzień. W zaczynie znajdują się dwa kwasy: mlekowy, działający leczniczo na układ pokarmowy, i octowy, który może drażnić żołądek lub jelita, jednak ulatnia się dość szybko. Dlatego osoby o wrażliwszym układzie pokarmowym nie powinny jeść chleba prosto z pieca.

Masło i margaryna

Kalorie w 100 g:
masło ekstra (82 proc. tłuszczu) – 735 kcal
masło śmietankowe (72 proc. tłuszczu) – 659 kcal
margaryna – 180-720 kcal

Zalecana dawka:
ćwierć-pół łyżeczki dziennie

Najlepiej ani to, ani to

Bo kto nie smaruje, ten chudnie. Problem: masło czy margaryna dotyczy tego, jakie jada się tłuszcze. Jeśli więc Pan Maśliński (czyli przeciętny Polak) rano zjada jajecznicę na maśle, potem dwie bułki z kiełbasą i masłem, na obiad kotleta i ziemniaki z masłem, a wieczorem ciasteczka maślane – marne jego zdrowie za kilka lat. Jednak jeżeli Pan Margaryńczak je cały dzień warzywka i margarynę – też niedobrze. W diecie obu powinny się znaleźć tłuszcze roślinne (częściej) i zwierzęce (znacznie rzadziej), bo tłuszcz jest potrzebny – chroni narządy wewnętrzne, wspomaga produkcję hormonów, przyswajanie wielu witamin (tych rozpuszczalnych w tłuszczach). Problem polega jednak na tym, że rodacy częściej żywią się tak jak mięsożerca Maśliński niż jak roślinożerca Margaryńczak. Polacy spożywają o wiele za dużo tłuszczu zwierzęcego: masła, kiełbasy, parówek, kaszanek i kotletów, a to niedobrze, bo udowodniono, że tłuszcze nasycone pochodzące z mięsa, masła czy pełnotłustego mleka powodują nie tylko nadwagę, ale przede wszystkim wzrost cholesterolu we krwi, a co się z tym wiąże – miażdżycę i choroby serca. To dlatego dietetycy są raczej zwolennikami margaryny w diecie (skoro Maśliński je na okrągło tłuszcze zwierzęce, niech choć smaruje chleb roślinną margaryną). Jednak diety Margaryńczaka nie będą mogli zrozumieć smakosze. Po co faszerować się paskudnym wytworem przemysłu spożywczo-chemicznego (margarynę wymyślił chemik Hippolyte Mege-Mouriés w 1869 roku), skoro ma się pod ręką pyszny cud natury, czyli masło? Do tego bogate w naturalne (a nie sztucznie wzbogacane) witaminy – A, D czy K. Zwolennicy tłuszczów roślinnych będą przekonywać, że czasy mdłej margaryny typu Palma minęły wraz z końcem PRL-u. Dziś margaryny (choć oczywiście nie wszystkie, a zwłaszcza nie te najtańsze) zostają pozbawione szkodliwych substancji podczas produkcji, zwykle mają mniej kalorii niż masło.

Trudno nie przyznać racji i jednym, i drugim, żeby więc pogodzić ogień z wodą, najlepiej nie smarować chleba ani masłem, ani margaryną, za to postawić na oleje roślinne – oliwę z oliwek czy olej rzepakowy.

Jeśli jednak uwielbiasz chleb z masłem, smaruj go jak najcieńszą warstwą i ogranicz inne produkty odzwierzęce w diecie. Masło powinny jeść dzieci do trzeciego roku życia, kobiety w ciąży i karmiące. Im jesteś starszy, tym mniej tego typu tłuszczów powinieneś spożywać.

Jeśli należysz do przeciwnego obozu – używaj margaryny, ale nie byle jakiej. Wiele z nich ma niemal tyle samo kalorii, co masło. Wybieraj zaś te, które nie mają bardzo szkodliwych tłuszczów trans „zapychających" tętnice.

TŁUSTA ŚCIĄGA

Tłuszcze nasycone

• JEDZ RZADKO: masło, kiełbasy, wędliny, mięso, ciasta, wiórki kokosowe, pełnotłuste mleko oraz jogurt (natomiast ten o obniżonej zawartości tłuszczu: 1,5-2 proc. pij często!).

• ZJADAJ MAŁĄ ILOŚĆ (ze względu na sporą kaloryczność): serów żółtych i pleśniowych.

• NIE JEDZ NIGDY (lub tylko sporadycznie): słoniny, tłuszczu z pieczeni, twardych margaryn i tłuszczów do pieczenia, oleju palmowego.

Tłuszcze jednonienasycone

• ZJADAJ MAŁĄ ILOŚĆ: oliwek, oleju rzepakowego, orzechów (pistacjowych, laskowych, migdałów), orzeszków ziemnych, awokado oraz olejów z tych produktów.

Tłuszcze wielonienasycone typu omega-3

• JEDZ JAK NAJCZĘŚCIEJ: ryby (łososie, makrele, śledzie, pstrągi itp.).

• ZJADAJ MAŁĄ ILOŚĆ (ze względu na sporą kaloryczność): orzechów włoskich, oleju rzepakowego, soi (ale tylko fermentowanej pod postacią tofu) i lnu oraz olejów z tych produktów.

Tłuszcze wielonienasycone typu omega-6

• ZJADAJ MAŁĄ ILOŚĆ (ze względu na sporą kaloryczność): ziaren słonecznika, sezamu, orzechów włoskich, kiełków pszenicy, soi, kukurydzy oraz olejów z tych produktów, niektórych margaryn.

Tłuszcze trans

• NIE JEDZ NIGDY: tłustego mięsa wołowego i tłustej baraniny; niektórych tłuszczów do smażenia (uwodornionych olejów roślinnych), stosowanych do wyrobu gotowych ciastek, herbatników, makaronów, zup w proszku, produktów mlecznych. Zwracaj uwagę na etykiety! Jak rozpoznać tłuszcze trans w produktach, patrz s. 176-177.

Gdy kupujesz masło

- Szukaj napisu MASŁO na opakowaniu. Nie daj się zwieść rysunkowi pięknej krowy na papierze i chwytliwym nazwom: „Krówka masłówka", „Osełka śmietankowa", „Kurpiowskie", „Mazurskie", „Ekstra". One sugerują, że ten produkt jest masłem, a w środku znajdziesz mieszankę masła i margaryny z 5- lub 7-procentową zawartością tłuszczu mlecznego i najczęściej tanim olejem palmowym najgorszej jakości, zwanym oleiną.
- Czy umieszczenie pięknej krasuli na opakowaniu złożonym w 70 proc. z tłuszczu roślinnego jest zgodne z prawem? Podobnie rzecz ma się z tymi wszystkimi kierzankami (ludowymi naczyniami do ubijania masła) i skopkami (drewnianymi wiaderkami na mleko lub śmietanę). Zapewne producenci liczą na naszą naiwność, ale nie ma prawa zabraniającego opakowywać tłuszcz roślinny w złotko idealnie udające masło ekstra. Od nas zależy, czy damy się wywieść w pole.
- W sklepach można kupić dwa rodzaje masła:
  - śmietankowe – ma 72 proc. tłuszczu, 659 kcal/100 g; powstaje z nieukwaszonej słodkiej śmietanki;
  - ekstra – ma co najmniej 82 proc. tłuszczu, 735 kcal/100 g; powstaje ze śmietany ukwaszonej. To powoduje, że zawiera ono sześć razy mniej laktozy niż masło śmietankowe. Ten cukier mleczny (laktoza) u niektórych może powodować sensacje żołądkowe. Masło ekstra jest więc znacznie zdrowsze nie tylko dla osób z nietolerancją laktozy, ale także dla gorzej trawiących – starszych i chorych.
- Sprawdzaj skład, czytaj to, co napisano drobnym drukiem na dole opakowania, z tyłu, pod spodem.
- Kontroluj termin przydatności do spożycia, zawsze powinien być wygrawerowany na zgrzewce. Nie kupuj masła, jeśli cyfry są nieczytelne albo zakryte nalepką z ceną. Im dłuższy termin, tym masło bardziej świeże.
- Porównuj ceny – to samo masło w tradycyjnej kostce kosztuje np. 26 zł za kilogram, a w kostce 100-gramowej – ponad 50 zł za kilogram!
- Według przepisów produkt nazwany „masłem" powinien zawierać wyłącznie tłuszcz mleczny (co najmniej 75-80 proc.). Tymczasem z badań Inspektoratu Jakości Handlowej Artykułów Rolno-Spożywczych wynika, że przeszło 50 proc. masła na polskim rynku jest fałszowane podczas produkcji dodatkiem tłuszczu roślinnego. Aby otrzymać 3 kg tego wyrobu, trzeba użyć 10 l tłustego mleka. Do wyprodukowania podróbki wystarczy zaledwie kilka litrów, resztę uzupełniają o wiele tańsze oleje.
- Dobre masła mają certyfikat. Umieszczone w elipsie litery PL, pod spodem zagadkowy numer i jeszcze niżej litery WE świadczą o tym, że produkt pochodzi z Polski, został zrobiony w zakładzie o danym numerze ewidencyjnym przydzielo-

nym przez inspekcję weterynaryjną, zgodnie z normami Unii Europejskiej, dla przykładu PL 04 111 601 WE.

• Weź do ręki kostkę i sprawdź, czy jest twarda czy nie. Dobre masło ugniata się pod palcami w sposób ciągły, to z dodatkami – w przerywany, trzaska pod palcami.

• Jeśli masło ma żółtawy kolor, może zawierać karoten. Prawo dopuszcza stosowanie tego barwnika, zarówno naturalnego, zawartego np. w marchwi, jak i sztucznego.

• Wyjęte z lodówki jest twarde jak kamień. Topi się, tworząc białą pianę. Mieszanka masła i tłuszczu roślinnego ma żółte zabarwienie i wytwarza mniej piany.

Uważaj na hasła

• „Masło bez konserwantów" – nie wolno ich dodawać do masła, ale uwaga, uwaga: wiele miksów wytworzonych z niewielkiej ilości tłuszczu mlecznego, z dużej ilości olejów roślinnych i z wody ma dodatek konserwantów oraz zagęstników, takich jak np. mleko czy serwatka w proszku.

• „Masło smarowne" – już sama nazwa jest podejrzana: żadne masło nie jest smarowne, bo wyjęte z lodówki jest twarde jak kość.

• „Masło roślinne" – to coś takiego jak „gorący lód". Masło to masło, robi się je z tłuszczu mlecznego, a nie z zielska.

Gdy wybierasz margarynę

• Zawsze najpierw sprawdź skład. Nie kupuj chemii z dodatkiem masła, czyli margaryny z solą, regulatorami kwasowości, emulgatorami, przeciwutleniaczami w postaci sorbinianu sodu, konserwantami, sztucznymi aromatami i barwnikami.

• Margaryna powinna być miękka. Ta twarda, w kostce, zawiera dużo szkodliwych tłuszczów utwardzonych (trans).

• Zwracaj uwagę na kaloryczność – wiele margaryn ma przeszło 700 kcal w 100 g, czyli więcej niż masło śmietankowe.

• Nie kupuj tłuszczów w kostkach do pieczenia i smażenia – mają chemiczne pochodzenie i mnóstwo kalorii, prawie tyle samo, co masło, margaryna czy oleje!

• Uważaj na ceny! Producenci perfidnie wykorzystują nasz pośpiech, nieuwagę i przywiązanie do reklam. Margaryna może kosztować 50 zł za kilogram – to średnio dwa razy więcej niż kilogram masła!

Pstryk, działa!

Co zamiast masła i margaryny:

– chrzan do wędliny,

– keczup lub pasta pomidorowa do sera,

– serek biały odtłuszczony,
– oliwa z oliwek, wyciskany na zimno olej rzepakowy, oleje smakowe (np. z pestek dyni, orzechów włoskich),
– czosnek ze świeżymi ziołami w oliwie,
– pasta jajeczna, rybna, z pieczonego bakłażana, papryki,
– pesto z czarnych oliwek, suszonych pomidorów lub bazylii.

Kupuj z głową

Czy wiesz, że niejedna „osełka wiejska" to zwykła ściema? Osełki mają nam się dobrze kojarzyć – z powrotem do natury, do świata babcinej kuchni, masła wytwarzanego ręcznie. Figa z makiem. Sprawdzajmy skład. W wielu osełkach znajduje się dodatek oleju i worek chemii. Czy tak robiły masło nasze babcie?

Badania naukowe z ostatnich lat

• Polscy naukowcy zbadali 83 młodych, zdrowych mężczyzn. Podzielili ich na dwie grupy. Przez cztery tygodnie jedna spożywała dwa razy dziennie porcje po 15 g masła ekstra (łącznie 30 g na dobę) podawane w nieoznakowanych plastikowych pojemnikach; druga dwa razy dziennie po 15 g tak samo opakowanej miękkiej margaryny o wysokiej zawartości wielonienasyconych kwasów tłuszczowych (33,6 g/100 g), z niewielką ilością kwasów trans (poniżej 0,5 g/100 g) oraz dużym stężeniem witaminy E (26 mg/100 g). Po czterech tygodniach grupy zamieniono. Wymiana masła na miękką margarynę spowodowała w obu badanych zespołach obniżenie stężenia cholesterolu o 11 proc., cholesterolu frakcji LDL o 9 proc., trójglicerydów prawie o 15 proc. (wyższe odnotowano w grupie B – 20 proc.). Osiągnięte wyniki pokazują, że znacznie korzystniejszy wpływ na profil lipidowy ma miękka margaryna, nawet jeśli jest spożywana w niezbilansowanych racjach pokarmowych.
• Według badań przeprowadzonych w siedmiu krajach (Seven Countries Study) i analiz MONICA Study średni poziom stężenia cholesterolu w surowicy krwi koreluje z ilością energii spożywanej z tłuszczów oraz nasyconych kwasów tłuszczowych.
• Jak wykazały wieloletnie prace badawcze, wybór odpowiedniego rodzaju tłuszczu jest o wiele ważniejszy niż tylko zmniejszenie jego ilości. Każdy z czterech głównych rodzajów kwasów tłuszczowych, czyli nasycone, jednonienasycone, wielonienasycone i kwasy tłuszczowe typu trans, wywiera odmienny wpływ na poziom stężenia lipoprotein przenoszących cholesterol we krwi:
– nasycone – zwiększają stężenie cholesterolu całkowitego i frakcji LDL, czyli złego;

– jednonienasycone – obniżają stężenie cholesterolu całkowitego i frakcji LDL, czyli złego;
– wielonienasycone – szczególnie jako mieszanka kwasu linolowego i alfa-linolenowego w pożywieniu – zmniejszają stężenie cholesterolu całkowitego i frakcji LDL, czyli złego, przy czym oddziaływanie kwasów omega-6 na lipidy krwi jest nieznacznie korzystniejsze niż jednonienasyconych. Kwasy omega-3 (EPA i DHA) powodują obniżenie ilości trójglicerydów i lipemii poposiłkowej, czyli poziomu lipidów we krwi po posiłku;
– kwasy tłuszczowe typu trans – zwiększają stężenie cholesterolu całkowitego i frakcji LDL, a ponadto obniżają stężenie frakcji HDL, czyli dobrego cholesterolu.

PRAWDY I MITY O MAŚLE I MARGARYNIE

- **Prawda**, że masło powoduje sklerozę, czyli miażdżycę, a nie, jak potocznie zwykliśmy sądzić, problemy z pamięcią, gdyż wpływa na zwiększenie poziomu cholesterolu we krwi w wyniku większej jego produkcji w wątrobie, szczególnie frakcji LDL, czyli złego cholesterolu.
- **Prawda**, że dobra margaryna (o obniżonej wartości kalorycznej, pozbawiona tłuszczów trans i dodatków chemicznych) polecana jest w wypadku cukrzycy, miażdżycy, chorób naczyń i serca. Nadaje się również do gotowania i krótkiego smażenia.
- **Prawda**, że na maśle nie należy smażyć. Nadaje się ono tylko do bardzo szybkiej obróbki, np. przyrządzenia jajecznicy – wtedy nie rozgrzewa się za bardzo i nie powstają w nim substancje rakotwórcze. Mięso, grzyby, warzywa powinno się przygotowywać na tłuszczu, który nie rozkłada się w wysokich temperaturach i nie przypala się przez dłuższy czas, czyli na oliwie z oliwek lub oleju rzepakowym.
- **Nieprawda**, że każda margaryna jest dietetyczna. Niektóre mają więcej kalorii niż masło!

Masło orzechowe

Kalorie w 100 g:
652 kcal (łyżeczka – 38 kcal)

Zalecana dawka:
raz lub dwa razy w tygodniu łyżeczka

Tuczące, ale zdrowe, pod warunkiem że wyprodukowane z orzechów, a nie z orzechów, tłuszczów roślinnych, cukru, soli, stabilizatorów, emulgatorów, barwników itd. Im mniej w nim składników, tym lepiej. Jeśli masło orzechowe się nie rozwarstwia, znaczy, że najpewniej dodano do niego szkodliwych tłuszczów trans. Dobre masło trzeba przed nałożeniem wymieszać. Warto je jeść od czasu do czasu, bo orzeszki ziemne mają sporo niezbędnych nienasyconych kwasów tłuszczowych, wartościowego białka, minerałów (fosforu, magnezu) i witamin (E, niacyny) oraz błonnika. Fistaszki nie są orzechami. Należą do tej samej rodziny, co groch, fasola oraz soczewica i mają podobne do nich wartości odżywcze. Według anegdoty masło orzechowe wynalazł w XIX wieku lekarz jako smaczny substytut mięsa dla bezzębnych osób.

Badania przeprowadzone w pięciu niezależnych ośrodkach w Stanach Zjednoczonych wykazały, że jedzenie arachidów i masła arachidowego zmniejsza ryzyko chorób serca. Osoby spożywające je regularnie mają niższy poziom cholesterolu niż te, które ich unikają. Fistaszki oprócz dobrych tłuszczów zawierają beta-sitosterol, zmniejszający wchłanianie cholesterolu z pożywienia i prawdopodobnie spowalniający wzrost komórek rakowych w okrężnicy, prostacie i piersiach.

Kupuj z głową

Czy wiesz, że reklamowane jako zdrowe dla dzieci masła orzechowe są tak naprawdę czystym tłuszczem i cukrem z odrobiną kakao i orzechów? Najpopularniejsze tego typu masło zawiera zaledwie kilka procent orzechów laskowych!

Masła czekoladowe

Kalorie w 100 g:
600-650 kcal, w tym głównie pochodzące z tłuszczu i cukru (łyżeczka – 45-60 kcal)

Zalecana dawka:
trzymaj się z daleka

Produkty typu Nutella, Miodolada, Czekuś, Choco są pyszne, owszem, ale kaloryczne. W żadnym razie nie nadają się na śniadanie. Masła czekoladowe to sama słodycz, w dodatku megakaloryczna, tłuszczowa i cukrowa. Wiele z nich na pierwszym miejscu w składzie ma cukier, potem tłuszcz, dopiero na końcu kakao. Do tego dodatki: tłuszcze trans, emulgatory, barwniki. Szkoda czasu i atłasu. Ten, kto wymyślił, że są pełnowartościowym posiłkiem dla dorosłych i dzieci, powinien się bardzo wstydzić.

Powidła, dżemy

Kalorie w 100 g:
powidła śliwkowe – 230 kcal
dżem – 120-160 kcal

Zalecana dawka:
raz w tygodniu łyżeczka

Dobre powidła, najczęściej ze śliwek, smaży się bez cukru lub z niewielkim jego dodatkiem. Najlepsze oczywiście są domowe, bo te przemysłowe robi się zwykle z pulp owocowych, które już po drodze do przetwórni „dostały w kość". Jeśli na jednym z pierwszych miejsc wśród składników podaje się cukier, to oznacza, że nie ma w nich nic cennego i nie należy ich kupować!

W dżemie część owoców powinna pozostać w całości, a część musi być rozgotowana. Przygotowuje się go, gotując owoce z dużą ilością cukru i przeważnie z żelatyną. Lepiej wybierać dżem niskosłodzony niż słodki ulepek – wysokosłodzony. Ten dosładzany fruktozą (naturalnym cukrem prostym) jest lepszy od tego, który ma w swoim składzie tradycyjny cukier.

Czasem wytwórcy podają ilość cukru w 100 g produktu. Im mniej (ok. 30 proc.), tym lepiej. Niekiedy sami strzelają sobie w stopę – bo informacja, że 100 g dżemu wyprodukowano z… 33 g owoców, oznacza, iż reszta to woda, cukier i chyba tektura?

Marmolada, konfitura

Kalorie w 100 g:

w zależności od rodzaju owoców:
marmolada – 210-260 kcal
konfitura – 160-220 kcal

Zalecana dawka:

raz w tygodniu łyżeczka

Zawsze lepiej zjeść surowy owoc, niż szukać wartości odżywczych w konfiturach czy marmoladach, które zawierają tyle samo dodanego cukru, co owoców. Im prostszy skład przetworu owocowego i mniejsza ilość cukru, tym lepiej.

Marmolada jest najtańsza wśród przetworów. To prawie sam cukier, marnej jakości owoce, a w zasadzie ich pulpa, nierzadko z dodatkiem emulgatorów i konserwantów. Produkuje się ją z przetartych owoców, rozgotowanych z dużą ilością (powyżej 50 proc.) cukru. Tracą w ten sposób wartości odżywcze.

Konfitura jest smaczna, ale czy zdrowa? Na pewno słodka jak ulepek. Twarde owoce, czyli wiśnie, czereśnie, agrest, śliwki, morele, powinny w niej pozostać w całości. Nie gotuje się ich, ale smaży w syropie cukrowym lub, jeszcze lepiej, w soku z winogron w szerokim, płaskim naczyniu, np. na głębokiej patelni. Podczas smażenia nie miesza się ich łyżką, a potrząsa, by zachować je w całości. Do przygotowania konfitury powinno się wybierać owoce najlepszej jakości.

Sztuczny miód

Kalorie w 100 g:

320 kcal

Zalecana dawka:

trzymaj się z daleka

Poza tym, że dostarcza kalorii, nie ma żadnych wartości odżywczych. Sztuczny miód uzyskuje się w wyniku rozkładu cukrów złożonych (najczęściej z syropu ziemniaczanego) na cukry proste, podgrzewając je w roztworze z dodatkiem słabych kwasów jako katalizatorów. Następnie dodaje się chemiczne barwniki, aromaty oraz esencje smakowe.

Miód

Kalorie w 100 g:
320-330 kcal (łyżeczka – 48 kcal)

Zalecana dawka:
kilka razy w tygodniu łyżeczka

Cud-miód?

Złoty, pachnący, gęsty, pyszny. Miód do chleba na śniadanie to najlepsza rzecz na świecie, pod warunkiem że nie jesteśmy cukrzykami czy alergikami i nie mamy nadwagi. Jego wartość odżywcza zależy od tego, jak dużo cukru zawiera – najmniej kalorii ma akacjowy, najwięcej – rzepakowy. Składa się bowiem przede wszystkim z cukru (34 proc. to glukoza, 39 proc. – sacharoza), a także z wody, cennych kwasów organicznych, olejków eterycznych, enzymów, mikroelementów (potasu, chloru, fosforu, magnezu, wapnia, żelaza, manganu, kobaltu) oraz niewielkiej ilości witamin, głównie z grupy B. W miodzie znajdują się obniżająca ciśnienie acetylocholina i wpływająca ochronnie na wątrobę cholina. Jony metali pobudzają produkcję czerwonych ciałek krwi i hemoglobiny. Produkt wytwarzany przez pszczoły działa też antybakteryjnie i przeciwzapalnie.

Niestety, polskiego miodu w sklepach coraz mniej. Górę bierze chińska taniocha. Dystrybutorzy sprowadzają miód z krajów tropikalnych i mieszają z polskim. Kilogram tego sprowadzonego z tropików kosztuje dolara, kilogram rodzimego – 10 dolarów. W marnych importowanych produktach są np. obce pyłki, które mogą jeszcze bardziej uczulać. Chińczycy faszerują pszczoły antybiotykami. Niedawno Państwowa Inspekcja

PRAWDY I MITY O MIODZIE

- **Nieprawda**, że szybko krystalizuje się tylko fałszywka. Każdy dobry miód podlega temu procesowi. Najszybciej zmienia swoją postać rzepakowy, akacjowy pozostaje płynny ponad pół roku. Krystalizacja przebiega wolniej w nieotwieranych jeszcze słoikach. Aby upłynnić miód, należy wstawić słoik do wody o temperaturze 40°C lub na kilkanaście sekund do mikrofalówki.
- **Prawda**, że miód trzeba przechowywać raczej w piwnicy, niż w szafce: bez światła, w temperaturze 10-14°C, szczelnie zamknięty. Trzymanie słoików w innych warunkach przyspiesza rozpad enzymów. Światło rozkłada inwertazę. Miód bez szczelnego zamknięcia wchłania wodę i zapachy z powietrza, co może przyczynić się do fermentacji.
- **Nieprawda**, że miód jest lekiem na całe zło. Nie udowodniono jego zbawiennego wpływu na odporność i potencję seksualną ani działania przeciwnowotworowego.

Handlowa kazała wycofać z półek słoiki z Chin, w których znaleziono antybiotyk – chloramfenikol. Dajmy szansę polskim pszczelarzom i kupujmy prawdziwy miód!

Na zakupach

- Nie kupuj produktu, który ma informację na opakowaniu: „mieszanka miodów niepochodzących z państw członkowskich Unii Europejskiej" albo „mieszanka miodów pochodzących z państw członkowskich Unii Europejskiej i spoza Unii Europejskiej".
- To, czy miód jest skrystalizowany czy płynny, nie ma znaczenia.
- Zawsze sprawdzaj na etykiecie, kiedy rozlano go do słoików. Jeśli po czterech miesiącach nadal jest całkowicie płynny, to oznacza, że kupiliśmy podróbkę, np. producent dolał do niego wody. Wtedy miód traci wartości zdrowotne.
- Jaki miód jest najlepszy? Ten, który najbardziej smakuje. Co prawda, niektórzy twierdzą, że najszlachetniejszy jest spadziowy i wrzosowy, jednak skład chemiczny i działanie różnych gatunków niewiele się różnią.
- Jak rozpoznać fałszywkę? Wlej dwie-trzy łyżki miodu do szklanki z chłodną wodą. Ten dobrej jakości spływa nieprzerwanym strumieniem, układa się wyraźnie na dnie, wolno się rozpuszcza. Podrabiany nie spływa równo, tworzy zawirowania, szybciej rozpuszcza się w wodzie. Inny test prawdy: nabierz złocistego płynu na łyżeczkę i wlewaj z powrotem do słoika. Jeśli na powierzchni zrobi się wklęśnięcie – miód zafałszowano, jeżeli ułoży się w piramidkę – na pewno jest pełnowartościowy.

Badania naukowe z ostatnich lat

Przez kilka lat naukowcy z uniwersytetu w Bonn eksperymentowali z tzw. miodem medycznym (manuka z Nowej Zelandii) słynącym z właściwości leczniczych. Używali go do leczenia trudno gojących się ran, oparzeń, podrażnień skóry. Pszczoły, produkując miód, dodają do niego enzymu – oksydazy glukozowej. Rozkładając cukier, powoduje on, że w tym produkcie jest stale obecna niewielka ilość nadtlenku wodoru, czyli wody utlenionej. Gdy wylewamy ją na ranę prosto z butelki, niszczy nie tylko bakterie, ale również skórę. W miodzie występuje w niewielkim stężeniu, a poza tym znajdują się w nim inne kojące składniki: cukry, witaminy i minerały.

Kupuj z głową

Czy wiesz, że miód, na którego opakowaniu znajduje się informacja: „mieszanka miodów pochodzących z państw członkowskich Unii Europejskiej i spoza Unii Europejskiej", z pewnością zawiera miód chiński? Wielokrotnie stwierdzano w nim zawartość szkodliwych dla zdrowia antybiotyków.

Herbata

Kalorie w 100 g:

0 kcal, herbata z łyżeczką cukru – 40 kcal
herbata mrożona w półlitrowej butelce – nawet 200 kcal

Zalecana dawka:

2-5 filiżanek dziennie

Czas na herbatę

Polska to kraj herbatą płynący. Rocznie spożywamy jej ponad pół kilograma na głowę. Co prawda, o wiele mniej niż Brytyjczycy i Irlandczycy (2-3 kg), ale znacznie więcej niż np. Francuzi (20 dag). Niestety, najczęściej wybieramy mniej zdrową herbatę czarną, i to zwykle w torebkach – taką pije prawie 90 proc. Polaków, podczas gdy po sypką sięga od czasu do czasu 40 proc. Czy nowojorski importer herbaty, Thomas Sullivan, przypuszczał, że wysyłając w 1908 roku małe jedwabne opakowania z jej próbkami do potencjalnych klientów, sprawi, iż pod koniec XX stulecia świat oszaleje na punkcie herbaty w torebkach, którą wygodnie i szybko się zaparza? Jeszcze w 1965 roku Brytyjczycy pili zaledwie 7 proc. w ten sposób zaparzanego naparu, w 1993 – już 85 proc. Tymczasem warto i wiedzieć, i widzieć, co wlewa się do żołądka.

Po pierwsze, lepiej przekonać się do herbaty zielonej i czerwonej, bo jak twierdzą naukowcy, niefermentowana (zielona) lub półfermentowana (czerwona) ma więcej korzystnych dla zdrowia przeciwutleniaczy niż fermentowana (czarna). W wielu badaniach wykazano, że polifenole w niej zawarte działają przeciwmiażdżycowo oraz przeciwnowotworowo. Alkaloidy zaś (głównie kofeina – w herbacie nazywana teiną) pobudzają krążenie, dzięki czemu wspomagają pracę serca i układu krwionośnego. Zielona ułatwia trawienie, pracę nerek i układu moczowego (ma działanie lekko moczopędne), jest pomocna przy nadkwasocie, obniża stężenie cholesterolu we krwi, korzystnie wpływa na układ krwionośny, oddechowy, nerwowy.

Po drugie, w wypadku herbaty „sypanej" można ocenić, czy napar powstał z samych patyków i taniego miału czy z wartościowych liści. Tego nie da się stwierdzić, gdy zaparza się herbatę w torebce, chyba że się ją rozerwie. Zazwyczaj zawiera najtańszy pył herbaciany, a nie liście, z których uwalnia się więcej korzystnych dla zdrowia substancji, tj. olejków roślinnych, polifenoli czy katechiny. Liściasta jest mocniejsza i smaczniejsza. Ta w torebkach często leży bardzo długo w magazynach i na półkach w supermarketach, traci smak i aromat.

Jest już u nas całkiem sporo specjalistycznych sklepów oferujących herbatę dobrej jakości, w ogromnym wyborze i, niestety, po niesamowitych cenach. Gdy się jednak dobrze poszuka, i w zwykłym sklepie można ją kupić.

Polki coraz częściej sięgają po herbatki (a raczej ZIOŁA) odchudzające (typu Slim, Figura). To nic innego jak lżejsza lub mocniejsza dawka ziół pobudzających przemianę materii czy wręcz przeczyszczających. Uwaga! Przy dłuższym, regularnym stosowaniu (powyżej trzech tygodni) mogą one wypłukiwać z organizmu cenne minerały, prowadzić do odwodnienia i zaburzeń pracy jelit.

Na zakupach

- Najbardziej ceniona na świecie jest herbata cejlońska. Ma bogaty smak i aromat.
- Wśród herbat chińskich wyróżniają się mieszanki: ulung (gatunki dobrej i średniej jakości) i yunnan (mocna, o intensywnym aromacie).
- Indyjska zawiera dużo olejków eterycznych. Assam ma cierpki smak, ciemną barwę i intensywny zapach. Darjeeling jest delikatna i aromatyczna, po zaparzeniu złocista. Madras to najdelikatniejsza z herbat indyjskich.
- Indonezyjska nie dorównuje jakościowo cejlońskiej i indyjskiej.
- Niektóre herbaty (a na pewno te kupowane w specjalistycznych sklepach) mają na opakowaniu oznaczenia:

  B (Broken) – herbata z łamanych liści,
  F (Fannings) – miał i odsiew,
  F (Flowery) – kwiatowa (pączek i dwa listki),
  M (Mixed) – mieszanka,
  O (Orange) – z długich liści,
  P (Pekoe) – z liści krótszych i grubszych,
  S (Souchong) – z najgrubszych liści, podłużnie zwiniętych,
  T (Tip) – z nierozwiniętych pąków liści.
- Herbata earl grey to nie gatunek, ale sposób aromatyzowania. Stanowi tradycyjną mieszankę herbat chińskich albo chińskich i indyjskich, aromatyzowanych esencją owocu bergamoty – rodzaju pomarańczy.
- Liście herbaty powinny mieć w miarę jednolity wygląd i mniej więcej tę samą wielkość, lśnić, nie zawierać kawałków gałązek, łodyg, nie mówiąc już o pyle.
- Jeśli już kupujemy herbatę w torebkach, to najlepiej dobrze zapakowaną – w puszce, szczelnym kartoniku lub w folii. Suche liście szybko wietrzeją, łatwo „łapią" wilgoć i wszelkie zapachy. Jeśli umieszczono je tylko w tekturowym pudełku, lepiej zrezygnować z zakupu.
- Czy herbata owocowa lub ziołowa to prawdziwa herbata? Jest raczej ziołowym lub owocowym naparem. Warto o tym pamiętać, sięgając po opakowanie z rysunkiem dzikiej róży bądź mięty.
- Wiele herbat reklamowanych jako „brzoskwiniowe" czy „malinowe" nie ma ani odrobiny owocu w środku. Zapach, smak, a czasem nawet kolor zawdzięczają mieszance „pysznych" składników chemicznych. Taki napój przyniesie nam więcej szkody niż pożytku.

• Wiele herbat sprzedaje się w aptekach. Nie ma powodu sądzić, że są lepsze jakościowo i bardziej wartościowe. Jednego można być pewnym – będą na pewno droższe.

Kupuj z głową

Czy wiesz, że Polki piją coraz więcej herbatek odchudzających? Tymczasem, jak przestrzegają dietetycy, długotrwałe, uporczywe przeczyszczanie prowadzi do odwodnienia, zaburzenia gospodarki elektrolitowej, wypłukiwania z organizmu minerałów, witamin i dobroczynnej flory bakteryjnej. Może spowodować anemię, skrajne wyczerpanie, a nawet zgon.

Pstryk, działa!

Napój sprzedawany w butelkach jako herbata mrożona nie zawsze jest herbatą. Zwykle ma mnóstwo cukru, chemicznych słodzików, barwników, konserwantów i nawet 200 kcal w 500 ml! Z tego powodu warto przygotować mrożoną herbatę samemu. Wyjdzie taniej, smuklej i smaczniej.

Najlepsza do tego celu będzie herbata cejlońska. Najpierw zaparz esencję herbacianą, potem wymieszaj ją z wodą mineralną, sokiem z cytryny, cukrem i wrzuć sporo kostek lodu.

Badania naukowe z ostatnich lat

• Codziennie picie herbaty przez co najmniej 10 lat zwiększa gęstość kości prawie o 5 proc. – stwierdzili niedawno tajwańscy naukowcy.

• Czarna herbata pomaga zwalczyć cukrzycę typu II – ogłosili badacze z uniwersytetu Dundee.

• Wypijanie dziennie przynajmniej czterech kubków złocistego płynu może być lepsze dla zdrowia niż picie wody, bo chroni przed atakiem serca i próchnicą – uważają brytyjscy naukowcy.

• Komórki osób regularnie pijących herbatę są pod względem biologicznym młodsze od tych pobranych od osób pijących inne napoje – donieśli pracownicy Uniwersytetu Hongkońskiego. Ważne fragmenty ich DNA są w małym stopniu zniszczone, co świadczy, że herbata przedłuża życie i zabezpiecza przed starzeniem się.

• Według amerykańskich i niemieckich uczonych, wyciąg z herbaty przyspiesza gojenie uszkodzeń skóry po radioterapii.

• Prace badawcze prowadzone w Międzynarodowym Centrum Badań nad Przeciwutleniaczami w Londynie oraz w innych laboratoriach na świecie wykazują, że związki katechinowe i flawonole występujące w herbacie są silnymi przeciwutleniaczami, a ich aktywność w czarnej herbacie można porównać z aktywnością związków obecnych w zielonej.

- Doktor Ronald Proir, odpowiedzialny za program naukowy w Centrum Żywienia Człowieka w Podeszłym Wieku Uniwersytetu Tufts w Bostonie, badając aktywność przeciwutleniaczy w herbacie, udowodnił, że jest ona wyższa niż w 22 owocach i warzywach i w ponad 80 proc. pochodzi z pierwszych 5 minut jej parzenia.
- Naukowcy z Międzynarodowego Centrum Badań nad Przeciwutleniaczami w Londynie wykazali, że katechiny i flawonoidy zawarte w herbacie mają większą zdolność zapobiegania tlenowemu i azotowemu uszkodzeniu wywołanemu przez cząsteczki tlenu i azotu niż przeciwutleniacze występujące w wielu owocach i warzywach.
- Wpływ zielonej herbaty na pacjentki z rakiem piersi badano w Japonii. Profesor Hirota Fujiki z Centrum Naukowego Badań nad Rakiem w Saitamie przedstawił wyniki obserwacji 472 kobiet przed menopauzą w drugim lub trzecim stadium raka piersi. U kobiet z nowotworem w drugim stadium, pijących ponad pięć filiżanek zielonej herbaty dziennie, wystąpiło prawie o 16 proc. mniej przerzutów do węzłów chłonnych pachowych, chociaż nie zaobserwowano istotnego zmniejszenia się liczby przerzutów u kobiet w bardziej zaawansowanej fazie choroby.

PRAWDY I MITY O HERBACIE

- **Nieprawda**, że czerwona herbata odchudza. Wzmaga jedynie przemianę materii i pracę układu pokarmowego.
- **Prawda**, że czarna herbata działa najbardziej pobudzająco, bo zawiera najwięcej teiny. Ma jej jednak mniej niż kawa, więc osoby źle reagujące na małą czarną lub z wysokim ciśnieniem mogą ją pić bez przeszkód.
- **Prawda**, że duże znaczenie ma parzenie. W pierwszych 3 minutach po zalaniu wrzątkiem do naparu z czarnej herbaty przechodzą prawie wszystkie alkaloidy, w kolejnych – polifenole i garbniki. Te ostatnie nadają jej moc i gorzkawy smak. Jeśli herbata ma lekko pobudzić, parz ją 2-3 minuty, jeżeli zależy ci na uspokojeniu – dłużej. Herbaty czarne i czerwone zaparza się wrzątkiem, zielone – wodą w temperaturze 60-80°C.

Prawidłowy czas parzenia herbaty:
- czarna – 3-5 minut,
- biała – 5-12 minut,
- czerwona – 3-8 minut,
- zielona – 3-5 minut.

Zielone, czerwone i białe można parzyć nawet pięciokrotnie. Najsmaczniejszy jest napar z drugiego parzenia.

drugie śniadanie

Wędliny

Kalorie w 100 g:

salami – 570 kcal
kabanosy – 330 kcal
kiełbasa z kurczaka – 109 kcal

Zalecana dawka:

kilka razy w tygodniu kilka plasterków

Kiełbasa schodzi na psy

„Baleron babuni", „polędwica staropolska", „kiełbasa sarmacka"... W nazewnictwie wędliniarskim obserwujemy wielki powrót do przeszłości. Słusznie, bo wędliny w czasie PRL-u smakowały wyśmienicie nie tylko dlatego, że były wystanym w długich kolejkach rarytasem, ale i dlatego, że producenci nie znali najróżniejszych chemicznych trików. Kiedyś z 10 kg surowego mięsa wytwarzało się około 8 kg wędliny. Dziś z tych samych 10 kg najbardziej pazerni potrafią wyczarować do 20 kg. Dodając soli, azotynów i azotanów, polifosforanów, emulgatorów, zagęstników, lecytyny sojowej, karagenu, wody, skrobi, błonnika z bambusa (jest delikatny i ostatnio bardzo modny) do kilograma skórek, tłuszczu i garści mięsa, otrzymują 2 kg wędliny. Te pierwsze składniki mają zwiększyć masę mięsa, te drugie – sprawić, by wstrzyknięty płyn się nie wylewał i dlatego w żargonie noszą nazwę „kleju". Takie wędliny fachowo nazywa się wysoko wydajnymi, choć raczej powinno się nazywać „wysoko oszukanymi". Smakują jak tektura, pachną chemiczną zaprawą wędzarniczą, a włożone do lodówki natychmiast puszczają wodę, stają się oślizłe i niejadalne. Co z tego? Ważne, że supermarkety mogą je sprzedawać po swoich dumpingowych cenach, a producenci zacierają ręce. Smutna prawda jest bowiem taka: znaną kiedyś w świecie markę wędlin z Polski niszczą dziś nieuczciwi producenci i zdeprawowany rynek. Coś z tym zrobić trzeba, by polska kiełbasa i szynka nie była prawdziwa tylko w Nowym Jorku czy Chicago, gdzie polscy masarze nadal produkują wędliny tradycyjnymi sposobami, bo gdyby napychali je chemią i tekturą, nikt by ich nie kupił.

Bijmy na alarm! Producenci nie są zobowiązani do przestrzegania żadnych standardów. Do 2003 roku obowiązywały Polskie Normy, zgodnie z którymi wędlina przekraczająca masą 130 proc. surowca (czyli z kilograma mięsa uzyskiwano powyżej 1,3 kg szynki) była uznawana za produkt „wędlinopodobny". Teraz wytwórcy mogą nastrzykiwać szynki lub kiełbasy, czym tylko chcą, a my nigdy nie dowiemy się, ile procent naazotowanej wody jest w ich wyrobach – 30, 40 czy też 70. Potrzeba nie tylko regulacji prawnych, określających, co to jest szynka wędzona czy kiełbasa zwyczajna albo krakowska. Klienci muszą wiedzieć, co kupują – przy każdej wędlinie, nawet tej na wagę, powinna być zamieszczona lista składników! W tej sprawie konieczny jest wyraźny głos sprzeciwu konsumentów. Przestańmy kupować tanie badziewie i zmuśmy producentów do podwyższenia jakości!

Ba, łatwo mówić, trudniej zrobić. Zaraz odezwą się głosy, że nie każdego stać na tradycyjną, ekologiczną szynkę czy polędwicę za 50-60 zł za kilogram. Jednak w tym wypadku mniej znaczy zdrowiej. Po pierwsze, wędlin nie powinno się jeść codziennie. Żywieniowcy od lat namawiają do mniejszej konsumpcji mięsa, bo mięso czerwone (czyli wołowina i przede wszystkim popularna w Polsce wieprzowina) powoduje wzrost złego cholesterolu we krwi, przyczynia się do chorób serca, nowotworów jelit i miażdżycy. Po drugie, konserwanty zawarte w produktach też nie są zdrowe. Światowa Organizacja Zdrowia chce zmusić producentów do wyeliminowania środków konserwujących (azotanów i azotynów) z wędlin, po tym, jak udowodniono, że mogą zwiększać ryzyko nowotworów. Warto pamiętać, że substancje te wykorzystuje się także przy wytwarzaniu materiałów wybuchowych i nawozów rolniczych! Problem polega jednak na tym, że jak na razie, nie wymyślono lepszego sposobu zabezpieczania mięsa przed szybkim psuciem, a w zepsutym, jak wiadomo, rozwijają się bakterie jadu kiełbasianego. Zatrucia jadem kiełbasianym kończą się aż w 80 proc. zgonem. Po trzecie, podobno masarze twierdzą, że Polacy lubią, gdy szynka „płacze" (to znaczy: jest soczysta), i dlatego pompują w nią wodę. Przestańmy w to wierzyć! Po czwarte, wędlinę bez konserwantów można zrobić samemu. Domowe pasztety (można je zamrozić i przechować w zamrażalniku) czy pieczone mięsa bez grama chemii smakują o niebo lepiej i są o niebo zdrowsze!

Na zakupach

- Czytaj etykiety, sprawdzaj skład wędlin, datę ważności i przydatności do spożycia. Proś o w sklepie o podanie składników szynki czy polędwicy, gdy kupujesz je na wagę. Według prawa sprzedawca ma obowiązek podać ci wszelkie informacje na temat oferowanego przez siebie towaru. Jeśli na opakowaniu przeczytasz określenie „produkt wysoko wydajny", zrezygnuj z zakupu. Czasem w takim produkcie można znaleźć małe dziurki i rowki pozostałe po nastrzyknięciach.
- Zaglądaj do sklepów ekologicznych, gdzie wędliny są droższe, ale smaczniejsze. Kupuj drożej, ale mniej. Ta z supermarketu za kilka złotych zawiera na pewno więcej wody i chemii niż ta za kilkadziesiąt, choć z drugiej strony – polska polędwica paczkowana za 100 zł za kilogram to już gruba przesada.
- Kupuj wędliny szare i białe, unikaj różowych i różowoczerwonych. W tych najbardziej różowych jest najwięcej szkodliwych konserwantów.
- Nie wierz napisom „wędlina bez konserwantów", „bez chemii". Jeśli jest apetycznie różowa, z pewnością je ma. Więcej środków konserwujących zawiera o wiele droższa wędlina paczkowana niż ta sprzedawana na wagę! Jeśli znajduje się w niej dużo wody, nie kupuj.

- Im drobniej mielone: mielonka, mortadela, pasztetowa, tym więcej w nich kalorii – tłuszczu i odpadów, czyli skórek, flaków, słoniny, chemicznych wypełniaczy. Najwięcej chemii w wędlinach drobiowych zawierają bloki wiązane żelatyną („szyneczka z buźką", kurczak w bloku, w kształcie kwiatka, itd.).
- Szukaj wędlin, które wyglądają naturalnie – mają wyraźną strukturę mięsa (nie są jednolitym blokiem), nieregularny kształt, fragmenty tłuszczu. W wyrobach przemysłowo wytworzonych, o idealnej, równej strukturze, formie walca, kwiatka lub serduszka, tłuszczyk jest doklejony. Sprzedawane są one na ogół w plastikowym flaku. Lepiej wybrać kiełbasę, w której widać kawałki mięsa, niż drobno mieloną.
- Nie kupuj na zapas. Wędlina po kilku dniach nie nadaje się do jedzenia. Wybieraj raczej taką w kawałkach niż w plasterkach, gdyż wolniej się psuje.
- Zwracaj uwagę na higienę sprzedaży, czystość stoiska, desek do krojenia, fartuchów ekspedientek i tego, czy używają rękawiczek i czy tą samą ręką nie wydają reszty.

PRAWDY I MITY O WĘDLINACH

- **Nieprawda**, że my, Polacy, najbardziej lubimy kiełbasę. Na pierwszym miejscu wśród wędlin stawiamy szynkę, która gości na stołach 61 proc. konsumentów. Ponad połowa (58 proc.) gospodarstw domowych zaopatruje się w wyroby wieprzowe, co trzecie – w drobiowe. W każdym polskim domu kupuje się 25--50 dag wędlin tygodniowo.
- **Prawda**, że najzdrowsze są wędliny pieczone, a także suszone na słońcu. Nie dodaje się do nich konserwantów, bo pieczenie czy suszenie stanowi wystarczającą formę ich konserwacji.

Najzdrowsze wędliny

- Białe i szare – pieczone szynki i schaby, białe kiełbasy.
- Szynki długo- i surowo dojrzewające – parmeńska, włoskie *pro sciutto crudo*, czyli szynka surowo dojrzewająca, hiszpańskie *hamon iberico*.
- Kindziuk – kiedyś najlepsze kawałki mięsa wieprzowego upychano w żołądku wieprzowym, wędzono w zimnym dymie i miesiącami suszono.
- Salami – uwaga, wysokokaloryczne, dlatego należy kroić w cieniutkie plasterki!
- Kiełbasa lisiecka spod Krakowa – o lekko pieprzowo-czosnkowym smaku, produkowana z najszlachetniejszych mięs, głównie wieprzowych (łopatki i szynki).
- Kiełbasy suche.
- Najmniej kaloryczne jest mięso drobiowe, a wołowe zawiera z reguły mniej tłuszczu niż wieprzowe.

Pstryk, działa!

Upiecz schab w czosnku i ziołach, zrób pasztet z kurczaka, wątróbki i karkówki wieprzowej. Pierś z kurczaka czy indyka, pieczeń wołowa, pozostałe po obiedzie, też świetnie nadają się następnego dnia na kanapki. W dodatku nie będą nastrzyknięte fosforanami i napuchnięte od związków azotowych.

Kupuj z głową

Czy wiesz, że możliwe jest wyprodukowanie wędliny z 50-procentową, a nawet mniejszą zawartością mięsa? Znalazłyśmy „szynkę z indyka" znanej polskiej firmy, w której było zaledwie 50 proc. mięsa. Natomiast w pewnym tanim pasztecie w puszce mięsa nie było... wcale. Składał się on wyłącznie z podrobów, skór, tłuszczu i wnętrzności zwierzęcych. Smacznego!

Badania naukowe z ostatnich lat

- Opublikowany pod koniec 2007 roku drugi raport Światowego Funduszu Badań nad Rakiem i Amerykańskiego Instytutu Badań nad Rakiem pt. *Żywność, żywienie, aktywność fizyczna i prewencja raka w perspektywie globalnej* uwzględnił 17 badań epidemiologicznych typu retrospektywnego oraz dwa typu ekologicznego, dotyczących związków pomiędzy spożywaniem produktów wędzonych a rakiem żołądka. W 14 badaniach kliniczno-kontrolnych wykazano zwiększone ryzyko wystąpienia tego nowotworu w grupie osób, które jadły dużo produktów wędzonych, w porównaniu z grupą osób, które jadły ich znacznie mniej. Potwierdzono także zależność między ryzykiem raka jelita grubego w następstwie spożywania mięsa czerwonego i jego przetworów. Naukowcy zalecili ograniczenie spożycia mięsa czerwonego – nie powinno być ono wyższe niż 400 g na tydzień (w tym niewielka ilość przetworów z tego mięsa).
- Według Głównego Urzędu Statystycznego spożycie mięsa łącznie z mięsem przeznaczonym na przetwory w 2006 roku osiągnęło w Polsce rekordową, nienotowaną w przeszłości wielkość – 70 kg na osobę, co oznacza, że każdy z nas zjada 1400 g mięsa tygodniowo (w tym mięsa czerwonego i jego przetworów zapewne znacznie więcej, niż zalecają normy). Tymczasem od wielu lat obserwujemy – w odróżnieniu od innych krajów – coraz więcej zachorowań na raka jelita grubego (drugie miejsce zarówno u kobiet, zaraz za rakiem piersi, jak i u mężczyzn, za rakiem płuca).

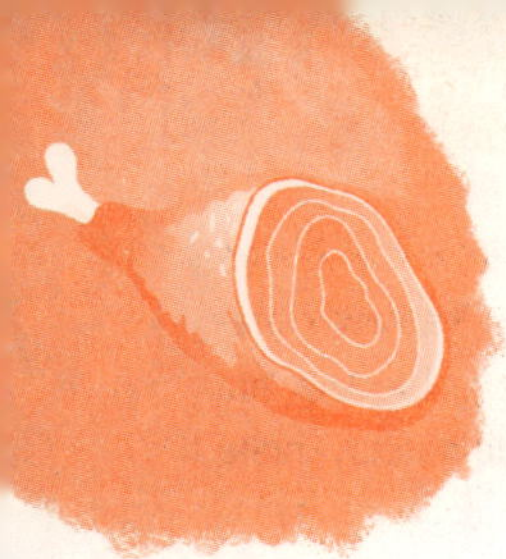

Szynka

Kalorie w 100 g:

szynka wieprzowa gotowana – 233 kcal
szynka pieczona – 208 kcal
szynka konserwowa – 160 kcal

Zalecana dawka:

kilka razy w tygodniu plasterek

Królowa polskiej kanapki

Najjaśniejsza gwiazda imienin, nasza duma narodowa. Ceniona w Europie i na całym świecie. Najszlachetniejsza i najsmaczniejsza z wędlin. Z badań wynika, że przeszło 60 proc. Polaków nie wyobraża sobie bez niej życia. I racja, bo jaki smak miałoby życie bez prawdziwej, pysznej polskiej szynki?

Niezbyt tłusta szynka – to dobre źródło pełnowartościowego białka, a także potasu, fosforu, żelaza, aminokwasów, witaminy D oraz całego wachlarza witamin z grupy B. Plaster gotowanej waży ok. 15 g i ma ok. 70 kcal. Wychodzi nieco ponad 230 kcal w 100 g, ale przecież szynkę jemy w plasterkach, a nie w kawałkach.

Z badań wynika, że lubimy, kiedy szynka „płacze". Wilgotne wędliny uważamy za soczyste. No to dawaj, producenci wciskają nam wodę w cenie szynki. Dodanie ok. 10 proc. słonej wody jest dopuszczalne, ponieważ podczas procesu produkcji i tak odparuje. Jednak dziś mięso nastrzykuje się wodą, a potem dokłada się lecytynę sojową, karagen, skrobię, błonnik i fosforany, by wstrzyknięta woda się nie wylewała. Substancje te w żargonie nazywa się „klejem" lub „gąbką". Takie wędliny smakują jak tektura, pachną chemiczną zaprawą wędzarniczą, a włożone do lodówki natychmiast puszczają wodę, stając się oślizłe i niejadalne. Jak zatem zorientować się, że szynka składa się z mięsa, a nie z wody?
W sklepach możemy kupić wiele rodzajów szynki:
– szynkę parzoną, zwaną również gotowaną – namacza się ją w solance z przyprawami, czyli pekluje, potem wędzi i w końcu parzy w gorącej wodzie. Jej odmianą są szynki parzone niewędzone – prasowane lub konserwowe. W nich brak dymnego aromatu zastępuje się dodatkiem odpowiednich przypraw;
– szynkę surową, zwaną dojrzewającą – jest ciemnoczerwona, krojona w cieniutkie plasterki, najpopularniejsza w Hiszpanii i we Włoszech, samo mięso. Natartą solą i przyprawami szynkę zostawia się na kilka tygodni, a następnie wędzi w zimnym dymie – stąd jej charakterystyczny mięsny kolor. Taka szynka może wisieć w spiżarni nawet rok i się nie zepsuje;

– szynkę pieczoną – wytwarzają ją przeważnie małe, tradycyjne masarnie. Mięso naciera się przyprawami, a następnie piecze. Ma charakterystyczny szary kolor i zwykle nie zawiera konserwantów. Można ją z łatwością przyrządzić samemu w domu.

Szynka w Polsce jest nadal synonimem luksusu, to jedna z najdroższych i najsmaczniejszych wędlin. Jednak czy to, co znajdujemy w sklepach, w ogóle jest szynką? Ile razy zdarzyło nam się kupić różowe, smacznie wyglądające plasterki, które następnego dnia puszczały wodę, były lepkie, szare, śmierdzące i niejadalne? Jak producenci psują polską szynkę? I jak nie dać się złapać na ich haczyki?

Na zakupach

- Szynka z łopatki, z indyka, z kurczaka, drobiowa, „z buźką". Przed ladą w sklepie można dostać szynkopląsu… Ale czy ktoś tu czasem nie zwariował? Bo gdzie indyk ma szynkę, albo taka chudzina, kurczak?
- W jaki sposób można zrobić szynkę w kształcie kwiatka lub serduszka? Jak świat światem, prawdziwa szynka jest zrobiona ze świńskiego zadka!
- Szynki różnią się zawartością mięsa – może go być 50-95 proc. Sprawdź to koniecznie! Na opakowaniu producent musi napisać, ile procentowo jest w szynce mięsa wieprzowego. Przepisy Unii Europejskiej nie określają, ile ma być mięsa w wędlinach. Regulują jedynie maksymalne ilości dodatków – zagęstników, substancji wzmacniających zapach i smak, konserwantów i soli. Od producenta zależy więc, czy sprzedaje nam szynkę czy wyrób szynkopodobny z małą ilością mięsa, za to napompowany wodą i chemicznymi dodatkami.
- Nawet jeśli kupujesz szynkę na wagę, na twoje życzenie sprzedawca ma obowiązek podać jej skład. Tak mówi prawo. Oczywiście, im więcej mięsa w szynce, tym lepiej.
- Nie kupuj szynki z napisem na opakowaniu „produkt wysoko wydajny", bo to oznacza, że jest w niej mało mięsa, a dużo zapychaczy.
- Uwaga na szynki konserwowe, nazywane przez masarzy „konserwami blokowymi". To tak naprawdę bardziej mielonki niż szynki. Forma konserwy pozwala na wrzucanie do środka gorszych gatunków mięsa i dosypywanie większej ilości zapychaczy. Zresztą czy ktokolwiek widział świńską pupę w kształcie idealnego prostopadłościanu?
- Prawdziwa szynka nie ma jednolitej barwy, bo nie jest ulepiona z farbowanej chemicznie plasteliny, nie ma też idealnie doklejonego tłuszczyku. Prawdziwa szynka jest różnokolorowa, ma ciemniejsze i jaśniejsze miejsca, wyraźnie widoczne włókna i strukturę mięsa. Sprawdź, czy po przekrojeniu nie widać otworków po nastrzyknięciach.
- Kilogram surowego mięsa od szynki kosztuje ok. 19 zł. Jak zatem szynka w supermarkecie może kosztować kilkanaście złotych za kilogram? Pamiętaj, prawdziwa szynka zna swoją cenę.

Pstryk, działa!

Mięso od szynki nasmaruj solą, pieprzem, czosnkiem, majerankiem i przyprawami, które lubisz. Zostaw na 24 godziny w lodówce. Przełóż do brytfanny, dolej wody i piecz w kąpieli wodnej, aż będzie miękkie i lekko zrumienione.

PRAWDY I MITY O SZYNCE

- **Nieprawda**, że szynka wyglądająca jak prawdziwa, w dodatku owinięta tradycyjnym sznurkiem, została zrobiona wyłącznie z mięsa. Taka szynka tak samo może być produktem „wysoko wydajnym", jak i najbardziej podejrzana z szynek, bo sklejona z różnych kawałków, szynka konserwowa w osłonkach poliamidowych. Kluczowe jest więc za każdym razem sprawdzenie składu.
- **Prawda**, że wędzenie szynek, a także innych wędlin, nie odbywa się już metodą tradycyjną, bo zabiera czas, a dziś wszędzie liczy się szybkość. Naukowcy skomponowali z kilkudziesięciu składników chemicznych aromat przypominający w smaku, kolorze i zapachu dym drzewny. W nowoczesnej lakierni spryskuje się mieszanką wiszące płaty mięsa. Najpierw jednak zanurza się je w roztworze zawierającym większość pierwiastków z tablicy Mendelejewa, tak aby warstwa lakieru ładnie przylegała i nadawała mu apetyczny, lśniący wygląd. Ogólnie, proces nastrzykiwania, moczenia i lakierowania jest zdecydowanie szybszy i wydajniejszy niż tradycyjne przygotowanie mięsa do wędzenia. Przynosi to producentom znacznie większe korzyści finansowe.
- **Prawda**, że szynki przechowywane w torebkach foliowych czy w folii aluminiowej szybciej się psują. Najlepiej zawinąć je w pergamin lub włożyć do specjalnego pudełka na żywność. Wędliny w sztucznych osłonkach można przechowywać w lodówce do dwóch dni, w naturalnych – do trzech dni. Wniosek? Nie warto kupować na zapas.

Kupuj z głową

Czy wiesz, że o tym, czy wędlina jest szynką czy wyrobem szynkopodobnym decyduje też zawartość białka zwierzęcego? Prawdziwa szynka powinna mieć co najmniej 16 g (czyli, jak kto woli, 16 proc.) białka zwierzęcego w 100 g.

Pasztet

Kalorie w 100 g:

pasztet pieczony wieprzowy – 390 kcal
pasztet z kurczaka (w aluminiowym kubeczku) – 228 kcal
pasztet z mięsa mieszanego – 361 kcal

Zalecana dawka:

raz w tygodniu 1-2 plastry

Niezły pasztet!

Smaczny, gotowy, po prostu kultowy. Pasztet w puszce, z charakterystycznym kurczakiem albo świnką. Ile razy ratował nam życie na biwaku czy podczas wypraw w góry! Kochają go całe pokolenia Polaków – młodzież, studenci, emeryci. Nie tylko za wygodę i mięsny smak, także za cenę.

Pasztet – według definicji w encyklopediach i słownikach – to produkt spożywczy sporządzany z kilku gatunków duszonego lub gotowanego mięsa i podrobów, które się miele i po odpowiednim przyprawieniu zapieka. Problem w tym, że w wielu pasztetach znajduje się wszystko: woda, tłuszcz, skóry, podroby, MOM, czyli mięso oddzielone mechanicznie, które w świetle prawa mięsem nie jest (należałoby je nazwać raczej odpadem, bo jest mieszanką tłuszczu, skór, chrząstek, ścięgien i kuperków), no i mięsa w nim ani śladu! Tymczasem prawdziwy pasztet może być naprawdę pyszny i zdrowy, ponieważ jest pieczony, więc nie trzeba do niego dodawać żadnych konserwantów.

Rynek pasztetów w Polsce jest wart 700 mln zł. Jeden z czołowych wytwórców pasztetów chwali się, że sprzedaje swój produkt co sekundę. Inny zatrudnił wielką gwiazdę, by w reklamach zachęcała nas do kupna. W modzie są pasztety wykwintne, sprzedawane pod markami kojarzącymi się z tradycyjnym jedzeniem klasztornym lub wyjętym wprost… z kredensu babuni. Jednak czy to, co oferują sklepy, można nazwać prawdziwym pasztetem? Czy wiemy, że niedawno jeden z producentów musiał wycofać z rynku pasztety skażone dioksynami (substancjami o działaniu toksycznym i rakotwórczym), po tym, jak sprowadzał tani surowiec mięsny z Irlandii? Czy zdajemy sobie sprawę, że niektóre pasztety mają gorszy skład niż te z puszki dla psów i kotów? Czy da się w przeciętnym polskim sklepie kupić dobry pasztet?

Na zakupach

- Bez względu na to, z jakiego surowca jest zrobiony – z drobiu, wieprzowiny, cielęciny czy z ich mieszanki – można go kupić:

– na wagę na stoisku z wędlinami – tu zwykle dominuje pasztet drobiowy lub wieprzowo-drobiowy. W lepszych sklepach znajdziemy całkiem spory wybór takich pasztetów: ze śliwką, suszonymi grzybami, żurawiną, ziołami;
– paczkowany, w dużym plastrze lub małych foremkach – znajdziesz go w chłodniach z wędlinami paczkowanymi;
– turystyczny – w aluminiowych, niemalże jednorazowych kubeczkach. Lekkie opakowanie sprawia, że jest idealnym towarzyszem letnich i zimowych wypraw wakacyjnych;
– w puszce – „żelazna rezerwa" na czarną godzinę. Pokarm studentów, żołnierzy i harcerzy. Coraz częściej wypierany przez pasztet w alu-opakowaniach.

- Sprawdzaj skład. Producentów nie obowiązują żadne normy. Teoretycznie można zemleć skórki, wiórki i pazurki, i obwołać je „pasztetem". Kilka lat temu inspektorzy zbadali pasztet z zająca, w słoiku. Zająca była tam śladowa ilość, więc zakwestionowali nazwę. Producent jednak poszukał technologa żywności o nazwisku Zając, który stwierdził, że opracował recepturę, nie wstydzi się jej, więc chce nazwać pasztet swoim nazwiskiem. Dalej więc produkowano pasztet Zająca, dużą literą.
- W prawdziwym pasztecie powinno być mięso. Do tego oczywiście dochodzą dodatki: tłuszcz, podroby (wątróbka i serca), warzywa (marchewka, cebula), przyprawy. Jeśli jest to tzw. pasztet smakowy, może zawierać paprykę, grzyby, żurawinę, śliwki, ale mięso jest kluczowym składnikiem. Jednak musi go być co najmniej 40 proc.! A tymczasem w wielu pasztetach mięsa nie ma w ogóle! Ani grama!
- Pamiętajmy, że składniki pasztetu – i tego w puszce, w aluminiowym kubeczku, i tego na wagę – pojawiają się w składzie w kolejności malejącej (czyli od tego, którego jest najwięcej, do tego, którego jest najmniej). W wielu pasztetach, szczególnie tych do smarowania pieczywa, na pierwszym miejscu wśród komponentów wymieniana jest woda. Zamiast produktu mięsnego kupujemy więc wodę.

Uważaj na hasła

- „Pasztet bez konserwantów" – w pasztecie nie są potrzebne, bo wystarczającą konserwacją jest jego zapieczenie.
- „Naturalny, według tradycyjnych receptur" – naturalnie, że nasze babcie robiły pasztet drobiowy z soi, tłuszczu wieprzowego i glutaminianu sodu. Pycha po prostu!
- „Dajemy ci wysoką jakość. Zaufaj specjaliście" – chyba od robienia nas w bambuko. W składzie tego pysznego pasztetu znajdziesz wszystko: poprawiacze smaku, wodę, soję, tylko nie mięso.
- „Wszystkie produkty firmy są przygotowywane z wykorzystaniem produktów najwyższej jakości" – tylko co robi mięso oddzielone mechanicznie, wymieniane w składzie pasztetu zaraz po wodzie?

- „Pasztet szlachecki z dzika" – a dziczyzny w nim 25 proc.
- Dlaczego w pasztecie z indyka nie ma śladu mięsa, za to jest tłuszcz wieprzowy?

Czemu pasztet z kurcząt napchany jest białkiem sojowym? Czy 2 proc. kaczki w „pasztecie z kaczką" wystarczy? Zwróćmy zresztą uwagę na sformułowanie „z kaczką", a nie „z kaczki".

Pstryk, działa!

Pasztet domowy:

Obierz i pokrój na grube plastry trzy średnie cebule. Osobno pokrój 1 kg wieprzowiny, 1 kg kurczaka i 50 dag boczku lub podgardla. Na spodzie dużego garnka ułóż boczek, potem kolejno wieprzowinę i kurczaka, wierzch mięsa posyp cebulą. Wrzuć przyprawy: trzy liście laurowe, pięć ziaren ziela angielskiego i pięć ziaren czarnego pieprzu. Duś mięso na małym ogniu ok. półtorej godziny. Gdy będzie miękkie, pod koniec gotowania dodaj dwie kajzerki i uduszoną na patelni wątróbkę (najlepiej 20 dag). Wystudź. Następnie dwukrotnie zmiel mięso, wbij cztery lub pięć jajek, wymieszaj, przypraw solą, pieprzem i gałką muszkatołową. Przełóż mięsną masę do wysmarowanych masłem i obsypanych bułką tartą foremek, wstaw do piekarnika nagrzanego do temperatury 200°C. Piecz mniej więcej półtorej godziny.

Taki pasztet świetnie się mrozi.

Kupuj z głową

Czy wiesz, że w pasztecie w aluminiowym opakowaniu, który znamy wszyscy, nie ma grama mięsa? Kosztuje on ok. 1,70 zł za 100 g, czyli 17 zł za kilogram. Inny pasztet (12 zł za kilogram) zawiera 8 proc. mięsa – 4 proc. cielęciny i 4 proc. drobiu. Patrząc na skład, ten drugi jest więc znacznie lepszy. Tyle tylko, że to pasztet dla kotów!

Jogurt

Kalorie w 100 g:

jogurt naturalny (2 proc. tłuszczu) – 60 kcal
jogurt owocowy – 150 kcal
maślanka – 40 kcal
kefir – 50 kcal
serwatka – 25 kcal
jogurt dla dzieci – nawet 200 kcal!

Zalecana dawka:

co najmniej szklanka dziennie

Napój zdrowia

„Przynieś mi szklankę mleka, będę ucztował" – mawiał Epikur z Samos. Kto nie może biesiadować jak Epikur, bo nie toleruje laktozy albo zwyczajnie mleka nie lubi, powinien spożywać napój zdrowia i młodości znany ludzkości od tysiącleci, czyli jogurt. Na nietolerancję laktozy cierpi ok. 15 proc. Polaków. Nie mogą pić bogatego w wapń mleka, bo wywołuje u nich biegunki i nudności. Brak wapnia z kolei jest szczególnie niebezpieczny u dzieci, które potrzebują go do budowy kości, oraz u kobiet w okresie menopauzy, kiedy w organizmie jest tego pierwiastka coraz mniej powodu zaniku hormonów. To prosta droga do osteoporozy, dlatego osoby starsze (także mężczyźni) powinny codziennie ucztować po epikurejsku, jedząc żółte sery (nie ma w nich laktozy; należy jednak zachować umiar, pamiętając, że są wysokokaloryczne, patrz s. 66) i wznosząc kilka szklanek jogurtu lub innych fermentowanych napojów mlecznych.

Cóż takiego cudownego może być w nadpsutym mleku? Samo zdrowie! W jogurcie laktoza, czyli cukier mleczny, jest częściowo lub całkowicie rozłożona przez dobroczynnie działające na układ pokarmowy bakterie, co czyni ten produkt łatwiej przyswajalnym niż mleko i dzięki temu dobrze tolerują go osoby z niedoborem enzymu laktozy. Jogurt ma też więcej wapnia (powstaje po częściowym odparowaniu wody z mleka), aminokwasów i witamin z grupy B. Wspomaga trawienie, zapobiega zaparciom, obniża poziom złego cholesterolu, chroni przed miażdżycą. Niektóre bakterie znajdujące się w jogurtach działają wzmacniająco na układ odpornościowy, neutralizują toksyny i substancje rakotwórcze.

Turcy, którzy od wieków toczą boje z Bułgarami o to, kto wymyślił jogurt, jedzą go ze wszystkim – z sałatą, mięsem, miodem, serem, w zupach i przekąskach. Jeśli przyjmują gości i nie podadzą im jogurtu, to oznacza, że nie byli u nich mile widziani. Kiedy zaś zapytać starców żyjących na tureckiej prowincji o sekret ich długowieczności, bez wątpienia odpowiedzą: cebula, chleb i jogurt.

W ludzkim organizmie żyje ok. 2 kg bakterii, z czego większość – w przybliżeniu tysiąc gatunków – w jelicie grubym. Najbardziej potrzebne nam do zdrowia są bakterie kwasu mlekowego z rodzaju *Lactobacillus* oraz *Bifidobacterium* (bakterie LB). Wraz z innymi chronią one nabłonek jelitowy (bagatela, 300-400 m^2), tworząc barierę dla toksyn i drobnoustrojów chorobotwórczych. Bakterie mlekowe znajdują się w kiszonkach i mlecznych napojach fermentowanych. Naukowcy wyodrębnili szczepy probiotyczne (czyli prozdrowotne), najlepiej działające na jelita, i postanowili dodawać je do jogurtów, tłuszczów do smarowania chleba, a nawet do gum do żucia.

Najzdrowszy jest jogurt naturalny, najlepiej odtłuszczony, ale nie „light" czy „0 proc. tłuszczu", gdyż w takim nie ma już rozpuszczalnych w tłuszczach witamin A, D i K. Aby nas wzmacniał, trzeba go jeść codziennie. Jednak czy to, co oferuje nam handel, naprawdę jest jogurtem? Czy wybierając słodki, kremowy ulepek z wiórkami czekolady, karmelem i kolorowymi drażetkami, będziemy zdrowsi czy raczej bardziej chorzy? Gdzie się podział prawdziwy jogurt bez cukru, zagęstników i sztucznych barwników? Jak go odnaleźć w sklepowej dżungli?

Na zakupach

• Kupuj jogurty naturalne, najbardziej zbliżone kwaskowym smakiem do tradycyjnego, wymyślonego przed tysiącami lat przez Greków lub, jak kto woli, Bułgarów, bo te dwa narody spierają się o prawa autorskie do tego produktu. Jogurty naturalne stanowią zaledwie 17 proc. wszystkich jogurtów sprzedawanych w naszych sklepach. Prawdziwy jogurt naturalny powinien mieć tylko dwa składniki – mleko i bakterie. Żadnego cukru, żadnych zagęstników i zapychaczy. Tylko czyste żywe, lekko sfermentowane mleko.

• Jak rozpoznać jogurt probiotyczny? Na opakowaniu szukaj nazwy rodzaju, gatunku i szczepu bakterii, np. *Bifidobacterium* (rodzaj) *lactis* (gatunek) DN-173 010 (szczep). By działać, musi on zawierać co najmniej milion żywych komórek bakteryjnych w mililitrze. Jogurt powstaje po dodaniu do mleka dwóch gatunków bakterii: *Lactobacillus bulgaricus* i *Streptococcus thermophilus*. Probiotyczny musi mieć jeszcze bakterie probiotyczne określonego szczepu. Wiele firm wykorzystuje naszą niewiedzę, pisząc tylko nazwę gatunku, np. „jogurt zawiera pożyteczne dla zdrowia bakterie *Lactobacillus casei*", a nazwy szczepów nie podaje.

• Niestety, w Polsce przyzwyczailiśmy się, że jogurt musi być słodki, kremowy, aksamitny, gęsty i zwarty, a to błąd, bo prawdziwy jogurt powinien mieć oddzieloną fazę wodną od stałej. Jednak, aby nam się przypodobać, producenci dodają do jogurtu naturalnego zagęstniki: żelatynę, pektyny, skrobię kukurydzianą i (przede wszystkim) mleko w proszku. Efekt? Klasyczny jogurt naturalny ma jakieś 50 kcal w 100 g, natomiast ten zagęszczony mlekiem w proszku nawet 80 kcal! I po co?

- „Jogurt naturalny 0 proc.", „light", „fit", „dietetyczny". W przypadku jogurtu, tak jak w przypadku mleka, „0 proc." równa się zero sensu. Mleko w jogurcie powinno mieć ok. 2 proc. tłuszczu, góra 3 proc., by pozostały w nim witaminy rozpuszczalne w tłuszczach (nie może też mieć go za dużo). Uwaga, niektóre jogurty śmietankowe lub kremowe zawierają nawet 12 proc. tłuszczu! Radzimy uważnie czytać informacje podane na opakowaniach.
- Czy jogurt o takim składzie: mleko pasteryzowane, wsad owocowy (truskawki 2 proc., cukier, skrobia kukurydziana modyfikowana, zagęstnik E440, regulatory kwasowości: E330, E331, E333, E524, aromaty, barwniki naturalne: koncentraty roślinne, E141), cukier, odtłuszczone mleko w proszku, bakterie jogurtowe – to jeszcze jest jogurt?
- Zdecydowana większość Polaków (aż trzy czwarte) preferuje jogurty owocowe, najczęściej truskawkowe. Jeśli jednak chcesz kupić dobry jogurt owocowy, przygotuj się na prawdziwą walkę. Sprawdź najpierw, czy w jego nazwie jest w ogóle słowo „jogurt", ponieważ być może to, co wybrałeś (bo ładnie wygląda) jest napojem mlecznym, czyli mlekiem wymieszanym z chemicznym aromatem i kilogramem cukru.
- Cukier – w 100 g niektórych jogurtów może go być aż 15 g. To mniej więcej dwie łyżeczki, a więc pięć łyżeczek w szklance! Kaloryczność jogurtów podwyższają także groszki, czekolada, rozmaite cukierki, draże, pastylki, wiórki, kuleczki, biszkopty, chrupki, bąbelki, syropy, płatki oblepione miodem... Uff, takie jogurty są niezwykle kaloryczne – mogą mieć nawet 200 kcal w 100 g, czyli o 20 kcal mniej niż frytki, aż o 60 kcal więcej niż kiełbasa krakowska parzona i 12 razy więcej niż kiszona kapusta! Pamiętaj, kupując dziecku jogurt ze słodkim dodatkiem, dajesz mu deser, a nie odżywczy posiłek.
- Podczas kupowania jogurtów, czy to naturalnych, czy smakowych, obowiązuje podstawowa zasada – im krótsza lista składników, tym lepiej. Jednak warto ją przeczytać, bo czasami można tam znaleźć wiele ciekawych rzeczy, np. wyciąg z czarnej marchwi, buraków lub papryki w jogurcie truskawkowym, albo wyciąg z winogron i aronii w jogurcie z owoców leśnych. Czy to źle? Trudno powiedzieć, ale wolelibyśmy, żeby w jogurcie owocowym były owoce, a nie barwniki.
- Czy różowe jogurty mają apetyczny kolor, ponieważ zawierają owoce, np. truskawki lub maliny? Niekoniecznie. Często jest to zasługa zastosowanych barwników, m.in. koszenili (patrz s. 196). Otrzymuje się ją z mszyc o tej samej nazwie, występujących w tropikalnych rejonach Ameryki Południowej i Środkowej. Koszenile żerują na opun-

cjach i wytwarzają barwnik odstraszający inne owady. Barwnik otrzymuje się z ciała i jaj mszyc, a potem wkłada do jogurtów.

- Zagęstniki – nie są szkodliwe, ale jeśli na opakowaniu znajdziesz ich symbole, np. E412 (guma guar), E1422 (skrobia), E440 (pektyny), oznacza to, że jogurt jest mniej wartościowy, bo jego gęstość nie wynika z dużej zawartości mleka, tylko zagęstnika.
- Jogurt pitny ma mniej zagęstników od tego w kubeczku.
- Śmietankowy zawiera znacznie więcej tłuszczu (nawet 12 proc.) niż tradycyjny (2-3 proc.).
- „Bio" w nazwie jogurtu nie oznacza probiotyczności, ale to, iż pochodzi on z gospodarstwa ekologicznego. Ekojogurt powinien mieć też certyfikat jednego z ośrodków atestujących – Agrobiotestu, Ecolandu czy Eccocertu.
- Jogurtów słodzonych aspartamem nie powinny jeść dzieci, u których sztuczne środki słodzące w nadmiarze mogą wywoływać biegunkę.
- Aby przedłużyć trwałość jogurtu, poddaje się go czasem ogrzewaniu (termizacji). Zabija to szkodliwe, ale i dobroczynne bakterie. Informacja o termizacji powinna znajdować się na opakowaniu.
- Uwaga, jogurt może kosztować 5 zł, a nawet 25 zł za kilogram, a to już przesada!
- Jeśli denko pojemnika z kefirem jest wypukłe, nie oznacza to, że zawartość się zepsuła. Wręcz przeciwnie. Kefir ma niewiele mniej wapnia niż jogurt, za to więcej kwasu wytwarzanego pod wpływem grzybków kefirowych i drożdży. Powodują one fermentację alkoholową, podczas której powstają kwas mlekowy, alkohol etylowy i dwutlenek węgla. Kefir pobudza trawienie i apetyt.
- Maślanka jest zdrowa i niskokaloryczna. Zawiera mało tłuszczu i tyle samo wapnia, co kefir. Powstaje podczas produkcji masła, zapobiega zaparciom i chroni jelita przed namnażaniem szkodliwych drobnoustrojów.

Uważaj na hasła

- „Bez konserwantów" – żaden prawdziwy jogurt nie może ich mieć.
- „Deser jogurtowy" – to nie to samo, co jogurt. Produkty te mają tylko dodatek jogurtu, który ginie w mnóstwie innych składników (najwięcej w nich cukru i tłuszczu).
- „Jogurt truskawkowy" – to nie to samo, co „jogurt o smaku truskawkowym". Dlaczego? W pierwszym są prawdziwe owoce, drugi nawet nie stał obok truskawek! Zawiera za to morze chemii. Uwaga na jogurty poziomkowe – zawsze są tylko z chemicznym zapachem. Spocznij!
- „Idealny jogurt dla dzieci", „jest dla młodych konsumentów źródłem świetnej zabawy" – dobre. W rzeczywistości zawiera mnóstwo cukru, sztuczne substancje, kolorowe groszki lub lukrowane chrupki, a mleka tyle, co kot napłakał.

- „Batonik muesli i jogurt" – nie jest jogurtem, ale słodką, kaloryczną przekąską.
- „Deser mleczny – pyszny i odżywczy posiłek" – a ma tyle cukru i tłuszczu, że jedynie... idzie nam w biodra.

PRAWDY I MITY O JOGURCIE

- **Prawda**, że jogurt działa osłonowo podczas kuracji antybiotykowej, ale tylko wtedy, gdy zjada się go przynajmniej trzy, cztery szklanki dziennie.
- **Nieprawda**, że zamiast pić mleko czy jogurt, lepiej łykać wapń w tabletkach. Aby uzupełnić 50-procentowe niedobory tego pierwiastka w diecie, trzeba by wydać 600 zł rocznie. Za taką sumę można kupić 30 kg żółtego sera, 150 l jogurtu i ok. 300 l mleka, mieć pełny żołądek i zaspokoić zapotrzebowanie na wapń w ponad stu procentach. Zatem wapń, skądinąd bardzo tani, w tabletkach jest droższy niż srebro!

Pstryk, działa!

Jogurt owocowy zawiera zwykle więcej cukru niż owoców, a ponadto tzw. wsad owocowy podlega wielu obróbkom. Owoce najpierw się myje, kroi, potem pasteryzuje, co powoduje, że tracą smak i kolor, więc sztucznie się je barwi i dodaje syntetyczny zapach. Prawdziwy jogurt z owocami najlepiej przygotować samemu, wkrawając do jogurtu naturalnego truskawki, jabłka czy gruszki.

Jak przyrządzić jogurt naturalny w domu?

- Najlepszy będzie oczywiście ze świeżego mleka. Zagotuj je i ostudź, dodaj kilka łyżek jogurtu naturalnego i odstaw na 6-8 godzin w ciepłe miejsce.
- Dobry jogurt zrobisz także z mleka UHT. Litr mleka UHT podziel na dwie porcje – połowę zagotuj, wlej do niej drugą połowę (zimną), dodaj mały kubeczek jogurtu naturalnego i 30 dag mleka w proszku. Przelej do termosu lub pojemnika (pojemnik zawiń w koc) i odstaw na 24 godziny. Następnie wlej jogurt do czystego naczynia i wstaw do lodówki, aby zgęstniał.

W sklepach ze sprzętem AGD można kupić za kilkadziesiąt złotych urządzenie do domowej produkcji jogurtów.

Szczepionka w jogurcie?

Naukowcy z Uniwersytetu Stanowego w Karolinie Północnej, szukając nowych, łatwiejszych metod podawania szczepionek, przyłączyli szczepionkę przeciwko wąglikowi do bakterii z gatunku *Lactobacillus acidophilus*, po czym podali ją wraz z pokarmem myszom. Okazała się tak samo skuteczna, jak ta w zastrzyku. Teraz sprawdzają, czy „zjadane" szczepionki przeciw innym chorobom mogą zadziałać równie skutecznie.

Badania naukowe z ostatnich lat

- Zespół doktora Atilli Konara z Uniwersytetu Cukurowa w Turcji wykazał, że jedzenie dużych ilości jogurtu może obniżać poziom złego cholesterolu.
- Szwedzcy naukowcy odkryli, że osoby, które częściej jadają jogurt, w porównaniu z tymi, które robią to sporadycznie, chorują na raka pęcherza średnio o 40 proc. rzadziej (45 proc. kobiet, 36 proc. mężczyzn).

Kupuj z głową

Czy wiesz, że w sklepach jest coraz więcej tzw. jogurtów funkcjonalnych? Producenci przekonują, że jedząc takie jogurty, będziemy piękne, szczupłe i zdrowe. Zwróćmy jednak uwagę, że w reklamach pojawia się zwykle kluczowe słowo „pomaga" (wzmacniać odporność, procesy trawienne itp.). A słówko to robi dużą różnicę. Przykładowo w Wielkiej Brytanii zakwestionowano skuteczność jogurtu w walce z zaparciami, a jedna z dużych firm w Stanach Zjednoczonych musiała zapłacić 21 mln dolarów odszkodowania za reklamowanie swoich produktów jako wzmacniających odporność i likwidujących zaparcia. Zatem jedzmy jogurt dla jogurtu, bo jest zdrowy, ale nie wierzmy, że zadziała jak fitness, tabletka przeciw przeziębieniu czy botoks.

Ser żółty

Kalorie w 100 g:

gouda – 316 kcal
edamski – 328 kcal
podlaski – ok. 320 kcal
salami pełnotłusty – 354 kcal
parmezan – 452 kcal

Zalecana dawka:

2-4 plasterki dziennie
(ze względu na dużą zawartość wapnia, np.:
parmezan – 1380 mg/100 g,
edamski tłusty – 900 mg/100 g,
gouda tłusty – 800 mg/100 g,
salami pełnotłusty – 800 mg/100 g)

Szwajcar, holender czy polska plastelina?

Statystyczny Polak zjada rocznie mniej więcej 13 kg żółtego sera – moglibyśmy jeść go więcej, ale co z tego, kiedy coraz częściej smakuje jak plastelina, kruszy się podczas krojenia jak wyschnięta kreda, a pokrojony w plasterki skleja jak taśma zlepa. Tymczasem prawdziwy żółty ser jest pyszny i bardzo zdrowy. Zawiera najwięcej ze wszystkich produktów mlecznych wzmacniającego kości, zęby i paznokcie wapnia: 4 plasterki pokrywają nasze dzienne zapotrzebowanie na wapń. W żółtym serze jest nawet 10 razy więcej tego pierwiastka niż w twarogu! Oprócz tego, jedząc ser żółty, dostarczamy organizmowi białka, tłuszczu, fosforu i żelaza oraz witaminy A i D.

Mimo że w ostatnich latach pojawiły się nowe polskie sery (Bursztyn, Stary Olęder, sery probiotyczne: Antek, Ceko czy Markiz, Serce z obniżoną zawartością sodu i większą ilością potasu), znaleźć w naszych sklepach smaczny, aromatyczny, a przy tym przyzwoicie kosztujący ser nie jest łatwo. Nie ma co ukrywać – serową potęgą nie jesteśmy. Większość produktów z supermarketów smakuje tak samo, a na forach internetowych nie brak głosów krytycznych pod adresem wielu gatunków serów. Ich smak internauci określają jako „margarynowy", „plastelinowy", „po prostu guma i paskudztwo".

Z czego robi się żółty ser? Z mleka! Do wyprodukowania kilograma sera potrzeba aż 10-12 l mleka. W dzisiejszym świecie, opanowanym przez wielki przemysł spożywczy, odpowiedź na to niby banalnie proste pytanie nie jest już tak oczywista. Zamiast drogiego mleka producenci stosują bowiem tani, niezdrowy, utwardzony przemysłowo tłuszcz roślinny, zabarwiony sztucznymi barwnikami. W efekcie powstaje wyrób seropodobny. Jednym z najczęściej podrabianych serów w Polsce jest owczy oscypek. Produkuje się go od maja do października, czyli wtedy, gdy karmione trawą owce dają mleko. Jednak w marketach oscypki można znaleźć przez cały rok. Niemal we wszystkich dużych sklepach sprzedawane są produkty seropodobne, i to bardzo często w tych samych ladach chłodniczych, co prawdziwe sery. Wyrób seropodobny powinien być dokładnie oznaczony, tak aby konsument miał jasność, że kupuje „sztuczny ser", ale rzecz jasna tak nie jest. Czym się zatem kierować, aby odróżnić ten „prawdziwy" od „sztucznego"?

Na zakupach

- Kupując żółty ser, zacznij od dokładnego przeczytania etykiety. Sprawdź, czy w ogóle występuje na niej słowo „ser". Unia Europejska zezwala na nazywanie serem wyłącznie produktów wytworzonych z mleka. Tymczasem wyobraźnia producentów, by obejść prawo, nie ma granic. Określają oni sprytnie swoje wyroby np. jako „plasterki serowe" czy „kurpiowski dojrzewający podpuszczkowy" (bez wyrazu „ser" w nazwie) bądź opatrują je magicznym słówkiem „typu", np. ser „typu gouda". Od takich podróbek lepiej trzymać się z daleka.
- Warto też wiedzieć, że ser Parmeno nie ma nic wspólnego z parmezanem.
- Sery żółte można dzielić różnie – na szwajcarskie (z dziurami) i holenderskie (bez dziur), na miękkie i twarde, tłuste i półtłuste. Chociaż w Polsce produkuje się kilkadziesiąt gatunków żółtego sera, z badań wynika, że najchętniej kupujemy cztery, wyrabiane z mleka krowiego. Są to:

– gouda – najsłynniejszy holender (1 kg sera produkuje się z 7-9 l mleka), o silnym, wyrazistym zapachu, soczystym, śmietankowym smaku i jędrnym miąższu z niewielką liczbą dziurek. Powinien mieć kształt niskiego cylindra;

– ser edamski – ser żółty nr 2 w Polsce, wzorowany na holenderskim Edamie, prasowany, twardy lub półtwardy. Ma sporo dziurek, równomiernie rozmieszczonych, elastyczną konsystencję i lekko słodki, a zarazem pikantny smak. Jest sprzedawany w formie kuli pokrytej warstwą czerwonego wosku;

– ser podlaski – to ser polski, miękki, elastyczny, dość tłusty. Ma kremowy kolor i łagodny, lekko kwaskowaty smak; wyśmienity do grzanek. Jest produkowany w formie prostopadłościanu;

– salami – dojrzewający, miękki, z dużą liczbą małych dziurek. Ma łagodny, aromatyczny zapach i delikatny smak, świetnie nadaje się do zapiekanek i grzanek.

- Na opakowaniu dobrego sera szukaj elipsy – znaczek ten mówi nam, że ser pochodzi z porządnej mleczarni. Warto pamiętać, że na naszym rynku produkty seropodobne sprowadza się również z Grecji, Niemiec czy krajów spoza Unii Europejskiej. Na elipsie znajdują się trzy symbole: 8-cyfrowy numer identyfikacyjny mleczarni (dwie pierwsze cyfry to kod województwa, kolejne dwie – kod powiatu, 16 oznacza kategorię mleko i przetwory mleczne, ostatnie dwie cyfry – numer działalności w powiecie), znaki PL (Polska) oraz WE (Wspólnota Europejska).

• Skład – najlepiej, by było w nim wyłącznie mleko, bakterie kwasu mlekowego, podpuszczka i sól. Jeśli kupujesz ser na wagę, pytaj o skład sprzedawcę, ma obowiązek ci go podać.
Wśród składników może znajdować się także E509 (chlorek wapnia) – związek naturalnie występujący w soli kamiennej i morskiej, stosowany w produkcji serów w celu poprawienia ich konsystencji i wzbogacenia w wapń, nieszkodliwy dla zdrowia. Następne na liście: E160b (barwnik annato) – uznawany za nieszkodliwy dla człowieka, nadaje serom żółty kolor, pozyskuje się go z drzewka orleańskiego rosnącego w Brazylii; E252, E253 i E1105 – konserwanty, niektóre o działaniu grzybobójczym. I najgorsze: E251 (azotan sodu) – konserwant, spożyty w dużych ilościach utrudnia transport tlenu przez krew (jest szczególnie niebezpieczny dla małych dzieci) oraz E452 (polifosforany: emulgator i stabilizator) – spożywane w dużych ilościach mogą pogarszać wchłanianie wapnia, magnezu i żelaza, powodując osteoporozę i odkładanie się wapnia. Zatem im mniej składników z literką E w serze, tym lepiej. Informacje o E dodatkach do serów znajdziesz również na s. 197, 214.
• Wyrób seropodobny może zawierać nie tylko tani utwardzony tłuszcz palmowy, ale również skrobię pszenną, kukurydzę, soję i mnóstwo innych zapychaczy.
• Niekiedy ser podróba bywa nieco bledszy.
• Najlepsze sery żółte produkowane są w formie okrągłych cylindrów, a nie bloków.
• O jakości sera mówi nam opakowanie i cena. Dobry ser nie może kosztować 14 zł za kilogram, bo pamiętajmy – do jego produkcji potrzeba czasem nawet 12 l mleka. Dlatego warto patrzeć podejrzliwie na sery dziwnie tanie, zwłaszcza te sprzedawane po cenach „promocyjnych". Policzmy: litr mleka kosztuje w skupie średnio 1,2 zł, zatem sam surowiec to co najmniej 12-14 zł. A koszt wyprodukowania, transportu, marża sklepu? Wniosek? Tanie sery to zwykle produkty seropodobne.
• Jeśli już wybierzemy swoją ulubioną goudę czy edamski, zapamiętajmy, jakiej jest firmy, bo w sklepach można znaleźć kilkadziesiąt serów o tych nazwach, od różnych producentów.

Uważaj na hasła

• Ser żółty wędzony „naturalny smak" – tymczasem większość serów wędzonych robi się metodą przemysłową, zanurzając je w chemicznym aromacie wędzarniczym.
• „Wyjątkowy smak i konsystencja" – a w środku: soja, mleko w proszku, skrobia pszeniczna, E452 oraz E453, który obniża wchłanianie wapnia. Czyli jesz wapń, ale nie pozwalasz mu się przyswoić. Rzeczywiście, wyjątkowy ser.
• „Ser o obniżonej zawartości cholesterolu" – prawie zawsze to produkt seropodobny z dodatkiem oleju roślinnego, i to utwardzonego, czyli najbardziej niezdrowego.

• Gouda, skład: mleko pasteryzowane, sól, chlorek wapnia, podpuszczka, chlorek potasu, barwnik. Edam tej samej firmy: mleko pasteryzowane, sól, chlorek wapnia, podpuszczka, chlorek potasu, barwnik. Gouda wędzona: jw. Czy wiesz już, dlaczego wiele serów ze sklepu smakuje tak samo?

Pstryk, działa!

Jak zrobić żółty ser?

Zagotuj szklankę mleka. Do garnka z mlekiem wkrusz 250 g tłustego białego sera i zagotuj, delikatnie mieszając. Odcedź na sicie. W rondlu rozpuść ćwierć kostki masła, zdejmij z ognia, przestudź. Dodaj odcedzony ser, jedno jajko, łyżeczkę soli i łyżeczkę octu. Wymieszaj. Ponownie postaw garnek na ogniu i smaż, wolno mieszając, by masa nie przywarła do dna. Gdy się spieni, przelej ją do foremki nasmarowanej masłem lub wyłożonej folią aluminiową. Możesz dodać oliwki, suszone pomidory, zioła. Wystudź, wstaw do lodówki do zastygnięcia. Przed podaniem pokrój w plastry.

PRAWDY I MITY O ŻÓŁTYM SERZE

• **Nieprawda**, że za dziurki w serze odpowiedzialne są... myszy. W czasie dojrzewania powstają w nim kwas mlekowy oraz gazy, głównie dwutlenek węgla, które tworzą charakterystyczne „oczka" wewnątrz sera.

• **Prawda**, że prawdziwy ser po ściśnięciu ręką powinien zostawić tłusty ślad na dłoni. Jeśli podczas krojenia kruszy się, ciągnie się i rwie, jest gumowaty i mdły, a w smaku przypomina zjełczały olej, czasem jest po prostu kwaśny.

• **Nieprawda**, że najbardziej kaloryczne są sery tłuste. Zawierają bowiem 40 proc. tłuszczu, podczas gdy pełnotłuste – nie mniej niż 45 proc., a śmietankowe – ok. 50 proc. Najmniej tłuszczu (a zatem również kalorii) znajduje się w serach półtłustych (nie mniej niż 20 proc.) i chudych (mniej niż 10 proc.).

• **Prawda**, że w fast foodach – mrożonej pizzy czy zapiekankach kupowanych za grosze w budkach na ulicy – prawie zawsze stosuje się tani wyrób seropodobny, a nie prawdziwy ser.

Kupuj z głową

Czy wiesz, że w serach sprzedawanych w wygodnych opakowaniach typu „otwórz-zamknij" znajduje się więcej konserwantów niż w tych na wagę? Zwykle słabą jakość mają również sery żółte formowane w bloki w kształcie prostopadłościanów i zawijane w zwykłą folię (bez warstwy woskowej). Najlepsze są sery produkowane w postaci okrągłych bloków, kupowane na wagę.

Inne sery i serki

Kalorie w 100 g:

ser biały chudy – 99 kcal
ser biały tłusty – 175 kcal
feta – 215 kcal
ser śmietankowy do smarowania – 300 kcal
ser topiony – 300 kcal
camembert – 290 kcal
brie – 330 kcal
ser pleśniowy – 360 kcal

Zalecana dawka:

raz dziennie 1-2 łyżki białego sera

raz dziennie mały kawałek sera pleśniowego, brie lub camembertu

Serowy zawrót głowy

Taca serów, bagietka, winogrona... i impreza gotowa. Tylko jaki ser wybrać: pleśniowy, brie, camembert czy biały? Każdy ma swoje zalety i wady. Pleśniowy jest pyszny, wyrazisty w smaku, zawiera dużo wapnia (ok. 500 mg na 100 g), ale też dużo niekorzystnego tłuszczu odzwierzęcego, i co się z tym wiąże – kalorii. Można go zjeść codziennie zaledwie mały kawałek. Biały dostarcza znacznie mniej kalorii, sporo białka, szybko zaspokaja głód i na długo utrzymuje uczucie sytości. Chociaż uważamy go w Polsce za krynicę zdrowia, nie do końca tak jest. To, co niezwykle cenne w produktach mlecznych, czyli wapń, podczas produkcji białego sera w 80 proc. zostaje w serwatce. W 100 g białego sera znajduje się ok. 100 mg wapnia – to pięciokrotnie mniej niż w serze pleśniowym i nawet dziesięciokrotnie mniej niż w żółtym! Mniej więcej tyle samo tego pierwiastka zawierają śledzie! Poza tym biały ser tak naprawdę powinien być tani, a jest drogi. Jeśli z 10-12 l mleka powstaje kilogram żółtego sera, to wiadomo, że musi on kosztować co najmniej 18 zł, ale dlaczego mamy płacić niewiele mniej za kilogram sera białego, skoro można go zrobić z 5 l mleka?

Twaróg jako jedyny wśród produktów mlecznych ma za dużo białka w stosunku do wapnia. Nadmiar białka podwyższa kwasowość moczu, co powoduje wypłukiwanie wapnia z organizmu, a wapń to pierwiastek życia. Jeśli go brakuje, czujemy się osłabieni, zmęczeni, dzieci mają słabe kości, a kobiety wcześniej zapadają na osteoporozę. Zatem ser pleśniowy, podobnie jak żółty, jedzmy często, ale ostrożnie (ze względu na kalorie), zaś chudy biały – kilka razy w tygodniu.

Na zakupach

• Czytaj uważnie etykiety. Podstawowym składnikiem dobrego sera, nie uwzględniając bakterii i przypraw, jest mleko. Ten, który zawiera tłuszcze roślinne, mleko w proszku, lecytynę sojową czy skrobię pszenną, powinien być wyraźnie oznakowany jako produkt seropodobny. Niestety, nie zawsze tak jest.

- Uważaj na sformułowania. Ser „typu roquefort" to nie to samo, co wielki francuz.
- Dobry ser nie może kosztować kilka złotych. Paczkowany bywa zazwyczaj dwa razy droższy niż ten na wagę, a po otwarciu opakowania szybciej obsycha.
- Sprawdzaj ilość tłuszczu – im go mniej, tym mniej kalorii. Są sery o 70-procentowej zawartości tłuszczu (pleśniowe), ale i takie, które mają go tylko 10 proc. (odtłuszczone).
- Serki do smarowania kosztują od kilku do nawet 50 zł za kilogram. Sprawdzaj ceny!
- Wybieraj produkty, które nie mają w składzie zapychaczy i chemicznych dodatków, czyli: oleju palmowego, zagęstników (np. karagenu), białka sojowego, regulatorów kwasowości, sztucznych aromatów i barwników. Niektóre sery kanapkowe są spulchniane azotem.
- Serki dla dzieci niekoniecznie są najzdrowsze. Zwykle zawierają mnóstwo cukru, a do tego czekoladę, kolorowe groszki, karmel. Tymczasem brytyjscy naukowcy udowodnili, że maluchy, które jedzą słodycze bogate w sztuczne barwniki i konserwanty (np. w benzoesan sodu), mają większą skłonność do nadpobudliwości.

Pstryk, działa!

Jak zrobić biały ser?

Przygotuj 4 l mleka o zawartości 2 proc. tłuszczu (najlepiej prosto od krowy, ewentualnie tzw. świeżego w butelkach, UHT się nie nadaje). Połowę porcji nastaw na zsiadłe. Gdy skwaśnieje, wlej do garnka pozostałe 2 l, doprowadź do wrzenia, dodaj zsiadłe mleko i pogotuj razem kilka minut. Następnie przecedź przez bardzo gęste sitko lub przez gazę bądź lniany woreczek. Odsącz serwatkę.

PRAWDY I MITY O SERACH

- **Prawda**, że brie i camembert najlepiej kupować pod koniec ich przydatności do spożycia – wtedy są najsmaczniejsze.
- **Prawda**, że jeżeli chcemy podawać ser w kawałkach, mniej więcej godzinę przed pokrojeniem powinniśmy wyjąć go z lodówki. Sery o konsystencji kremu najłatwiej ciąć gorącym, suchym nożem. Do krojenia i nakładania serów służy wygięty nóż, zakończony dwoma krótkimi szpicami.

Kupuj z głową

Czy wiesz, że wśród składników sera topionego nierzadko na pierwszym miejscu wymieniana jest woda? Sery topione to produkty seropodobne. Wytwarza się je, topiąc ser i dodając wypełniacze. Owszem, mają długą przydatność do spożycia, ale coś za coś. Zawierają zwykle mało mleka i wapnia, za to dużo wody, konserwantów, sztucznych barwników i zagęszczaczy.

Kakao

Kalorie w 100 g:

kakao z zawartością 12 proc. tłuszczu – 400 kcal
(łyżeczka – 10 kcal)
kakao rozpuszczalne z cukrem – nawet 550 kcal

Zalecana dawka:

dwa lub trzy razy w tygodniu szklanka

Napój króla Montezumy

Aksamitny i pyszny poprawia humor nie tylko dzieciom. Problem jednak w tym, że rodzice kupują łatwe do przyrządzania na zimno i gorąco kakao rozpuszczalne lub gotowe w kartoniku, w których więcej niezdrowego cukru, tłustego mleka w proszku, emulgatorów, lecytyny sojowej i sztucznych aromatów niż prawdziwego kakao. Tymczasem samo kakao jest bardzo zdrowe. Oprócz białka i tłuszczu (ok. 12 proc.) zawiera dużo potasu, fosforu, magnez, cynk oraz teobrominę, która pobudza układ nerwowy, działa regenerująco i odprężająco po wysiłku fizycznym i umysłowym. Wiele ostatnich badań naukowych wykazuje, że ze względu na sporą ilość przeciwutleniaczy wywiera pozytywny wpływ na układ krwionośny. Pite kilka razy w tygodniu reguluje ciśnienie krwi, działa przeciwzakrzepowo, wzmacnia naczynia krwionośne i serce.

Szklanka tego napoju przygotowanego z mleka 1,5-procentowego, łyżeczki kakao i łyżeczki cukru to 135 kcal, a takie kakao wypite na drugie śniadanie i zagryzione np. jabłkiem da uczucie sytości na następne kilka godzin. Dla porównania: szklanka kakao rozpuszczalnego z mlekiem kryje w sobie prawie 200 kcal i zawiera więcej cukru, bo żeby napój miał smak, trzeba wsypać aż dwie-trzy łyżeczki ciemnego proszku.

Ziarno kakaowca przywiózł do Europy Krzysztof Kolumb. Czarny napój warzony według przepisu azteckiego króla Montezumy zdobył najpierw uznanie na dworze hiszpańskim. Doprawiano go cukrem i wanilią.

Pstryk, działa!

Jak błyskawicznie przyrządzić kakao niebłyskawiczne?
Kakao jest tłuste, dlatego słabo rozpuszcza się w zimnym mleku.
Wymieszaj łyżeczkę kakao z łyżeczką cukru, dolej jedną trzecią szklanki mocno podgrzanego 1,5-procentowego mleka, wymieszaj trzepaczką do ubijania piany. Dodaj zimnego mleka, gotowe!

Na zakupach

- Co z tego, że kakao produkowane z myślą o dzieciach jest wzbogacane wapniem, witaminami A, D czy B, skoro zawiera mnóstwo cukru, a tak naprawdę ważne są witaminy i mikroelementy występujące naturalnie, bo te sztuczne organizm słabo przyswaja.
- Czasami kakao rozpuszczalne ma nawet dodatek soli, której, jak wiadomo, i tak je się za dużo. Tymczasem dietetycy podkreślają, że nie można przyzwyczajać maluchów do smaku, który w przyszłości może im zrujnować zdrowie i wyrabiać w nich złych nawyków żywieniowych.
- Po co kupować o 2-3 zł tańsze kakao dla dzieci, które w składzie ma na pierwszym miejscu dziesięć razy tańszy i niezdrowy cukier?
- Napis „Fair Trade" (Sprawiedliwy Handel), umieszczany na opakowaniach kakao, oznacza, że jego producent czy dystrybutor przyłączył się do ruchu oferującego pomoc najbiedniejszym wytwórcom z krajów Trzeciego Świata. Jest znacznie droższe, ale za to można je pić z czystym sumieniem, wiedząc, że pochodzi z ekologicznych plantacji, których właściciele zapewniają swoim pracownikom godziwe płace i odpowiednie warunki socjalne.
- Zawsze lepiej kupować kakao w puszce lub w szczelnie zafoliowanym kartoniku, będzie mniej zwietrzałe.

Kupuj z głową

Czy wiesz, że kakao dla dzieci, tzw. rozpuszczalne, to w istocie cukier puder z niewielką ilością kakao? Szczytem perfidii jest reklamowanie go jako „nie tylko napoju, który ma pyszny smak, ale zawiera specjalnie opracowaną kompozycję 10 witamin i wapnia dla zdrowego rozwoju dziecka". Tymczasem w 10 łyżeczkach tego „kakao" znajduje się co najmniej osiem łyżeczek samego cukru! O jakim zdrowym rozwoju dziecka można tutaj mówić?

Badania naukowe z ostatnich lat

- Według Briana Buijsse'a z Instytutu Zdrowia Publicznego w holenderskim Bilthoven mężczyźni regularnie spożywający kakao mają znacznie niższe ciśnienie krwi od tych, którzy go nie piją. W pierwszej grupie daje się również zauważyć mniejszą śmiertelność spowodowaną chorobami serca.

- Metaanaliza z 2007 roku poświęcona wpływowi spożycia kakao i herbaty na ciśnienie krwi wykazała, że kakao w istotny sposób obniża ciśnienie krwi, podczas gdy herbata takiego efektu nie daje.
- Norman Hollenberg, profesor medycyny ze Szkoły Medycznej Harvarda, przez lata prowadził badania wśród Indian Kuna z Panamy. Stwierdził on, że cztery najczęstsze powody śmiertelności: wylew, choroby serca, rak i cukrzyca, występowały u przedstawicieli tego ludu rzadziej niż raz na dziesięć osób. Może mieć to związek z ilością spożywanego przez nich kakao, którego wypijają aż 40 filiżanek tygodniowo.
- Według badań Fishera i Hollenberga, zawarte w kakao flawonoidy skuteczniej działają u osób po 50. roku życia. Choroby serca są u nich przyczyną 50 proc. wszystkich zgonów.
- Kakao lepiej chroni przed rakiem niż czerwone wino – dowiedli naukowcy ze Stanów Zjednoczonych. Porównali oni ilość przeciwutleniaczy w kakao, zielonej herbacie i czerwonym winie, które zabezpieczają przed nowotworami i chorobami układu krążenia. Sądzono, że najwięcej tych substancji znajduje się w czerwonym winie. Tymczasem w kakao jest ich prawie dwa razy więcej, a w porównaniu z zieloną herbatą – nawet trzy razy więcej.

Owoce

Kalorie w 100 g:
truskawki – 28 kcal
grejpfrut – 36 kcal
mango – 67 kcal
winogrona – 69 kcal
banan – 95 kcal
suszone owoce: figi – 290 kcal, morele – 284 kcal,
rodzynki – 298 kcal

Zalecana dawka:
dwa razy dziennie słodkie owoce
lub trzy, cztery razy dziennie – kwaśne

Jabłuszko pełne snów

Siadasz i zjadasz: półmisek winogron, paczkę suszonych moreli, kilogram truskawek. Tymczasem pół kilograma czereśni czy winogron ma więcej kalorii niż pączek lub pół tabliczki czekolady! Pół kilograma winogron to 350 kcal, a jeden pączek bądź 50 g gorzkiej czekolady – 250. Jeszcze gorzej jest z suszonymi owocami – 100 g rodzynek zawiera ok. 300 kcal, a pół kilograma – już 1500!

Owoce są bardzo zdrowe, ale te słodkie mają sporo kalorii. Czereśnie, banany, winogrona pobudzają apetyt i powodują gwałtowny wzrost poziomu cukru we krwi. Wtedy mózg dostaje sygnał, że natychmiast trzeba coś z tym cukrem zrobić. Zostaje „upchnięty" w komórkach naszego ciała niczym w magazynach energii, a gdy wszystkie miejsca są tam już zajęte – zamienia się w tkankę tłuszczową. Z tego powodu nie powinno się jeść więcej niż 200-300 g owoców dziennie.

Dieta bogata w owoce i warzywa zabezpiecza przed chorobami cywilizacyjnymi: nowotworami, cukrzycą, problemami z sercem. Stanowią one niezastąpione źródło witamin, składników mineralnych, błonnika. Amerykańscy żywieniowcy podzielili je według koloru. Okazuje się, że wystarczy zjeść trzy razy dziennie warzywa i dwa razy dziennie owoce z każdej barwy, by zapewnić organizmowi różnorodność składników odżywczych. Niebieskie warzywa i owoce są bogate w przeciwutleniacze i polifenole wzmacniające naczynia krwionośne oraz opóźniające starzenie się skóry. Tu prym wiedzie nasz narodowy skarb – aronia. Czerwone, np. wiśnie, papryka, mają mnóstwo antocyjanów chroniących przed starzeniem, a zielone – kwasu foliowego i witaminy C.

Owoce najlepiej jeść w stanie surowym, wybierać te kwaśne (patrz s. 77) i pamiętać, że dosładzane, przykryte czapeczką bitej śmietany zawierają więcej kalorii, a te w musie czy w soku są łatwiej trawione i szybciej przyswajane. Im ciemniejsze i bardziej kwaśne, tym zdrowsze.

Jak przekonują od lat lekarze, jedzenie pięć razy dziennie warzyw i owoców w połączeniu ze zdrowym trybem życia chroni przed rakiem.

Jedz kolorowo

• Niebieskie owoce i warzywa: jagody, śliwki, aronia, czarne porzeczki, owoce czarnego bzu, rodzynki, ciemne winogrona, bakłażany. Zawierają antocyjany, polifenole i witaminę C. Opóźniają starzenie się skóry oraz zabezpieczają przed nowotworami.

• Białe warzywa: czosnek, cebula, por, szalotka, szczypiorek. Są bogate w „naturalny antybiotyk" – allicynę. Ochraniają skórę przed chorobami. Działają przeciwbakteryjnie i przeciwwirusowo.

• Czerwone owoce i warzywa: żurawina, czerwone grejpfruty, truskawki, arbuzy, maliny, czerwona kapusta, rzodkiewki, pomidory, czerwony pieprz, czereśnie, jabłka, buraki, czerwona cebula, czerwona fasola. Zawierają witaminę C i antocyjany, które osłaniają organizm przed działaniem słońca i wolnymi rodnikami powodującymi uszkodzenia w komórkach.

• Żółte oraz pomarańczowe owoce i warzywa: pomarańcze, mandarynki, gruszki, marchewka, dynia, melon, mango, morele, brzoskwinie, ananasy, papaja, żółty pieprz, banany, żółte grejpfruty, cytryny. Są bogate w beta-karoten, witaminy A i C, potas. Chronią skórę przed słońcem i starzeniem się, nadają jej ładny kolor, regulują gospodarkę wodną organizmu, zapobiegają obrzękom.

• Zielone owoce i warzywa: kiwi, niektóre jabłka, rzepa, kapusta, gorczyca, jarmuż, szpinak, sałata, brokuły, groszek, brukselka, kalafior, rzeżucha. Zawierają luteinę, indole, witaminę K i potas. Wzmacniają wzrok i naczyńka krwionośne w skórze, działają przeciwnowotworowo, zapobiegają obrzękom.

Na zakupach

• Jeśli tylko możesz, kupuj owoce na targu bezpośrednio od producenta. Do wielkich supermarketów przywozi się owoce nafaszerowane chemią – opryskane konserwantami (by wolniej się psuły), nabłyszczaczami, np. woskiem (by pięknie wyglądały), i etylenem (przyspieszającym dojrzewanie).

• Sezonowość to zasada obowiązująca na owocowych zakupach. Nie ma sensu nabywać w grudniu świeżutko wyhodowanych w szklarni truskawek ani w marcu pomarszczonych, zakonserwowanych chemicznie jabłek.

• Niedoskonałości, np. różna wielkość owoców czy plamki, świadczą o tym, że jabłka lub gruszki pochodzą z naturalnej uprawy bez stosowania nawozów sztucznych i środków ochrony roślin.

• Wybieraj owoce dość twarde, nieuszkodzone, ciężkie, w naturalnym kolorze, nienadpsute, bez pleśni. Te gotowe do zjedzenia (np. brzoskwinie, morele, melony, arbuzy, gruszki, jabłka) powinny lekko pachnieć. Owoce mniej dojrzałe w pokojowej temperaturze dojrzeją same. Wyjątek stanowią tu brzoskwinie i nektarynki –

jeśli są twarde, takie już pozostaną do końca i nie będą smaczne. Cytrusy nie powinny mieć grubej skóry, za to muszą być ciężkie – wtedy wiadomo, że zawierają mnóstwo soku.

- Owoce zawsze kupuj w całości, luzem, na wagę. Zapakowane w folię kawałki jabłek, arbuza czy melona będą, po pierwsze – mniej świeże, a po drugie – uboższe w składniki odżywcze. Z każdym przecięciem noża tracą witaminy, a pod folią „duszą się" i szybciej się psują.
- Żeby nie wiem jak przekonywali nas producenci owoców przetworzonych – brzoskwiń w puszce, jabłek w musie, śliwek w occie – najzdrowsze, najmniej kaloryczne i najsmaczniejsze są świeże.
- Suszone owoce zwykle są konserwowane, szczególnie te w torebkach. Dobrze jest więc je umyć przed jedzeniem. Należy też sprawdzać kalorie – mają ich znacznie więcej niż świeżo zerwane!

Kupuj z głową

Czy wiesz, że pomarańcze bezpestkowe można poznać po tym, że mają tzw. pępek? To drugi owoc, który wchłania nasiona pierwszego. Wielkie hipermarkety, wykorzystując naszą niewiedzę, kupują w ilościach hurtowych tanie pomarańcze przemysłowe, zawierające mnóstwo pestek, i do tego wmawia się nam, że można je jeść.

Owoce niskokaloryczne (kcal w 100 g)

- agrest – 41
- arbuz – 36
- brzoskwinie – 46
- cytryny – 36
- jagody – 45
- grejpfrut – 36
- jabłka – 46
- maliny – 29
- mandarynki – 42
- melon – 36
- morele – 47
- nektarynki – 49
- pomarańcze – 44
- porzeczki – 33
- poziomki – 33
- śliwki – 33
- truskawki – 28
- wiśnie – 47

Owoce wysokokaloryczne (kcal w 100 g)

- aronia – 57
- banan – 95
- czereśnie – 61
- gruszki – 54
- kiwi – 56
- mango – 67
- winogrona – 69

Owoce najzdrowsze

• Ciemne owoce są bardziej wartościowe od jasnych, czerwone od żółtych, a kwaśne od słodkich.

• **Aronia** – skarbnica antocyjanów (cennych przeciwutleniaczy hamujących proces starzenia się i zapobiegających chorobom nowotworowym). O ich wysokiej zawartości świadczy to, że nawet po stukrotnym rozcieńczeniu sok z aronii zachowuje różową barwę! Owoce uwalniają organizm od toksyn, są pomocne w leczeniu chorób krążenia, obniżają ciśnienie krwi, wzmacniają ściany naczyń krwionośnych, a także poprawiają przemianę materii. Soki i przetwory z aronii łagodzą skutki uboczne chemio- i radioterapii, uodporniają skórę na promieniowanie słoneczne, łagodzą dolegliwości trzustki i wątroby.

• **Czarne porzeczki** – to cenne źródło witamin E, H, B, A, wapnia, żelaza, miedzi, boru, cynku i manganu. Znajduje się w nich kilkakrotnie więcej witaminy C, magnezu, fosforu i potasu niż w białych czy czerwonych porzeczkach.

• **Grejpfrut** – dostarcza witamin z grupy B, sporej ilości witamin E i PP. Przyspiesza przemianę materii, reguluje trawienie i poziom cholesterolu. Działa przeciwmiażdżycowo. Zawarte w nim likopen i karotenoidy zapobiegają nowotworom. Naryngina, nadająca owocowi gorzki smak, lekko przeczyszcza. Sokiem z grejpfruta nie wolno popijać żadnych leków!

• **Jabłko** – występujące w nim pektyny oczyszczają organizm z trucizn (tj. kobaltu i ołowiu), a sole mineralne, witamina C i żelazo chronią przed anemią.

• **Jagody** – zawierają garbniki, witaminy C i B_1 oraz karotenoidy i antocyjany. Działają przeciwnowotworowo, wpływają korzystnie na pracę serca, układ pokarmowy – pomagają zarówno przy zaparciach, jak i podczas biegunki.

• **Mango** – ma dużą wartość odżywczą, znajdują się w nim m.in. błonnik, białko, potas, magnez, sód oraz witaminy rozpuszczalne w wodzie (np. C) i bardzo duża ilość witamin rozpuszczalnych w tłuszczach (A, B_1, B_2 i PP).

• **Morele** – są skarbnicą zdrowia, dostarczają bardzo dużo żelaza i prowitaminy A, sporo wapnia, potasu i fosforu. To wspaniałe lekarstwo na anemię. Dodają blasku skórze i oczom.

• **Owoc dzikiej róży** – zawiera sto razy więcej witaminy C niż cytryna! Cytryna ma 31 mg witaminy C w 100 g, pomarańcza – 35, natka pietruszki – 178, czarna porzeczka – 177, a owoc róży – aż 300! Zakwasza organizm (co hamuje łaknienie).

• **Pomarańcza** – znajdują się w niej substancje blokujące pierwszą fazę powstawania komórek nowotworowych (aurapten, diosminy, hesperydyny), związki o działaniu przeciwbakteryjnym (furokumaryny) i cenny potas (270 mg w średniej wielkości owocu), który reguluje ciśnienie tętnicze krwi i rytm serca.

• **Truskawki** – wystarczy 10 dag, by zaspokoić dzienne zapotrzebowanie na sole mineralne i witaminy. Mają więcej witaminy C niż cytryny czy pomarańcze, a ponadto mnóstwo witamin B_1 i B_2, makro- i mikroelementów.

• **Winogrona** – dzięki dużej ilości potasu wpływają dobroczynnie na serce i układ krwionośny. Działają lekko przeczyszczająco i moczopędnie. Są bogate w fosfor i wapń, podstawowy budulec kości i zębów, oraz działają odżywczo na mózg. Zawierają też magnez i chlor, regulujące pracę systemu nerwowego. Obfitują w potas, cynk, miedź, bor oraz flawonoidy, które podwyższają poziom dobrego cholesterolu HDL, a hamują utlenianie złego cholesterolu LDL, zapobiegając miażdżycy.

• **Żurawina** – jest pomocna w leczeniu zakażeń dróg moczowych i kamicy nerkowej. Działa oczyszczająco, dostarcza mnóstwa witamin i przeciwutleniaczy, chroniących przed uszkodzeniami komórek i przedwczesnym starzeniem się.

PRAWDY I MITY O OWOCACH

• **Prawda**, że nieumyte owoce dłużej zachowają świeżość. Za to włożone do papierowej torebki szybciej dojrzeją.

• **Prawda**, że najbardziej wartościowym sposobem przechowywania owoców przez długi czas jest mrożenie. Poza niewielką ilością wody i witaminy C w zasadzie nie tracą wówczas składników odżywczych.

• **Nieprawda**, że skórka jabłek czy gruszek jest bezwartościowa i lepiej ją obierać. Po pierwsze, stanowi cenne źródło błonnika, a po drugie, tuż pod nią znajduje się zwykle najwięcej witamin.

• **Prawda**, że owoce cytrusowe poddaje się działaniu chemicznych konserwantów. O tym, że pomarańcze czy mandarynki mocno potraktowano chemią, świadczy np. intensywnie błyszcząca skórka (wtedy wosk lub parafinę wymieszano z konserwantami) albo biaława, jakby obsypana cukrem pudrem. Lepiej też nie kupować owoców w bibułce, bo jest ona zwykle nasączona substancjami konserwującymi, takimi jak E230 – dwufenyl, E231 – ortofenylofenol i E232 – ortofenylofenolan sodu (patrz także s. 217). Środki te używane są w rolnictwie jako... pestycydy. Mogą one np. przez uszkodzoną skórkę wnikać do wnętrza pomarańczy, mogą też wywoływać alergię kontaktową. Dlatego tak ważne jest, by przed zjedzeniem owoce nie tyle dokładnie umyć, co wręcz wyszorować pod gorącą wodą.

• **Prawda**, że nie wolno kupować cytrusów z przeceny, z charakterystycznie odstającą skórką, z plamami. Do kosza powinna trafić każda nadpsuta pomarańcza. Mała plamka dyskwalifikuje już owoc, bo może być źródłem rakotwórczej pleśni.

• **Nieprawda**, że cukierki owocowe z witaminami, ciastka z pulpą owocową czy żelki z dodatkiem soku owocowego są zdrowsze niż zwykłe słodycze. „Owoce" w tych produktach tak przetworzono, że nie ma w nich żadnych naturalnych witamin i minerałów.

Badania naukowe z ostatnich lat

- Osoby, które w codziennej diecie zjadają dużo witaminy C i magnezu, mają zdrowsze płuca – twierdzą badacze z Uniwersytetu Nottingham.
- Zdecydowana większość kobiet przynajmniej raz w życiu przeszła zapalenie dróg moczowych. Być może nie doszłoby do tego, gdyby częściej piły soki ze świeżych owoców, szczególnie z żurawiny, oraz jadły jogurty i sery. Tak uważają naukowcy z Finlandii po przebadaniu ponad 300 pacjentek. Według nich prawdopodobieństwo ponownego zachorowania na zapalenie dróg moczowych było o jedną trzecią mniejsze u pań, które co najmniej raz dziennie wypijały szklankę soku ze świeżych owoców i aż o 80 proc. mniejsze u pań, które trzy razy w tygodniu lub częściej jadały jogurty i sery, w porównaniu z osobami spożywającymi je raz w tygodniu.
- Grejpfruty, zwłaszcza czerwone, są doskonałym środkiem zapobiegającym chorobom serca. W amerykańskich badaniach wzięło udział 57 osób po operacji założenia by-passów. Poziom lipidów w krwi pacjentów był wysoki (co towarzyszy tego rodzaju schorzeniom), a leczenie konwencjonalne nie dawało dobrych rezultatów. Zostali oni podzieleni na trzy grupy. Przez 30 kolejnych dni pierwszej podawano porcję czerwonych grejpfrutów, drugiej porcję białych, a trzecia nie dostawała ich wcale. Po zakończeniu kuracji chorzy, którzy jedli owoce, mieli znacznie niższy poziom lipidów we krwi. Czerwone były o wiele skuteczniejsze.

Woda

Kalorie w 100 g:
0 kcal, ale jeśli jest to woda smakowa, może mieć nawet 200 kcal w litrze

Zalecana dawka:
co najmniej 4 szklanki wody i 4 szklanki innych płynów dziennie

Nabici w butelkę

Dobrą wódkę pić potrafimy, z wodą jest gorzej. Ci, którzy spożywają dużo wody źródlanej w przekonaniu, że robią coś dobrego dla zdrowia, po przeczytaniu tego poradnika zapewne zmienią zdanie. Bo mimo że coraz więcej wody pijemy, to mało o niej wiemy. Dlaczego? Ponieważ wybieramy nie taką, jak trzeba, i jak dzieci dajemy się nabrać na polsko brzmiące nazwy i hasła „krystalicznie czyste źródła bijące w samym sercu polskich gór", ufając kupowanym za ciężkie pieniądze przez producentów wód „poleceniom" i „rekomendacjom" superważnych zakładów i instytutów.

Mamy słabą orientację w klasyfikacji wód. Źródlana dobrze się kojarzy – z czystością i naturą, dlatego tak chętnie ją kupujemy. Mało kto wie, czym różni się od mineralnej. Wody mineralne wydobywa się z wnętrza ziemi z pokładów izolowanych geologicznie od zewnętrznych źródeł zanieczyszczeń. Mają one stabilny skład chemiczny oraz korzystnie oddziałują na zdrowie. Dlatego są najlepsze. A dla nas woda to woda – każdą butelkowaną uważamy za mineralną. Wystarczy jednak dokładnie sprawdzić skład podany na etykiecie, by ocenić, czy jest wartościowa, czy niewiele się różni od kranówki.

Badania marketingowe wykazują dobitnie: Polacy najchętniej wybierają wodę nie pod kątem jej jakości, ale przede wszystkim nazwy, która kojarzyć się ma z nieskażoną przyrodą, najlepiej polskich gór (a to, że jedna z największych i najbardziej znanych firm czerpie swoją wodę częściowo z Pomorza, choć opatruje ją górską nazwą, nikogo nie obchodzi).

Tymczasem nie jest dobrze pić wyłącznie wodę źródlaną, bo tak jak pożywienie ma ona dostarczać cennych składników odżywczych. Powinny się w niej znajdować wapń, magnez, potas. W wodzie może być rozpuszczonych aż 70 różnych składników mineralnych. Woda źródlana będzie ich miała kilkaset miligramów w litrze, mineralna – do 2500 mg/l, a lecznicza najwięcej, bo nawet 25 000 mg/l!

Jedno ziarenko ryżu waży ok. 20 mg. Gdyby ziarenko ryżu odpowiadało składnikom mineralnym rozpuszczonym w wodzie, to litr wody źródlanej miałby średnio

10 (0,2 mg) ziarenek ryżu w litrze, woda mineralna – 100 (2 g), a lecznicza nawet 1200 (12 g) ziarenek ryżu.

Naukowcy ze Stanów Zjednoczonych dowiedli, że kobiety, które spożywają dużo wody bogatej w minerały (czyli wodę mineralną), nie mają problemów z utrzymaniem prawidłowego poziomu tych pierwiastków w organizmie. Źródlana zawiera je w niewielkim stopniu. Najlepiej więc kupować naturalną wodę mineralną średniozmineralizowaną. Jest w niej sporo minerałów i niezbyt dużo sodu. Warto też sprawdzać ilość wapnia – to pierwiastek, którego ciągle brakuje w organizmach Polaków, a można go uzupełniać wraz z wodą.

Pamiętajmy: naturalna woda mineralna została uznana nawet przez ministra zdrowia (rozporządzenie z 2004 roku) za tę, która ma „właściwości fizjologiczne powodujące korzystne oddziaływanie na zdrowie ludzi", woda źródlana zaś za tę „nieróżniącą się właściwościami i składem mineralnym od wody przeznaczonej do spożycia przez ludzi, określonej w przepisach o zbiorowym zaopatrzeniu w wodę".

Na zakupach

• Nieistotne, czy woda nazywa się „Potęga gór" czy „Źródło mocy", najważniejszy jest jej skład. Są takie, które zawierają niecałe 200 mg/l składników mineralnych, i takie, które mają przeszło 2000 mg/l. To i tak niewiele, bo w wodzie leczniczej Zuber znajduje się 23 000 mg/l składników mineralnych! Zanim kupisz, przeczytaj więc etykietę. Najzdrowsze naturalne wody mineralne zawierają powyżej 1000 mg/l składników mineralnych.

• Korzystna dla zdrowia ilość:
– magnezu – ponad 50 mg/l,
– wapnia – przeszło 150 mg/l. Biorąc pod uwagę przyswajalność, najkorzystniejszy stosunek wapnia do magnezu wynosi 2:1,
– siarczanów – ponad 250 mg/l,
– wodorowęglanów – powyżej 600 mg/l. Dużo takiej wody powinny pić osoby cierpiące na nadkwasotę.

• Chorzy na nadciśnienie, cukrzycę albo na serce muszą unikać wody z dużą zawartością sodu (powyżej 20 mg/l). Ten pierwiastek zatrzymuje wodę w organizmie i podwyższa ciśnienie krwi.

• Dzieci do szóstego miesiąca życia powinny pić wodę źródlaną, a później naturalną wodę mineralną.

• Podczas upałów należy sięgać po wodę z większą zawartością minerałów (ponad 1000-1500 mg/l). Jest ona najlepsza również dla osób intensywnie uprawiających sport, kobiet w ciąży i matek karmiących. Powinno się wystrzegać wód niskozmineralizowanych, gdyż mogą one powodować zaburzenia gospodarki wodno-mineralnej organizmu.

- Uwaga na wody smakowe! Jeśli ktoś dba o zdrowie i linię, niech ich unika. Zawierają sztuczne aromaty, nierzadko też składniki konserwujące i mnóstwo cukru, prawdziwego, jak i sztucznego (m.in. cyklaminian sodu, aspartam, acesulfam K, które nie są wskazane dla dzieci). Litr takiego napoju może mieć nawet 200 kcal. To tyle, co solidny kotlet z indyka i przeszło 2 kg kapusty kiszonej! Zatem z wodą nie ma wiele wspólnego.

Uważaj na hasła

- „Wspomaga odchudzanie, walkę z cellulitem, zapobiega starzeniu się skóry" – aż chciałoby się dopisać: wybieli zęby, zoperuje zeza. Niestety, nie ma żadnych naukowych dowodów na to, że picie wody przyczynia się do chudnięcia, zredukowania „pomarańczowej skórki" czy wygładzenia zmarszczek. Pewne jest natomiast to, że zalewanie pustego żołądka litrami wody powoduje osłabienie organizmu i spowolnienie przemiany materii.
- „Daje ciału siłę, moc, zdrowie" – ten cytat brzmi jak poezja. Nikt nie udowodnił, że poza nawodnieniem organizmu woda źródlana ma jakikolwiek pozytywny wpływ na zdrowie.
- „Doskonale gasi pragnienie" – równie dobrze można wyeksponować na opakowaniu to, że woda jest płynna i służy do picia.
- „Pozbawiona zanieczyszczeń chemicznych i mikroorganizmów szkodliwych dla zdrowia" – gratulacje dla producenta! Prawda jest taka, że gdyby wlewał do butelek wodę z bakteriami i chemikaliami, dziś zapewne popijałby wodę z więziennego kubka. Każda musi być biologicznie i chemicznie czysta.
- „Woda polecana przez Instytut Matki i Dziecka w żywieniu niemowląt" – oznacza tylko tyle, że zwykle nadaje się do rozcieńczania soczków i gotowania zupek dla niemowląt do szóstego miesiąca życia, bo maluchy z niedojrzałymi nerkami i delikatnym żołądkiem źle tolerują wodę bogatą w minerały. Tego wyjaśnienia na butelce nie ma. Za to widnieje zdjęcie młodej kobiety z malutkim dzieckiem na ręku, a to sugeruje, że jest polecana przez IMiD jako najlepsza dla ciężarnych i karmiących. Tymczasem przeciętne dzienne zapotrzebowanie organizmu na wapń wynosi od 800 mg/l do 1200 mg/l, zwiększa się ono u kobiet w czasie ciąży i karmienia. Poza mlekiem, dużo tego pierwiastka zawierają wody mineralne (co najmniej 150 mg/l), a woda źródlana ma go stanowczo za mało.
- „Rekomendowana przez Państwowy Zakład Higieny" – ciekawe, jak instytucja państwowa, która zajmuje się oceną jakości wód butelkowanych, może polecać

jedną z nich? Państwowy Zakład Higieny obowiązkowo bada kilka tysięcy produktów rocznie przed dopuszczeniem ich do sprzedaży. Po takich badaniach, za opłatą, producent może dodatkowo uzyskać prawo do oznaczania swoich towarów znakiem PZH. Koszt umieszczenia tego logo na opakowaniu to kilkaset złotych. Za użycie tego znaku w materiałach promocyjnych i reklamowych trzeba zapłacić kilkanaście złotych. Jednak pojawienie się logo na produkcie wcale nie oznacza, że wyróżnia się on szczególnymi właściwościami zdrowotnymi.

PRAWDY I MITY O WODZIE

• **Nieprawda**, że woda źródlana jest najlepsza dla zdrowia. Po jej wypiciu w organizmie nie pozostaną pożyteczne składniki mineralne. Jeśli napijesz się mineralnej, dostarczysz organizmowi cennych mikroelementów. Wody źródlane to wody o śladowej ilości pierwiastków, a im mniej w nich minerałów, tym ich wartość zdrowotna mniejsza. Ba, woda pozbawiona składników mineralnych jest dla zdrowia wręcz szkodliwa. Udowodniono, że po wypiciu 5 l wody destylowanej człowiek umiera, bo rozrzedza ona elektrolity i wypłukuje wszystkie mikroelementy.

• **Nieprawda**, że francuskie wody mineralne są najlepsze. W ulotce reklamowej jednej z nich można przeczytać, że „jest zalecana dla sportowców oraz innych osób przed, podczas i po wysiłku fizycznym", choć w litrze ma tylko 6 mg magnezu, 10,4 mg wapnia i 110 mg wszystkich składników mineralnych. W takim razie po co ją pić, i to za duże pieniądze, jeśli zwykła deszczówka ma czasem nawet do 60 mg składników mineralnych w litrze?

• **Nieprawda**, że młode matki, ciężarne i karmiące, powinny pić dużo wody źródlanej. Dla nich jest dobra woda mineralna, średniozmineralizowana lub niekiedy wysokozmineralizowana, czyli bogata w minerały, w tym magnez i wapń, bo macierzyństwo to czas ogromnego zapotrzebowania na te składniki.

• **Prawda**, że podział wód na niskozmineralizowane (zawierające poniżej 500 mg/l składników mineralnych), średniozmineralizowane (500--1500 mg/l) i wysokozmineralizowane (powyżej 1500 mg/l) może być dla konsumentów mylący, bo nie charakteryzuje oddziaływania danego produktu na organizm człowieka. Inne ma znaczenie w jednym litrze 50 mg magnezu, a inne 1000 mg wodorowęglanów, chociaż wielkości te mogą zaważyć na zakwalifikowaniu pierwszej wody do niskozmineralizowanych, a drugiej – do wysokozmineralizowanych.

• **Prawda**, że wód leczniczych nie należy pić bez kontroli lekarza. Mają bardzo dużo składników mineralnych, które można przedawkować.

Gazowana wcale nie gorsza

Z bąbelkami czy bez? To raczej kwestia gustu niż zdrowia. Jedynie przy dolegliwościach gastrycznych i chorobie refluksowej woda gazowana może nasilać niepożądane objawy oraz powodować dyskomfort. Warto natomiast pić ją po wysiłku, bo m.in. nasila wytwarzanie moczu, z którym wydalane są toksyny. Na pewno nie należy podawać jej dzieciom, gdyż piją dość łapczywie, a duża ilość zebranego w żołądku gazu jest dla nich szkodliwa.

Pstryk, działa!

Masz ochotę na wodę smakową?
Dodaj kilka plasterków cienko pokrojonej cytryny, pomarańczy, grejpfruta, świeżego ogórka albo trochę mięty do naturalnej wody mineralnej – i nowy smak gotowy!

Kupuj z głową

Czy wiesz, że jedna z największych firm sprzedających wodę butelkowaną w Polsce częściowo czerpie ją ze źródła na Pomorzu, mimo że nazwa tej wody sugeruje górskie pochodzenie? To kolejny powód, by czytać etykiety.

Bomby kaloryczne

Kalorie w 100 g:
nawet 700 kcal!

Zalecana dawka:
trzymaj się z daleka

Tłuste niewiniątka

To, że bita śmietana z czekoladą niespecjalnie odchudza, a golonka z tłuszczem nie sprzyja smukłości ciała, wie nawet dziecko. Jednak istnieje wyjątkowo perfidna grupa zupełnie niewinnie wyglądających produktów, których nie podejrzewałbyś, że podnoszą wskazówkę na twojej wadze. Kiedy zjesz golonkę, masz świadomość, że śmiertelnie grzeszysz, ale przynajmniej nie czujesz głodu. Kiedy wypijesz w ciągu dnia kilka filiżanek kawy z mlekiem skondensowanym, mimo że dostarczasz mnóstwa kalorii, nadal odczuwasz głód. Kawa kalorii prawie nie zawiera, ale jeśli ją posłodzisz, powiedzmy, dwiema łyżeczkami cukru, to za każdym razem dodajesz 40 kcal. Gdy skusisz się na trzy takie filiżanki w ciągu dnia – „zarabiasz" 120 kcal. W skali roku to prawie 6 kg więcej na wadze!

Dodatki do małej czarnej, poza zwykłym mlekiem (najlepiej 1,5- lub 2-procentowym) są zdradliwe. Mleko skondensowane to ocean cholesterolu, który powstaje po odparowaniu wody z mleka. Zawiera 10 proc. tłuszczu i o zgrozo aż 326 kcal w 100 g, z czego ok. 80 kcal w jednej porcji ląduje za każdym razem w twoim żołądku, o czym nawet nie wiesz. Jeszcze gorzej jest ze śmietanką w proszku – 100 g może mieć nawet 550 kcal, w tym kilkanaście gramów tłuszczu! A cappuccino z torebki? Niby nic, a kilkadziesiąt kalorii!

Uważać też trzeba na sery. Mistrzem wagi ciężkiej jest parmezan, którym suto posypuje się makaron. Ze względu na wysoką kaloryczność o serach należy myśleć raczej w kategorii wiórków i cienkich plasterków niż trójkątów czy większych kawałków.

Zdradliwe jest także niemal wszystko to, co suche, np. 100 g mleka w proszku ma 480 kcal, 100 g suchej kiełbasy – nawet o 100-150 kcal więcej niż 100 g zwykłej, a o salami nie warto wspominać, może tylko to, że należy je jeść w porcjach jubilerskich. Owoce suszone to też istna kaloriosprężarka! Jabłko świeże (100 g) zawiera 46 kcal, a suszone – 238! Winogrona (100 g) – 69 kcal, a rodzynki – prawie 300! Wysokokaloryczne są nie tylko orzechy, ale wszelkie nasiona. Niewiniątka: człowiek sięga, podgryza, znowu sięga, w paczuszce dno, w żołądku nadal pusto, a tymczasem zjadłeś 556 kcal (100 g pestek dyni) albo 561 kcal (gdy połakomiłeś się na pestki słonecznika).

Jak zwykle diabeł tkwi w szczegółach, więc przyprawy, dodatki, ulepszacze smaku, takie jak bułka tarta, majonez, nawet chrzan, który, jak się okazuje, ma więcej kalorii niż bób, to dietetyczny nóż w plecy. W 100 g oleju, na którym smażymy i który dolewamy do sałaty, są 884 kcal, natomiast w łyżce – 163 kcal, a co to jest łyżka? Tyle, co nic. Podobnie masło śmietankowe (659 kcal) lub jeszcze gorzej – ekstra (735 kcal). Gdyby tak zrezygnować z codziennego smarowania tylko jednej kromki chleba masłem ekstra, po roku bylibyśmy lżejsi o ponad 7 kg!

Jednak mistrzem kalorycznej perfidii jest chleb chrupki. Niby nie tuczy, jedzą go wszyscy na diecie, a tymczasem ma więcej kalorii niż zwykły chleb. Owszem, zjada się go mniej, ale już nie wiadomo, co lepsze – zdecydować się na dwie „tekturki" chrupkiego pieczywa (70 kcal) i pokaleczyć sobie podniebienie czy na kromkę razowca (79 kcal) i zażyć więcej przyjemności, a ponadto mieć więcej w żołądku.

Na koniec nie najlepsze wiadomości dla wegetarian. Zielenina i korzonki też mogą być zdradzieckie. Ani fasola, ani soczewica, ani tym bardziej soja nie powalczą o tytuł miss odchudzania.

Uwaga na ukryte kalorie (kcal w 100 g)

- bułka tarta – 347 (łyżka – 53)
- chleb żytni razowy – 233 (kromka – 79)
- chleb żytni chrupki – 353 (kromka – 35)
- chrzan – 67
- dynia (pestki) – 556
- fasola biała – 288
- fromage – 380
- groch – 293
- kiełbasa sucha – 320
- kiełbasa zwyczajna – 200
- mak – 478
- masło ekstra – 735
- masło śmietankowe – 659
- mleko w proszku – 480
- mleko zagęszczone słodzone – 326 (porcja wlewana do kawy – 80)
- oleje – 880-900
- parmezan – 452 (łyżeczka nawet 70)
- parówki wieprzowe – 360
- rokpol – 363
- salami (kiełbasa) – 570
- słonecznik (pestki) – 561
- soczewica – 327
- soja (suche nasiona) – 382
- śmietanka w proszku – nawet 550 (co oznacza, że jednorazowo można wsypać do kawy 100 kcal)
- żółty ser – 300-450

Pstryk, działa!

- Zastępuj bomby kaloryczne wartościowym jedzeniem.
- Baton typu Mars (65 g) to 295 kcal i 11,4 g tłuszczu. Zamiast niego jedz: średniego banana, 50 g suszonych moreli, kawałek żytniego pieczywa chrupkiego cienko posmarowanego pastą rybną (15 g) z ziołami. Razem: 229 kcal i 6 g tłuszczu.

- Torebka (50 g) prażonych solonych orzeszków ziemnych to 295 kcal i 24 g tłuszczu. Zamiast nich skuś się na: kanapkę z dwóch kromek pełnoziarnistego chleba z formy posmarowanych niskotłuszczowym miksem (7 g), małe jajko ugotowane na twardo, 10 g niskotłuszczowego majonezu, dużo zielonej sałaty i pokrojonego w plasterki pomidora. Razem: 265 kcal i 10,5 g tłuszczu.
- Kiedy gotujesz i przyrządzasz jedzenie, nie wlewaj oliwy prosto z butelki, nie dosypuj cukru ani bułki tartej wprost z torebki – zawsze dodasz więcej. Korzystaj z łyżek, łyżeczek, korków z kroplomierzem (w wypadku oliwy).
- Kupuj odtłuszczony ser żółty, chude wędliny.
- Tam, gdzie się da, używaj zastępników – jogurtu zamiast śmietany, ziół w miejsce tłuszczu, czosnku zamiast zasmażki z masła i bułki tartej. Zamień panierowanie i smażenie na pieczenie i gotowanie.
- Chleb smaruj cienką warstwą odtłuszczonego serka.
- Nie pij napojów gazowanych, które w jednej szklance mają nawet pięć łyżeczek cukru. Zamień je na arcyzdrowy i dietetyczny sok pomidorowy i wodę mineralną.
- Zamiast orzeszków czy nasion, które są zdrowe, ale można ich zjeść zaledwie małą garstkę dziennie, podjadaj grejpfruty, rzodkiewki i jabłka.

Kupuj z głową

Czy wiesz, że wiele produktów „fit", „light", „lekkich" – to zwykła ściema? Płatki śniadaniowe reklamowane jako odchudzające, czekolada dietetyczna czy jogurt z magicznym hasłem „0 proc. tłuszczu" na opakowaniu mają często więcej kalorii niż produkty niedietetyczne stojące na półce obok.

obiad

Zupy

Kalorie w 100 g:
od 22 kcal (kapuśniak) do 124 kcal (żurek)

Zalecana dawka:
codziennie

Z pomidorową do Europy!

Ogórkowa, jarzynowa, barszcz czerwony... Jak można żyć bez zupy? Tym bardziej że są nie tylko smaczne, ale i zdrowe, a takiego ich bogactwa nie ma chyba w żadnym innym kraju. W wielu polskich domach ta potrawa to podstawa, i słusznie, bo rozgrzewa i stanowi dobre rozwiązanie dla tych, co nie lubią warzyw. To ważne szczególnie dla dzieci. Krótko gotowana jarzynowa, krem z brokułów czy cebulowa dostarczają organizmowi wiele niezbędnych witamin, minerałów, wody, błonnika. Zaraz, zaraz, ale czy witaminy podczas gotowania nie giną? Owszem, tracimy kwas foliowy czy witaminę C, jednak dużo ważnych składników, takich jak żelazo, witaminy E, A, pozostaje w wywarze. Najzdrowsze i najbardziej dietetyczne są zupy z surowych warzyw – polski chłodnik, hiszpańskie gazpacho, bułgarski tarator.

Najlepiej takie danie gotować i jeść w domu, bo wtedy wiadomo, co zawiera, a nie jest to bez znaczenia. Im więcej w nim warzyw, a mniej tłuszczu, skwarek i śmietany, tym lepiej dla naszych bioder. Gęstą zupę krem (bez dodatku mąki) można zrobić z brokułów, pora, cebuli, cukinii, kalafiora. Lepiej zaciągać ją jogurtem niż śmietaną i nie gotować jej na tłustym mięsie, wystarczy łyżka masła. Taka zupa będzie nie tylko smaczna, ale i dietetyczna (dostarcza średnio tylko 150 kcal). Podawana na ciepło na pewno zaspokoi „pierwszy głód", co spowoduje, że dużo kaloryczniejsze gołąbki czy kotlet na drugie danie zostaną spałaszowane z mniejszym apetytem. Nie bez znaczenia jest też to, że je się ją długo i powoli, dzięki czemu mózg szybciej dostaje sygnał o pełnym żołądku. Według badaczy ci, którzy niemal codziennie zasiadają do zupy, mają mniej problemów z nadwagą i otyłością.

Na zakupach

- Zupy w proszku mają mnóstwo kalorii – ok. 70-100 kcal w 100 g, w dodatku są niezdrowe i nie można ich porównać z tymi ugotowanymi ze świeżych warzyw.
- Najwięcej soli, glutaminianu sodu oraz szkodliwych tłuszczów trans zawierają zupy w formie instant, np. „chińskie".
- Zdrowsze od nich są zupy w kartonie, ale tylko te, które nie mają sztucznych zapachów, barwników, ulepszaczy smaku, np. guanylanu disodowego czy inozynianu disodowego.
- Zimą warto korzystać z mrożonych mieszanek warzywnych. Lepiej wybierać te bez dodatków – soli, tłuszczu, glutaminianu sodu.

Uważaj na hasła

- W skład zup w proszku reklamowanych jako „porcja warzyw" i „moc warzyw" wchodzą oprócz suszonych jarzyn (z niewielką ilością witamin i olejków roślinnych) barwniki, dodatki zapachowe, ulepszacze smaku, nierzadko tłuszcze trans.
- Zupa instant „nie zawiera konserwantów" – a co ma konserwować, skoro jest sucha?
- Czy według producentów umieszczenie cukru na początku listy składników w barszczu czerwonym w proszku bądź maltodekstryny (sztucznego słodzika) w zupie cebulowej czynią te produkty „zdrowymi"?
- Reklama, która zaleca kupowanie zupy w proszku w ramach prozdrowotnej akcji „Jedz pięć razy dziennie warzywa i owoce", jest bardzo nieładnym jej wykorzystaniem. Przecież akcja ta ma namawiać Polaków do spożywania naturalnych warzyw i owoców!

Kupuj z głową

Czy wiesz, że w warzywnych i grzybowych zupach w proszku znajduje się nierzadko śladowa ilość grzybów, brokułów czy cebuli? Sprawdź skład. Czy 0,5-procentowa zawartość sproszkowanych prawdziwków upoważnia producenta do pisania na opakowaniu „zupa borowikowa"?

• Badania naukowe z ostatnich lat

Badania przeprowadzone przez naukowców z Uniwersytetu Stanowego w Pensylwanii dowiodły, że zjedzenie niskokalorycznej zupy tuż przed zasadniczą częścią posiłku zmniejsza liczbę dostarczanych organizmowi kalorii aż o 20 proc.

PRAWDY I MITY O ZUPIE

- **Prawda**, że zupę warto krótko gotować, by ocalić w warzywach jak najwięcej składników odżywczych. Wyjątkiem jest pomidorowa, którą należy długo trzymać na ogniu, bo wtedy ma więcej likopenu – cennego dla zdrowia przeciwutleniacza, chroniącego nas przed zawałem serca, udarem mózgu czy nowotworami.
- **Prawda**, że rosół działa jak lekarstwo podczas choroby. Mocno rozgrzewa, a olejki z warzyw i przypraw (ziela angielskiego, pieprzu) oraz ciepło unoszące się znad talerza oczyszczają górne drogi oddechowe.
- **Nieprawda**, że każda zupa jest zdrowa i można ją jeść bez ograniczeń. Grochówka i fasolowa nie należą do dań lekkostrawnych, a wręcz przeciwnie – mogą powodować wzdęcia. Gotowany ze zboża żurek ma dużo kalorii, a zbyt często serwowana szczawiowa (bogata w szczawiany) zwiększa ryzyko powstawania kamieni nerkowych (tzw. złogów szczawianowych).

Mięso

Kalorie w 100 g:

kurczak – 95 kcal
indyk – 84 kcal
dzik – 108 kcal
sarna – 130 kcal
wieprzowina (schab) – 194 kcal
wołowina (polędwica) – 112 kcal

Zalecana dawka:

dwa razy w tygodniu porcja

Tanie mięso nie ma smaku

Według badań mięso jada się w znakomitej większości polskich domów (97 proc.). Najbardziej lubimy wieprzowinę i drób, potem wołowinę i cielęcinę. W tygodniu golonka, schabowy w niedzielę, kiełbasa z grilla w sobotę, nawet w rybny do niedawna piątek coraz częściej na naszym stole ląduje mielony albo pieczyste z importu – kebab, hamburger, a nawet struś. Uwielbiamy mięso i od czasu PRL-u darzymy je niemal kultem, obiad bez niego uważamy za stracony. Jeśli do tego dołożymy kanapki z wędliną, pasztety, parówki, kabanosy i kiełbaski, wychodzi, że jemy mięso nawet kilka razy dziennie! Tymczasem żywieniowcy od lat przestrzegają, że to zdecydowanie za dużo i że powinniśmy po nie sięgać, owszem, kilka razy, ale w tygodniu, robiąc miejsce w naszych żołądkach dla ryb i warzyw. Dlaczego?

Już od dawna czerwone mięso – wołowina, wieprzowina, baranina – nie ma dobrej prasy naukowej. Wyniki badań mówią same za siebie – częste jedzenie czerwonego mięsa niszczy DNA komórek wyściełających nasz układ pokarmowy, a tym samym zwiększa ryzyko nowotworu żołądka, dwunastnicy i jelit. Z drugiej strony pierwiastek krwiotwórczy na wagę złota, czyli żelazo, jest najlepiej przyswajalny z mięsa. W 150 g wołowiny znajduje się tyle żelaza, co w 5 kg szpinaku! Z tym że ze szpinaku ludzki organizm jest w stanie pobrać tylko 5 proc. żelaza, a z mięsa wołowego czy wątroby – aż 20 proc.! Podobnie jest z wapniem. Wapń „roślinny" jest słabo przyswajany, ponieważ zboża i warzywa zawierają błonnik, kwas szczawiowy i fosfor, które utrudniają jego wchłanianie. Bez krwiotwórczej witaminy B_{12} też trudno wyobrazić sobie zdrową dietę. Jej niedobór powoduje anemię, pojawiają się biegunki, stany lękowe, zaburzenia w funkcjonowaniu mózgu i układu nerwowego. Witaminy B_{12} nie ma ani w marchewce, ani w soi. Występuje prawie wyłącznie w produktach pochodzenia zwierzęcego.

Białka w organizmie ludzkim zbudowane są z 20 cegiełek – aminokwasów. Aż dziewięć z nich to cegiełki spoiwa – aminokwasy egzogenne, które dostarczamy z pożywieniem. Dzięki nim prawidłowo pracuje nasz układ mięśniowy, odpornościowy, nerwowy. Niestety, w większości białek roślinnych brak co najmniej jednego z tych aminokwasów.

Idealną dietą wydaje się więc semiwegetarianizm, uwzględniający mleko, jaja, ryby, drób, od czasu do czasu czerwone mięso – wydłuża życie, chroni przed chorobami serca, nowotworami. Potwierdziły to badania naukowe nazywane Studiami Oksfordzkimi. Przez 13 lat żywieniowcy badali stan zdrowia 11 tys. osób: roślino- i mięsożerców. Okazało się, że wśród semiwegetarian aż o 40 proc. zmniejszyło się ryzyko zachorowania na raka, o 30 proc. ryzyko choroby wieńcowej serca, wreszcie o 20 proc. – przedwczesnej śmierci.

W ciągu swojego życia Polak zjada średnio: dwie krowy, 20 świń, 760 kurczaków, 46 indyków, 15 kaczek, siedem królików, półtorej gęsi i 500 kg ryb. W ciągu roku – 71 kg mięsa i tylko 6,5 kg ryb. Dietetykom nie chodzi o to, by namawiać nas do całkowitego wyeliminowania mięsa z diety, ale do ograniczenia ilości mięsa czerwonego na rzecz drobiu, dziczyzny, a najlepiej i najzdrowiej – na rzecz ryb.

Na zakupach

- Świeże mięso jest wilgotne i matowe, dość miękkie – choć po naciśnięciu palcem powstaje wgłębienie, powinno się wyrównać dopiero po jakimś czasie. Starsze mięso ma więcej tkanki łącznej, dlatego też jest twardsze i mniej delikatne w smaku. Nieprzyjemna lub słodkawa woń, nietypowe barwy, zbyt miękka lub śliska powierzchnia, wyciekający płyn – dyskwalifikują zakup.
- Mięso warto kupować w sprawdzonym miejscu, raczej w małych sklepach niż w wielkich supermarketach. Dlaczego? Sprzedawca w małym sklepie wie, że jeśli wciśnie nam stary gnat, więcej do niego nie przyjdziemy. Warto go poprosić, by pokazał kawałek mięsa z każdej strony.
- Należy zwracać uwagę na termin przydatności do spożycia. Określa się go wyrażeniem „należy spożyć do...", które oznacza, że po danym dniu produkt nie nadaje się już do jedzenia.
- Uważaj na mięso mielone. W hipermarketach często pakuje się je, kładąc na wierzch warstwę świeżego mięsa, która ukrywa mniej świeżą zawartość. Tak naprawdę mięso warto kupować w kawałku i mleć dopiero w domu. Będzie miało nieporównanie lepszy smak.
- Kiełbasy. Powstają ze zmieszania rozdrobnionych kawałków mięsa z tłuszczem. Mogą być grubo, średnio i drobno mielone, surowe, parzone lub gotowane, wędzone lub suszone. Produkuje się je z mięsa peklowanego, co oznacza, że substancję peklującą, preparat dymu wędzarniczego i przyprawy, dodaje się do masy mięsno-tłuszczowej i miesza, dlatego też w kiełbasach jest znacznie więcej chemikaliów

i dodatków niż w wędzonkach, do których są one nastrzykiwane. Przy zakupie kiełbas warto zwrócić uwagę, czy po przekrojeniu widać duże kawałki mięsa.

- Parówki i parówkowe, czyli kiełbaski „z niespodzianką". Wyrabia się je z tzw. masy kolagenowo-tłuszczowej, czyli wszelkich odpadków tłuszczowo-mięsnych, ścięgien, skór, wnętrzności, chrząstek i morza substancji dodatkowych, które to wszystko wiążą w jedną całość. Mogą zawierać nawet 60 proc. tłuszczu.
- Uważaj na „parówki cielęce". Wielu producentów sprzedaje je jako cielęce, a tymczasem są one wieprzowe z małym dodatkiem cielęciny, która w Polsce jest bardzo droga i prawie niedostępna, bo od lat prawie nie ubija się cieląt. Zasługują więc raczej na miano „parówek z dodatkiem cielęciny".
- Niskokalorycznym, bardzo zdrowym mięsem, o którym często zapominamy, jest dziczyzna. Nie zawiera antybiotyków, hormonów wzrostu, bo przecież dziki czy jelenie karmią się same, absolutnie naturalnie. Ma też mniej złego cholesterolu, a więcej mikroelementów.

Kupuj z głową

Czy wiesz, że paczkowane mięso mielone jest coraz częściej konserwowane? Czym? Na przykład E202 – sorbinianem potasu, działającym antypleśniowo i antybakteryjnie, czy E250 – azotynem sodu, który, co prawda, hamuje rozwój bakterii szkodliwych dla zdrowia, ale spożyty w dużych ilościach utrudnia transportowanie tlenu przez krew. Jest to szczególnie niebezpieczne w przypadku niemowląt. Podczas ogrzewania peklowanych przetworów mięsnych (w temperaturze powyżej 150°C) wchodzi w reakcje z cząsteczkami białka, w wyniku czego mogą wytwarzać się rakotwórcze nitrozoaminy. Jeśli więc kupujesz mięso na kotlety mielone, sprawdź, czy nie zawiera ono żadnych dodatków. Więcej informacji na ten temat znajdziesz na s. 199, 218.

Pstryk, działa!

Mięso gotuj i piecz. Unikaj kalorycznego smażenia, podczas którego wytwarzana jest cała masa szkodliwych dla zdrowia substancji. Wybieraj drób i dziczyznę. Nie jedz tłuszczu i skóry. Lepiej zjeść mniej, a zdrowiej.

Badania naukowe z ostatnich lat

- W 2010 roku uczeni z Cambridge alarmowali, że częste jedzenie (dwa razy dziennie) czerwonego mięsa trzykrotnie zwiększa ryzyko zachorowania na nowotwór żołądka w porównaniu z osobami raczącymi się tym mięsem raz w tygodniu. Winne są różne związki azotu, które znajdują się w ugotowanym czy upieczonym mięsie. Ich stężenie w komórkach pobranych z jelita osób wybitnie mięsożernych było bardzo wysokie, podczas gdy u wielbicieli owoców, warzyw i makaronu niewielkie.

- Częste jedzenie czerwonego mięsa zwiększa również ryzyko zachorowania na raka jelita grubego – ostrzegli naukowcy z kilku krajów europejskich. Międzynarodowy zespół ekspertów przez 10 lat obserwował nawyki żywieniowe ponad 500 tys. mieszkańców naszego kontynentu. Okazało się, że w przypadku osób, które codziennie zjadały co najmniej dwie 80-gramowe porcje czerwonego mięsa, ryzyko zachorowania było prawie o jedną trzecią większe niż u ludzi, którzy takie mięso spożywali rzadziej niż raz na tydzień.
- W Holandii poddano badaniom dzieci, których matki stosowały dietę wegańską. Wszystkie maluchy w chwili narodzin ważyły powyżej 2500 g i były zdrowe. Karmienie piersią trwało w tej grupie długo, bo ponad 12 miesięcy, a dietę niemowląt zaczęto rozszerzać od 5. miesiąca (podawano im owsiankę, warzywa, nasiona sezamu i rośliny strączkowe). U dzieci w 6.-18. miesiącu życia stwierdzono gorszy rozwój psychoruchowy i upośledzenie wzrastania wskutek niedoboru: energii, białka, witamin B_{12} i D, wapnia, ryboflawiny. Ponadto mleko matek pozostających na diecie makrobiotycznej zawierało mniej witaminy B_{12}, wapnia i magnezu.

PRAWDY I MITY O MIĘSIE

- **Prawda**, że z mięsem trzeba obchodzić się ostrożnie. Nie zostawiać w temperaturze pokojowej, a następnie znów schładzać. Duże kawałki, luzem, można przechowywać w lodówce trzy dni, małe – jeden dzień, mięso mielone – tylko kilka godzin! Najlepiej trzymać je w całości i dopiero tuż przed użyciem kroić czy mleć – wtedy będzie świeższe. Krojenie i mielenie niszczy tkanki, a tym samym powoduje uwolnienie enzymów i rozprzestrzenianie się drobnoustrojów. Aby mięso jak najdłużej zachowało swe walory, powinniśmy je rozmrażać powoli, bez dostępu światła, w temperaturze 4-7°C, a więc po prostu przełożyć z części mrożącej lodówki do części chłodzącej.
- **Prawda**, że wątróbka wcale nie jest taka zdrowa. Nie powinno się jej jeść zbyt często, bo zawiera ogromne ilości cholesterolu oraz toksyny kumulowane w związku z oczyszczającą rolą, jaką odgrywa w organizmie.

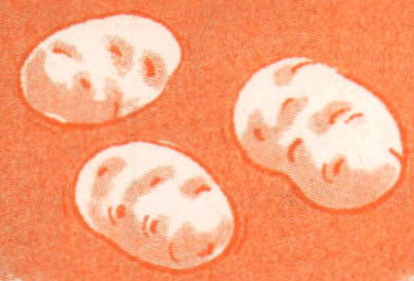

Ziemniaki

Kalorie w 100 g:

młode ziemniaki – 69 kcal, stare – 77 kcal
kopytka – 155 kcal
placki ziemniaczane – 250 kcal
frytki – 303 kcal
chipsy – 550 kcal!

Zalecana dawka:

dwa lub trzy razy w tygodniu

Odchudzające bulwy

Kartofle, pyry, grule, pulki, karduple, bulwy, kulochy, nagusy, kulanki... Nieistotne, jak się je nazywa, ważne, by wiedzieć, że są naszemu tyciu niewinne. Winni jesteśmy my, bo poddając je wszelkiego rodzaju kulinarnym torturom – smażąc żywcem, oblewając gorącym tłuszczem i topiąc w zawiesistych sosach, zabijamy ich smak i dietetyczną naturę. Ziemniaki sauté mają bowiem pięć razy mniej kalorii niż makaron czy kasza i sporo wysmuklającego i obniżającego poziom złego cholesterolu błonnika. Skutecznie zmniejszają głód, więc dietetycy polecają je nawet osobom otyłym. Jeśli dodamy, że zawierają więcej witaminy C niż jabłka, dużo witamin z grupy B, potasu obniżającego ciśnienie krwi oraz magnezu, który poprawia przemianę materii, łagodzi stany zmęczenia i stres – okaże się, iż te ciemne bulwy to samo zdrowie. Jednak, choć Polska ziemniakami stoi, przeciętny Polak o niemal codziennym składniku swojej zupy czy drugiego dania tyle wie, co zje.

Mimo że twarde, szare i swojskie, są bardzo wrażliwe. Ich arystokratyczną naturę odkryła królowa Marysieńka. Kiedy Jan III Sobieski przywiózł ziemniaki po raz pierwszy do Polski, posadziła je w ogrodzie kwiatowym, by ich delikatne białe kwiatostany cieszyły oczy. Najwięcej minerałów i witamin w kulinarnych wrażliwcach znajduje się tuż pod skórką, w środku gromadzi się głównie skrobia. Dlatego, by zachować cenne składniki, najlepiej je piec lub gotować (także na parze) w mundurkach. Ubytek składników odżywczych w ziemniakach podawanych w łupinach wynosi do 20 proc., a w obranych – do 54 proc. Większość witamin jest rozpuszczalna w wodzie, do której podczas gotowania „uciekają". Jeśli lubisz tradycyjnie podane – warto obierać je cieniutko, nie moczyć pół dnia w wodzie, tylko przed postawieniem garnka na ogniu zalać małą ilością wrzątku, by zatrzymać jak najwięcej witamin. Wywar można wykorzystać do sosów i zup, a solić dopiero w ostatniej fazie gotowania lub tuż przed podaniem, by nie wchłonęły za dużo podwyższającego ciśnienie i zatrzymującego wodę w organizmie sodu.

O frytkach i chipsach zapominamy na amen: 100 g ugotowanych ziemniaków bez okrasy to ok. 70 kcal, 100 g frytek – ponad cztery razy tyle! Wchłaniają one 70 proc. tłuszczu, w którym są smażone. Podobnie chipsy – przetworzone, tłuste, słone zaśmiecacze żołądka. Zawierają dużo soli i zatykające tętnice tłuszcze trans. Są szczególnie niebezpieczne dla dzieci. W dodatku, jak ostatnio dowiedli polscy naukowcy, regularne jedzenie chipsów ziemniaczanych znacznie zwiększa ryzyko chorób serca.

Na zakupach

- Nie kupuj starych ziemniaków w marcu, kwietniu. Poczekaj na młode. Stare i pomarszczone mają mniej wody, witamin i tylko więcej kalorii.
- Niezdrowe są kiełkujące i zielone ziemniaki. Zawierają solaninę – związek toksyczny wywołujący nudności, wymioty, biegunkę, bóle głowy, osłabienie oraz zaburzenia krążeniowo-oddechowe. Podejrzewa się ją o działanie rakotwórcze. Powstaje w długo magazynowanych ziemniakach. Zielone miejsca oraz oczka pozostałe po kiełkach trzeba starannie wykroić.
- Jeśli chcesz wiedzieć, na co najlepiej nadają się kupione ziemniaki, przekrój jeden na pół i przez chwilę pocieraj połówki o siebie. Jeśli wytworzy się woda, to oznacza, że są twarde – będą świetne na zupę lub do podania w całości. Jeżeli części kleją się do siebie – są mączyste. Wyjdą z nich dobre kopytka i purée.
- Kolor warzywa nie ma znaczenia, liczy się smak i konsystencja. Na sałatki i zapiekanki powinniśmy wybierać ziemniaki nierozsypujące się po ugotowaniu – Lotos, Ruta, Malwa, Kolia, Sokół, Sieglinde (często znajdziesz je w supermarketach). Na placki, pyzy i kluski najlepsze są mączyste – Beryl, Mila, Irga, Frezja. Natomiast Drop, Irys i Orlik nadają się do wszystkiego.

Kupuj z głową

Czy wiesz, że lepiej kupować ziemniaki w siatkach przepuszczających powietrze aniżeli zapakowane w folię? W worku foliowym tracą smak, część witamin (wyższa temperatura) i szybciej zaczynają pleśnieć. Nie powinno się też kupować ziemniaków dokładnie umytych. Cienka warstwa resztek gleby chroni je przed szkodliwym wpływem światła i zapobiega powstawaniu trującej solaniny (zielenienie bulw). Jeśli ziemniaki mają bardzo chropowatą skórkę, są tej samej odmiany, ale znacznie różnią się wielkością, to najprawdopodobniej przesadzono podczas uprawy z nawożeniem gleby chemikaliami.

Uważaj na triki i hasła

- „Tradycyjne frytki karbowane" – po pierwsze, tradycyjne nie są karbowane, po drugie, te z pofalowanymi brzegami nie są prawdziwymi frytkami. Produkuje się je z mąki ziemniaczanej, suszu i wody. Wrzuca do maszyny, która to wszystko miesza i skleja.

• Frytki w McDonaldzie smaży się na tłuszczu roślinnym z dodatkiem sztucznego aromatu wołowego, by były smaczniejsze. Jest to bomba kalorii i niezdrowych dla serca tłuszczów trans.

• „Chipsy naturalne" – ile witamin i składników odżywczych we wrażliwych z natury ziemniakach zostaje po maszynowym umyciu, obraniu, pokrojeniu na cieniutkie paseczki, drugim myciu, suszeniu, smażeniu w głębokim tłuszczu przemysłowym, osączeniu z tłuszczu, soleniu, przyprawieniu, pakowaniu? Odpowiedź jest prosta – prawie żadnych.

• Wiele chipsów produkuje się nie z ziemniaków, tylko z suszu ziemniaczanego, mąki ziemniaczanej (skrobi) oraz mączki roślin strączkowych. Wszystkie te składniki miesza się z wodą i innymi składnikami chemiczno-przemysłowymi, a następnie dzięki specjalnej technologii formuje się cienkie płatki typu Prażynki czy Pringles.

• „Chipsy bez konserwantów" – żadne ich nie mają.

• „Chipsy light", „lekkie" – świetny chwyt reklamowy. Warto przypomnieć, że w naszym kraju nie obowiązują żadne normy, które określają, co to jest żywność light. Może się więc okazać, że produkt w wersji light jednego wytwórcy zawiera więcej kalorii niż zwykły drugiego.

• Zdjęcia gwiazd sportu na opakowaniach chipsów, w reklamach śmieciowego jedzenia i fast foodów to oszustwo. Sportowcy takiej żywności unikają, bo są na specjalnych, zbilansowanych dietach, w których nie ma miejsca na tego typu artykuły. Wszystkie gwiazdy sportu, które kiedykolwiek brały udział w reklamach tych produktów, powinny się bardzo wstydzić. Otyłość jest jednym z największych problemów zdrowotnych naszych czasów, a one biorą pieniądze od koncernów wpychających dzieciom bezwartościowe, wręcz szkodliwe jedzenie.

Pstryk, działa!

Jak smacznie przyrządzić ziemniaki bez tłuszczu?

• Posyp je ziołami i przyprawami, a następnie włóż do mikrofalówki. Kiedy zmiękną, dodaj czosnek, wymieszaj.

• Wrzuć przyprawy, czosnek, cebulę do wody, w której się gotują.

• Do purée dodaj jogurt i zioła.

• Frytki piecz bez tłuszczu, zamiast smażyć.

• Pokrojone i posypane ziołami ziemniaki panieruj w białku wymieszanym z pieprzem kajeńskim i piecz na blasze posmarowanej olejem. Pycha!

• Dokładnie umyj pod bieżącą wodą nieobrane ziemniaki i ugotuj na parze, obierz ze skórki, podawaj. Wówczas odkryjesz ich prawdziwy smak. Staraj się nie solić, tylko doprawiać ziołami.

Badania naukowe z ostatnich lat

- Naukowcy z Instytutu w Seibersdorfie wyhodowali ziemniaki z kilkakrotnie większą zawartością witaminy A. To właśnie jej niedobór bardzo często powoduje ślepotę. Nowa odmiana ziemniaka będzie wybawieniem dla milionów dzieci w Afryce, które każdego roku tracą wzrok z powodu braku tej witaminy.
- Naukowcy z Uniwersytetu Mikołaja Kopernika w Toruniu, pracujący pod kierunkiem profesora Michała Komoszyńskiego, odkryli, że apiraza – enzym zawarty m.in. w ziemniakach – skutecznie przeciwdziała zawałom serca i udarom mózgu.
- Według zespołu profesora Marka Naruszewicza z Warszawskiego Uniwersytetu Medycznego – regularne jedzenie chipsów zwiększa ryzyko chorób serca. Zawierają one dużą ilość akrylamidu – związku rakotwórczego, będącego także trucizną dla układu nerwowego. Wywołuje przewlekłe stany zapalne w organizmie, co przyczynia się do rozwoju miażdżycy. Znajduje się w chlebie chrupkim, płatkach kukurydzianych, pełno go w smażonych ziemniakach i frytkach. Jest szczególnie niebezpieczny dla dzieci. Po zjedzeniu paczki chipsów będą one miały więcej toksycznego związku w organizmie niż dorosły mężczyzna ważący 80-90 kg.

PRAWDY I MITY O ZIEMNIAKACH

- **Prawda**, że ziemniaki mają lecznicze działanie. Są lekkostrawne, dzięki sporej ilości błonnika pomagają przy zaparciach, kłopotach z trawieniem i biegunkach. Przynoszą również ulgę cierpiącym na zgagę – oczywiście te bez tłuszczu i niepolane zawiesistymi sosami.
- **Prawda**, że ziemniaki to dobry sposób na kaca. Mają dużo potasu, który reguluje gospodarkę wodną organizmu, niweluje uczucie ciężkości nóg, zmniejsza obrzęki i opuchliznę.
- **Prawda**, że w czasie gotowania szybko wchłaniają sól kuchenną, którą potem się zjada, a jej nadmiar zagraża nadciśnieniem tętniczym.
- **Nieprawda**, że ziemniaki znaleźć się mogą na talerzu wszystkich. Często serwowane szkodzą np. ludziom z niewydolnością nerek, mającym we krwi nadmiar potasu. Aby pozbyć się tego pierwiastka, trzeba je obgotować, odlać wodę, potem zalać świeżą i gotować do miękkości. Powinni się ich wystrzegać chorzy na reumatyzm, ponieważ powodują ból oraz sztywność stawów.
- **Nieprawda**, że są niewskazane dla cukrzyków. Zawarta w nich skrobia wchłania się stopniowo, może więc być dobrze wykorzystana mimo ograniczonej możliwości wytwarzania insuliny przez trzustkę chorego.

Kasza

Kalorie w 100 g:
sucha – 330 kcal
ugotowana – 110 kcal

Zalecana dawka:
dwa razy w tygodniu 2-3 łyżki kaszy
ugotowanej na lekko twardo

Lepsza kasza niż ten groch

Znika z naszych stołów wypierana przez makaron, pizzę i ryż, a szkoda, bo choć kasza nie należy pewnie do produktów, na których widok ślinka napływa nam do ust, za to jest zdrowa. Ba, w wielu wypadkach może być nawet lekiem. Ma o wiele więcej wartości odżywczych niż inne dodatki obiadowe z dużą zawartością węglowodanów – ziemniaki, ryż, frytki czy kluski.

Kaszę produkuje się z ziaren zbóż, które najpierw są oczyszczane, pozbawiane zewnętrznych osłonek nasiennych, a potem w zależności od rodzaju – polerowane, krojone, mielone, łamane, prażone. Im mniej oczyszczona i rozdrobniona, tym bogatsza w cenne składniki odżywcze – witaminy E i z grupy B (B_1, B_2, PP, B_6, kwas foliowy). Ma także sporo obniżającego ciśnienie potasu, zapobiegającego niedokrwistości żelaza oraz magnezu, korzystnie działającego na układ nerwowy i pracę mięśni (w tym mięśnia sercowego). Oprócz tego znajduje się w niej wiele innych pierwiastków, m.in. wapń, miedź, cynk, mangan i krzem. To dlatego jest zalecana nadciśnieniowcom, chorym na serce, anemikom, cukrzykom, narzekającym na zaparcia, wątrobę i żołądek. Powinni się też do niej przekonać wszyscy, którzy chcą zrzucić zbędne kilogramy – skrobia zawarta w kaszy rozkłada się powoli, zapewniając na długo uczucie sytości. Ponadto nie jest tucząca – sucha ma ok. 330 kcal w 100 g, ale podczas gotowania zwiększa swoją objętość prawie trzykrotnie i ta sama porcja zawiera zaledwie 110 kcal.

Na zakupach

- Gryczana – jedna z najzdrowszych kasz. Powstaje z łuskanych i prażonych ziaren gryki, zawierających dużo białka bogatego w unikatową lizynę i tryptofan, których nasz organizm sam nie wytwarza. Ma sporo kwasu foliowego, magnezu, cynku, manganu, potasu i fosforu. Pęcznieje w brzuchu, hamując apetyt.
- Jaglana – wytwarza się ją z nasion prosa. Pod względem wartości odżywczych dorównuje gryczanej. Choć znajduje się w niej mało skrobi, dostarcza dużo białka. Wyróżnia się najwyższą zawartością witamin z grupy B: B_1 (tiaminy), B_2 (ryboflawiny) i B_6 (pirydoksyny), oraz żelaza i miedzi. Jest lekkostrawna, nie uczula.

• Jęczmienna – pęczak, gruba, średnia, drobna oraz perłowa. Wszystkie odmiany stanowią dobre źródło witaminy PP (niacyny), która obniża poziom złego cholesterolu we krwi i poprawia wygląd skóry (pomaga przy kłopotach z cerą). Ma dużo rozpuszczalnego błonnika – zapobiega zaparciom, wzdęciom i bólom brzucha.

• Krakowska – rozdrobniona i wypolerowana kasza gryczana. Zawiera mniej składników odżywczych niż tradycyjna.

• Kukurydziana – otrzymuje się ją z oczyszczonego i rozdrobnionego ziarna kukurydzy. Znajduje się w niej sporo dobrego tłuszczu oraz witamina E. Jest zalecana sercowcom i alergikom.

• Kuskus – drobna kasza z ziarna pszenicy twardej (durum). Wystarczy zalać ją wrzątkiem i gotowe. Szybko się ją przyrządza, jest lekkostrawna, jednak niemal bezwartościowa – poza węglowodanami nie ma prawie żadnych składników odżywczych.

• Manna (grysik) – drobna kasza pszenna. Mało w niej błonnika, witamin i minerałów, ale za to sporo jodu. Jest lekkostrawna i dobra dla dzieci oraz wszystkich narzekających na dolegliwości układu pokarmowego (wątroby, trzustki, dróg żółciowych), zaleca się ją w schorzeniach nerek i dróg moczowych.

• Jeśli kupujesz kaszę w torebkach, musisz pamiętać, że gotujesz plastik (smacznego). Często rozgotowuje się ją na papkę (wrzucasz opakowanie do dużej ilości wody), pozbawiając wartości odżywczych i dodając kalorii. Najzdrowsza jest kasza ugotowana tak jak makaron – al dente.

Kupuj z głową

Czy wiesz, że wybierając w sklepie kaszę jaglaną, należy dokładnie przyglądać się ziarenkom, lub kupować ze sprawdzonego źródła, bo przechowywana w złych warunkach szybko jełczeje? Najwięcej wartości odżywczych ma kasza gryczana niepalona – przewyższa pod tym względem paloną. Palona (prażona) traci podczas podgrzewania sporo witamin.

Pstryk, działa!

Jak ugotować kaszę?

Kilka razy wypłucz ją w zimnej wodzie i odcedź. Na szklankę kaszy gryczanej lub krakowskiej weź dwie szklanki wody, na szklankę pęczaku – trzy, na szklankę kaszy jaglanej, jęczmiennej (perłowej i mazurskiej) – dwie i pół. Dodaj łyżkę masła, by ziarenka się nie posklejały. Gotuj pod przykryciem, aż wchłonie wodę. Nie rozgotuj jej na papkę!

A po kaszy człowiek zdrów!

• Dlatego powinni ją jeść:

– nadciśnieniowcy oraz osoby cierpiące na choroby serca i układu krążenia – kasze mają dużo potasu i bardzo mało sodu (o ile oczywiście się ich nie soli);

– osoby zagrożone anemią – np. kasza jaglana i gryczana zawierają żelazo, kwas foliowy i witaminę E zapobiegające niedokrwistości;

– osoby żyjące w ciągłym napięciu i mające skłonności do depresji – znajdujące się w ziarnach witaminy z grupy B łagodzą objawy stresu, wspomagają pracę układu nerwowego, poprawiają pamięć, polepszają nastrój;

– diabetycy – kasze dostarczają dużo skrobi, która łagodnie podnosi poziom glukozy i insuliny we krwi;

– dzieci, kobiety w ciąży i karmiące, osoby starsze, rekonwalescenci – kasze gotowane na sypko lub rozklejane są lekkostrawne.

• Jedzenie grubych kasz zapobiega tworzeniu się polipów w jelicie grubym, a co się z tym wiąże – nowotworów.

Badania naukowe z ostatnich lat

Zespół naukowców z Uniwersytetu Przyrodniczego w Poznaniu wykazał niedawno, że kasza gryczana może odgrywać rolę surowca w produkcji żywności funkcjonalnej ze względu na wysoką zawartość substancji biologicznie aktywnych.

PRAWDY I MITY O KASZY

• **Nieprawda**, że kaszę można jeść często. Zawiera sporo fosforu, chloru i siarki, które zakwaszają organizm. A to może zaszkodzić osobom cierpiącym na wrzody żołądka i dwunastnicy, nadkwaśny nieżyt żołądka i refluks żołądkowo-przełykowy.

• **Prawda**, że kaszę jaglaną zaleca się podczas choroby wirusowej, bo wspomaga usuwanie wirusów z organizmu.

Ryż

Kalorie w 100 g:
biały – 344 kcal
brązowy – 322 kcal
preparowany – 361 kcal
ugotowany – 137 kcal
wafle ryżowe naturalne – 374 kcal

Zalecana dawka:
raz lub dwa razy w tygodniu 2-3 łyżki ryżu ugotowanego na półtwardo

Lepszy brązowy niż biały

Czy wiesz, że z ryżu robi się nie tylko znakomite risotto, ale również piwo, papier, a nawet puder? Jednak głównie się go je, gdyż to drugie po pszenicy najczęściej uprawiane zboże na świecie. Jest dobry dla każdego: dla dzieci, ponieważ nie zawiera glutenu i nie uczula, dla rekonwalescentów po przebytych nieżytach żołądka – ze względu na lekkostrawność, dla dbających o linię, bo wolno trawiony dostarcza energii i uwalnia na długi czas od głodu. Uwalnia, o ile dobrze się go ugotuje, czyli na lekko twardo. Choć został do nas sprowadzony z Chin, jemy go iście po polsku – w formie rozgotowanej pulpy. Tak podany ma o wiele mniej korzystnych składników i wysoki indeks glikemiczny.

Bardziej kaloryczny i mniej zdrowy od naturalnego ryżu brązowego jest ryż biały. Dlaczego? Ziarno tego zboża otaczają łuski z cennymi składnikami odżywczymi, które razem z otrębami usuwa się podczas młocki. Potem poleruje się je glukozą lub talkiem, by dodać mu połysku. W regionach Azji, gdzie ryż jest głównym pożywieniem, ludzie częściej chorują na beri-beri, schorzenie wywołane niedoborem witaminy B_1, występującej w jego otrębach. Warto tutaj wspomnieć, że termin „witamina" stworzył polski uczony Kazimierz Funk. W 1912 roku, badając chorych na beri-beri, wyodrębnił substancję – tiaminę, którą nazwał witaminą B_1.

Jeśli jednak lubisz ryż biały, lepiej wybierz ten długoziarnisty. Ma więcej błonnika i wolniej się go trawi.

Na zakupach

- Otręby ryżowe – produkt uboczny uzyskiwany podczas polerowania łuskanego ryżu. Są bardzo zdrowe. Jak wykazały badania, zapobiegają rakowi jelita grubego.
- Ryż brązowy – jego ziarenka nie mają plew, ale zawierają otręby, które nadają im charakterystyczny beżowy kolor. Znajdują się w nim folacyna, witaminy z grupy B, wapń i żelazo. Duża ilość błonnika pobudza trawienie, działa wysmuklająco. Jest trochę mniej kaloryczny od białego.

• Ryż czerwony – pełnoziarnisty (to nie to samo, co czerwony barwiony burakami!), obfituje w żelazo i witaminy z grupy B.

• Ryż dziki – wodna trawa rosnąca na pograniczu Stanów Zjednoczonych i Kanady. Ma długie, ciemne ziarna, intensywny orzechowy smak i aromat oraz znakomite właściwości odżywcze. Zawiera dużo błonnika, potasu, fosforu i witamin z grupy B. Gotuje się go dłużej i żyje po nim dłużej.

• Ryż jaśminowy – uprawia się go w północno-wschodnich górzystych prowincjach Tajlandii. Sławę zyskał z powodu uwalnianego podczas gotowania aromatu oraz ładnego, długiego i miękkiego ziarna. Nazwę zawdzięcza przyjemnej woni przypominającej zapach jaśminu.

• Ryż preparowany termicznie, parboiled – ma podobne właściwości odżywcze jak ryż brązowy. Ziarna nawilża się parą wodną pod wysokim ciśnieniem, dzięki czemu wszystkie najcenniejsze składniki znajdujące się w łuskach przechodzą do ich wnętrza.

• Ryż w torebkach – zaprzeczenie dobrego smaku. Po pierwsze, czy gotowanie plastiku jest zdrowe? Po drugie, wrzucenie opakowania do wody zwalnia nas z kontroli – najczęściej powstaje papka, która jest bardziej kaloryczna!

• Wafle ryżowe – wybieraj te z pełnego ziarna ryżowego, bo dostarczają magnezu, żelaza, witamin A i E oraz błonnika. Są niskokaloryczne (jeden wafelek to ok. 35 kcal), więc mogą je jeść osoby odchudzające się. Niestety, nie wiedzieć czemu, kosztują 30 zł za kilogram, choć ryż jest supertani.

• Odmiany ryżu białego:
- arborio – włoski, oczyszczony – najlepszy na risotto,
- basmati – długoziarnisty, oczyszczony – na paellę,
- kaszmir – długoziarnisty, cienki, o specyficznym zapachu – na pilaw,
- tajski (jaśminowy) – długoziarnisty, oczyszczony – do wschodnich potraw.

• Najzdrowszy ryż:
brązowy, dziki, parboiled – do mięs i sosów.

Pstryk, działa!

Jak ugotować najlepszy ryż?

Na szklankę ryżu weź półtorej szklanki wody. Nie dodawaj soli – ryż zachowa swój naturalny, słodki aromat. Gotuj go na średnim ogniu, w garnku bez przykrycia. Gdy zacznie wrzeć, lekko zmniejsz ogień i przykryj garnek ciężką pokrywką, zostawiając malutki otwór, przez który para będzie uciekała na zewnątrz. Gdy zauważysz, że w ryżu zaczynają tworzyć się „kratery", zmniejsz ogień niemal całkowicie i szczelnie przykryj garnek pokrywką. Duś 15 minut.

Badania naukowe z ostatnich lat

- Narodowy Instytut Zdrowia i Badań nad Żywieniem w Stanach Zjednoczonych (National Health and Nutrition Examination Survey) podał w 2008 roku, że zjadanie przynajmniej raz dziennie posiłku z produktami pełnoziarnistymi (m.in. z ryżem brązowym czy długoziarnistym) prowadzi u kobiet powyżej 19. roku życia do obniżenia masy ciała.
- Ze względu na niską zawartość sodu ryż powinny jeść szczególnie kobiety (nadmiar sodu w diecie zatrzymuje wodę w organizmie). Poleca się go również osobom z wysokim ciśnieniem tętniczym krwi.
- Codzienna dieta bogata w pełnoziarniste produkty zbożowe, w tym w ryż brązowy, a uboga w tłuszcze zwierzęce, zapobiega chorobom układu krążenia zarówno u kobiet, jak i u mężczyzn bez względu na wiek.

Kupuj z głową

Czy wiesz, że ryż zapakowany w 100-gramowe torebki jest czasem kilka razy droższy od tego sprzedawanego w tradycyjnym opakowaniu?

Soja

Kalorie w 100 g:
mleko sojowe – 30 kcal
tofu – 90 kcal
pasztet sojowy – 215 kcal

Zalecana dawka:
raz lub dwa razy w tygodniu

Mięso wegetarian

Wegetarianie jedzą ją z wyboru, bo ma dużo białka bliskiego zwierzęcemu, sporo witamin i minerałów. Niewegetarianie zjadają ją bezwiednie: tuczy się nią bydło i kurczaki, dodaje do wędlin, zup, sałatek, mleka w proszku, pasztetów, ciastek, batonów, chleba, pierogów z pieczarkami.

Prosta i szybka w uprawie, tania i łatwo dostępna soja stała się dziś dla przemysłu spożywczego żyłą złota i superzapychaczem. A jednak ceny wyrobów sojowych w polskich sklepach zwalają z nóg – są wyższe niż mięsa. Kilogram pasztetu sojowego kosztuje 20 zł, kotletów à la schabowy – 25 zł, a parówek – 35 zł.

To prawda, że soja zawiera potas, żelazo, magnez, fosfor, wapń i lecytynę, która poprawia pamięć i znakomicie wpływa na funkcjonowanie mózgu. To prawda, że ma przeciwutleniacze chroniące przed miażdżycą i chorobami serca oraz fitohormony podobne do kobiecych hormonów, które paniom w okresie menopauzy mogą przynieść duży pożytek. Jednak prawdą jest także to, iż produktów sojowych nie może jeść każdy, a ich nadmiar szkodzi. Muszą na nie uważać osoby z kłopotami z tarczycą, bo naukowcy podejrzewają te wyroby o zaburzanie jej pracy. Nie powinny ich jeść dzieci do 12. miesiąca życia oraz mali chłopcy. Zbyt duża ilość fitohormonów wyrządzi większą szkodę maluchowi niż pani w średnim wieku ważącej 80 kg. Soja może być też niebepieczna dla mężczyzn, ponieważ wysoki poziom fitoestrogenów blokuje wydzielanie testosteronu. Ponadto na Wschodzie, skąd pochodzi, od starożytności stosuje się ją jako… nawóz, a to dlatego, że zawiera wiele ciężkostrawnych składników oraz mnóstwo białka. Dopiero fermentacja powoduje, że staje się łatwiej przyswajalna.

To jeść soję czy nie? Jeść, ale w małych ilościach, a nie rano, w południe i wieczorem, najlepiej produkty fermentowane: *miso*, *shoyu*, *tamari*, *tempeh*. Więcej wyrobów sojowych powinny spożywać kobiety w okresie menopauzy, bo łagodzi ona dokuczliwe uderzenia gorąca, zimne poty, nadwrażliwość, nerwowość, mniej – kobiety w ciąży, dzieci i mężczyźni.

Na zakupach

• Produkty sojowe nie są sprzedawane na wagę, ale w jednostkowych opakowaniach. Producenci na tym korzystają, bo wielu klientów nie sprawdza gramatury.

- Upewnij się, czy wyrób nie zawiera soi zmodyfikowanej genetycznie. Najlepiej, by pochodziła z upraw ekologicznych. Często hoduje się ją z użyciem wielkiej ilości chemikaliów rolniczych.
- Najwięcej fitoestrogenów mają pasty *natto* i *miso*.
- Najbogatsza w hormony roślinne jest soja europejska.

Uważaj na hasła

- „Mleko sojowe 0 proc. cholesterolu, 100 proc. roślinne" – a niby dlaczego ma zawierać cholesterol, przecież to produkt roślinny, a nie odzwierzęcy.
- „Jedna parówka sojowa dostarcza tylko 198 kcal" – a jedna mięsna 130.
- „Parówki sojowe – bezpieczna alternatywa dla wielkoprzemysłowych parówek" – tymczasem prawie 90 proc. upraw soi w Stanach Zjednoczonych to soja zmodyfikowana genetycznie, produkowana na skalę wielkoprzemysłową.

Badania naukowe z ostatnich lat

Badania przeprowadzone w Hongkongu wskazują, że soja chroni kobiety przed utratą tkanki kostnej i tym samym zapobiega osteoporozie.

PRAWDY I MITY O SOI

- **Nieprawda**, że jest bardziej wartościowa niż mięso i mleko. Chociaż 5 dag produktu sojowego zawiera tyle samo białka, co półtorej szklanki mleka albo średniej wielkości befsztyk wołowy, jednak mięso ma więcej lepiej przyswajalnego żelaza (hemowego), a mleko – wapnia i witaminy D.
- **Prawda**, że jeśli chorujesz na nowotwór, lepiej unikać produktów sojowych, bo fitohormony (podobne do estrogenów) stanowią pożywkę dla raka.
- **Prawda**, że soja zawiera związki należące do tioglikozydów, które regularnie spożywane mogą przyczynić się do powstania wola tarczycy. Blokują one wiązanie jodu i tworzenie z tyrozyny tyroksyny niezbędnej do produkcji hormonów tego gruczołu. Gotowanie zmniejsza zawartość tych niekorzystnych substancji o ponad 30 proc.
- **Nieprawda**, że mleko sojowe jest produktem hipoalergicznym. To silny alergen, który wywołuje podobne objawy jak po spożyciu mleka krowiego.

Kupuj z głową

Czy wiesz, że w ciągu roku pojawia się na świecie ok. 500 nowych dań z soi? W polskich sklepach można już kupić nie tylko sojowe kotlety, ale również kiełbaski, pasztet myśliwski, gulasz, flaki czy salami.

Oleje

Kalorie w 100 g:
bez względu na rodzaj oleju – 880-900 kcal

Zalecana dawka:
2 łyżeczki dziennie

Złoty płyn

To, że imć Onufry Zagłoba wierzył w potęgę *oleum* – „cnotliwej substancji", wie każdy miłośnik *Trylogii*. Zalecał je zalewać dużą ilością wina, by jako lżejsze zawsze było na wierzchu i wolniej uderzało do głowy. Dziś, kiedy oleje dawno już wygrały bitwę na naszych stołach z zatykającym tętnice i powodującym choroby układu krążenia smalcem, wiadomo, że oleum i bez wina (lub z jego małym kieliszkiem) to samo zdrowie, byle tylko jeść je w umiarkowanej ilości i dobrze dobierać.

Gdy spytamy przeciętnego Polaka o najzdrowszy olej, bez wątpienia odpowie: oliwa z oliwek. Słusznie. Ten „złoty płyn", jak mawiał o nim Homer, to znakomite źródło fosforu, potasu, żelaza, witamin z grupy B, prowitaminy A oraz C i E. Najlepsza jakościowo jest oliwa z pierwszego tłoczenia owoców na zimno – *virgine albo extra virgine olive oil*. Zawiera najwięcej przeciwutleniaczy i nieprzetworzonych cennych składników odżywczych oraz jednonienasyconych kwasów tłuszczowych, które obniżają poziom złego cholesterolu, ryzyko chorób serca i udaru mózgu. Zapobiega rakowi jelita grubego i piersi. Chroni ściany żołądka, pobudza pracę jelit i wydzielanie żółci – ułatwia więc trawienie innych tłuszczów. Występuje w przeróżnych smakach: pikantnym, delikatnym, lekko owocowym. I ma tylko jedną wadę – jest droga. Litr dobrej oliwy kosztuje ok. 60 zł i serce się kraje, kiedy używa się jej do smażenia. Tymczasem zgodnie z porzekadłem „Cudze chwalicie, swego nie znacie", możemy pochwalić się rodzimą gwiazdą wśród olei, zwaną także „oliwą północy". To nasz dobry znajomy – olej rzepakowy bezerukowy, który jest nawet zdrowszy od oliwy! Dlaczego? Z kilku powodów. Po pierwsze, ma tyle samo co oliwa z oliwek kwasu oleinowego, który działa korzystnie na układ krążenia. Po drugie, zawiera dużo mniej niż oliwa z oliwek i najmniej ze wszystkich olejów kwasów tłuszczowych nasyconych, zatykających naczynia i powodujących choroby mięśnia sercowego. Po trzecie, znajduje się w nim mnóstwo (jedenaście razy więcej niż w oliwie z oliwek) kwasów omega-3, które zabezpieczają przed zawałem i stanowią superpokarm dla mózgu. Po czwarte, to cenne źródło witaminy E, chroniącej nas przed starzeniem. Ponadto jest produktem rodzimym i kosztuje wielokrotnie mniej niż oliwa!

Na zakupach

• Kupując olej, musisz przede wszystkim zadać sobie pytanie, do czego chcesz go zastosować. Sałatka, śledź w oleju, a może smażenie? My, Polacy, najczęściej używamy oleju do smażenia. Trzeba jednak wiedzieć, że do placków, frytek i kotletów odpowiednie są olej rzepakowy, oliwa z oliwek, olej z orzechów ziemnych lub z pestek winogron. Pozostałe oleje – sojowy, słonecznikowy, lniany czy z pestek dyni – do smażenia się nie nadają.

• Najzdrowszy olej rzepakowy – tłoczony na zimno – znajdziesz w sklepach z ekożywnością lub w zielarniach.

• Wybieraj oliwę *extra virgine*. Butelki oznakowane jako *olive oil*, *pure*, *fine*, *semifine*, *virgine lampante* (używana była w starożytności do lamp), *sansa*, *pomache* lub po prostu „oliwa z oliwek" zawierają oliwę uzyskiwaną z wykorzystaniem ciepła, tańszą, ale znacznie gorszą.

• Nie kupuj oliwy w jasnej butelce! Pod wpływem światła traci ona witaminy i przeciwutleniacze.

• Dobrze, żeby miała jak najświeższą datę produkcji, bo witaminy i przeciwutleniacze zachowują swoje właściwości najwyżej pół roku po wytłoczeniu.

• Dobry jakościowo produkt najlepiej można poznać, smakując go i wąchając. Powinno wyczuwać się w nim zdrowe, świeże owoce, zieloną trawę, czasem z nutą cierpkiego zapachu roztartych liści. Gorzki, szczypiący w język smak pochodzi od zawartych w oliwie przeciwutleniaczy i świadczy o jej najwyższych walorach.

• Kwaśny zapach przypominający cytrynę lub ocet, pleśń, osad czy zjełczały smak dyskwalifikują oliwę. Pomarańczowe lub nawet czerwonawe refleksy wskazują, że jest zepsuta.

• Mętna nadaje się do spożycia. Nie została jednak przefiltrowana, dlatego pływają w niej drobinki oliwek. Z czasem drobinki te fermentują i zawartość butelki szybciej się psuje.

Uważaj na hasła

• „Olej z pierwszego tłoczenia" – wcale nie znaczy, że jest najzdrowszy. Najlepszy jakościowo pozyskuje się metodą tłoczenia NA ZIMNO (ziarno o temperaturze pokojowej wyciska się w tłoczni). Wtedy w złocistym płynie pozostaje najwięcej witamin i kwasów omega-3, które rozkładają się w wysokiej temperaturze. Pierwsze tłoczenie może odbywać się równie dobrze metodą na ciepło (najpierw ziarno mocno podgrzewa się, a później wytłacza) lub rafinacji. Rafinacja to inaczej oczyszczanie oleju. Ma ona swoje minusy, ale i plusy. Składa się z wielu procesów, takich jak filtrowanie, odśluzowanie, odkwaszenie, bielenie, odwanianie i odwoskowanie, również z użyciem chemicznych rozpuszczalników, tj. barwników, garbników, przeciwutleniaczy. Rafinowane oleje roślinne podczas przeróbki tracą składniki odżywcze. Pozbawia się je także charakterystycznego dla olejów tłoczonych na zimno aromatu i smaku. Jednak przewagą olejów rafinowanych jest to, że są tańsze, odporne na wysokie temperatury. Ponadto bardziej niż oleje tłoczone na zimno nadają się do pieczenia i smażenia, i dłużej postoją w szafce.

- „Zawiera oliwę rafinowaną", „olej rafinowany", „ekstrahowany" – taki napis oznacza, że olej pozyskany był metodą ekstrakcji, którą stosuje się w zakładach tłuszczowych. Rośliny poddaje się działaniu rozpuszczalników organicznych, które wypłukują tłuszcze z nasion, po czym rozpuszczalniki odparowuje się. W takim oleju znajduje się najmniej składników odżywczych.
- „Nie zawiera cholesterolu" – cholesterol jest tylko w produktach odzwierzęcych.
- „Oliwa light" – w wypadku oliwy z oliwek odnosi się do smaku (delikatna, lekka), a nie liczby kalorii. Jest ona tak samo kaloryczna jak wszystkie inne tłuszcze.
- „Z witaminą E" – jest ona we wszystkich olejach, choć – uwaga – w różnej ilości.
- „Olej mieszany z różnych ziaren" – ni pies, ni wydra, nie kupuj.
- „Oliwa idealna do celów leczniczych" – oliwy nigdy nie zarejestrowano jako leku.

Kupuj z głową

Czy wiesz, że na każdej butelce oleju jest podany jego skład tłuszczowy? Jeśli kupujesz olej do smażenia, wystarczy sprawdzić ilość kwasów JEDNONIENASYCONYCH. Jeśli jest ich w oleju 60 proc. i więcej, znaczy to, że wybierasz zdrowy tłuszcz do smażenia. Najwięcej, bo 72 proc., jednonienasyconych kwasów tłuszczowych zawiera oliwa z oliwek. Olej rzepakowy ma ich 68 proc. Im więcej w oleju kwasów jednonienasyconych, tym jest on bardziej odporny na podgrzewanie.

Badania naukowe z ostatnich lat

- Badania profesor Antonii Trichopoulou z greckiego Instytutu Zdrowia Publicznego pod auspicjami Światowej Organizacji Zdrowia, opublikowane w latach 90. ubiegłego wieku, potwierdziły właściwości zdrowotne oliwy z oliwek. Profesor Trichopoulou porównywała dietę mieszkańców północy i południa Europy. Okazało się, że osoby z krajów południowych, spożywające m.in. dużo oliwy, cieszą się znacznie lepszym zdrowiem. Do podobnych wniosków doszli amerykańscy i izraelscy naukowcy.
- Według duńskich badaczy osoby jedzące dużo oliwy wzmacniają komórki swojego organizmu. Badaniem objęto zdrowych mężczyzn w wieku 20-60 lat z pięciu

krajów Europy. Przez dwa tygodnie wypijali każdego dnia jedną czwartą szklanki oliwy. Pod koniec eksperymentu odnotowano u nich 13-procentowy spadek stężenia substancji, która powoduje uszkodzenia komórek. Oliwa jest bowiem bogatym źródłem przeciwutleniaczy (polifenoli) i jednonienasyconych kwasów tłuszczowych.

Stosowany na zimno (najlepiej przechowywać w lodówce)

- Olej lniany (to właśnie to *oleum* miał na myśli imć Zagłoba) – bardzo zdrowy, ma dużo bezcennych kwasów omega-3, wpływających korzystnie na mózg i serce, ale należy do produktów nietrwałych – najwięcej składników odżywczych zawiera do kilkudziesięciu godzin po wytłoczeniu.
- Olej z orzechów włoskich – obniża ciśnienie tętnicze i poziom złego cholesterolu.
- Olej z pestek dyni – znajduje się w nim sporo witamin z grupy B, wpływa dobrze na skórę, reguluje wydzielanie hormonów.
- Olej z pestek winogron – dostarcza dużo przeciwutleniaczy chroniących przed starzeniem, jest delikatny.

Do smażenia

- Olej sezamowy – zmniejsza ciśnienie tętnicze i zły cholesterol.
- Olej z orzechów ziemnych – jest bogaty w witaminy i składniki mineralne.
- Olej rzepakowy uniwersalny.
- Oliwa z oliwek.

PRAWDY I MITY O OLEJACH

- **Nieprawda**, że w skład oleju rzepakowego wchodzą szkodliwe związki siarki i kwas erukowy. Tak było dawniej. Dziś do produkcji używa się uszlachetnionych odmian rzepaku, które zawierają śladowe ilości tych składników.
- **Prawda**, że nie wszystkie oleje nadają się do smażenia. Olej sezamowy, z orzechów ziemnych, rzepakowy i oliwa z oliwek – są do tego przeznaczone. Pozostałe oleje należy jeść na zimno, a jeśli się z nimi gotuje, dodawać je do potraw na końcu.
- **Prawda**, że oleju roślinnego należy używać do smażenia tylko raz.
- **Prawda**, że wszystkie miękkie i ciekłe tłuszcze (oleje, margaryny w kubkach) są zdrowsze. Obfitują w wielo- i jednonienasycone kwasy tłuszczowe korzystne dla organizmu. Natomiast tłuszcze o twardej konsystencji (masło, smalec, twarde margaryny) zawierają większe ilości nasyconych kwasów tłuszczowych oraz izomery trans, które są dla nas niekorzystne.

Makaron

Kalorie w 100 g:
suchy – 350 kcal
ugotowany – ok. 110 kcal

Zalecana dawka:
raz lub dwa razy w tygodniu 2-3 łyżki makaronu ugotowanego na półtwardo

Pasta i basta!

Uwaga, wszyscy miłośnicy spaghetti, penne, tortellini, świderków i muszelek! Czas raz na zawsze zburzyć mit, że makaron tuczy. Odpowiednio przyrządzony jest niskokaloryczny. Dlaczego? 100 g suchego produktu zawiera 350 kcal. Jednak w czasie gotowania powiększa on swoją objętość niemal trzykrotnie. Miseczka makaronu po ugotowaniu ma tylko 110 kcal. Problem jednak w tym, że zazwyczaj rozgotowuje się go na papkę i zalewa sosem z mnóstwem kalorii. Prawidłowo przygotowany musi być al dente – lekko twardy, stawiać zębom delikatny opór podczas żucia, a po przegryzieniu na pół zawierać trochę niedogotowanego białego ciasta.

Przeciętny Włoch zjada ok. 30 kg makaronu rocznie, Polak – zaledwie 3 kg, i to zwykle jako dodatek do zupy. Tymczasem dobrze przyrządzony stanowi jedno z najzdrowszych i najsmaczniejszych dań. Znajduje się w nim skrobia, czyli węglowodan złożony, który uwalnia energię powoli i równomiernie. Dzięki temu odczuwa się sytość wiele godzin. Lekkie sosy można sporządzić z ziół, warzyw, grzybów i chudego kurczaka. Sosy: pomidorowy, z brokułami, cukinią, pieczarkami, pesto z bazylii, nie będą miały wiele kalorii, o ile nie doda się do nich dużo oliwy i parmezanu.

Posklejana siekanka do rosołu i rozgotowane na papkę kolanka w zapiekance z kiełbachą, to największe hity makaronowej listy przebojów w Polsce. Tymczasem w wielu sklepach można kupić dobry, tani i zdrowy makaron, który z pomocą szczypty najprostszych dodatków przeniesie nas w krainę śródziemnomorskich smaków. Pytanie tylko, jak go wybrać.

Na zakupach

• Co można kupić w polskich sklepach?

– Makaron twardy – produkowany wyłącznie z mąki i wody. Mąka pochodzi ze specjalnego gatunku pszenicy durum o bardzo twardym ziarnie, rzadziej z żyta, orkiszu czy gryki. Włosi znają ok. 300 rodzajów twardej pasty. Najpopularniejsze to spaghetti, rigatoni (rurki), rurki ścięte po skosie, farfalle (kokardki), fusilli (świderki), tagliatelle (wstążki), conchiglie (muszelki), tortellini (pierożki), ravioli (poduszeczki).

– Makaron miękki – produkowany z mąki pszennej o miękkim ziarnie, wody i jajek. Najczęściej to makaron typu nitka, krajanka, łazanka, falbanka.

- Najzdrowszy jest makaron razowy, bezjajeczny, pełnoziarnisty. Zawiera nie tylko więcej witamin z grupy B (niacyny i folacyny) oraz minerałów (fosforu, żelaza, cynku i magnezu), ale i mniej kalorii (ok. 330 kcal w 100 g suchego i ok. 95 kcal po ugotowaniu), ponieważ znajduje się w nim nierozpuszczalny błonnik (celuloza) – odporny na działanie enzymów trawiennych i drobnoustrojów. Dzięki temu organizm go nie przyswaja.
- Wybierz makaron z semoliny, mąki uzyskanej z odmiany pszenicy twardej (durum), która rośnie w ciepłym klimacie. Ma charakterystyczny złotożółty kolor. Po krótkim gotowaniu pozostaje twardy, sprężysty i zwarty – dlatego mniej tuczy.
- Makaron „typu polskiego", często z dodatkiem jajek, produkuje się z pszenicy miękkiej, uprawianej w krajach o chłodniejszym klimacie. Ma jasny kolor. Nawet krótko gotowany szybko pęcznieje, rozgotowuje się i staje się kleisty.
- Makaron powinien być żółty lub kremowy, bez plamek, lekko szklisty, niepokruszony. Jeśli jest połamany, to oznacza, że leży już długo na półce, pewnie będzie wyschnięty i niesmaczny.
- Ten dobrej jakości nie może kosztować złotówki.
- Makaron z dodatkiem jaj zawiera więcej kalorii – jeśli więc dbasz o linię, sprawdzaj kaloryczność na opakowaniu.
- Sam makaron nie jest tuczący – gorzej z sosami. Jeśli dodasz bekon, oliwę i parmezan, porcja może mieć nawet 600 kcal! Jeżeli wybierzesz sos pomidorowy z czosnkiem i bazylią – danie na jedną osobę nie powinno przekroczyć 150 kcal.
- Kolorowy makaron nie różni się smakiem od zwykłego. Zielone wstążki czy czerwone muszelki cieszą tylko oko i nie zawierają dodatkowych składników odżywczych.
- Gryczany, razowy z otrębami (można je kupić w sklepach ze zdrową żywnością) jest idealny dla osób odchudzających się i cierpiących na zaparcia.
- W makaronie Siła Serca znajduje się mąka z nasion amarantusa, która opóźnia proces starzenia się komórek, a także jest doskonałym składnikiem diety dla osób prowadzących aktywny tryb życia. Produkt powstał we współpracy z Grupą Gospodarczą Fundacji Rozwoju Kardiochirurgii. Jest w nim dużo błonnika, skrobi, białka, żelaza i magnezu – wszystkie te składniki mają zbawienny wpływ na przyspieszenie przemiany materii.

Uważaj na hasła

- „Bez konserwantów" – żaden suchy makaron ich nie ma.
- „Bez sztucznych barwników" – nie można ich używać w produkcji makaronu.

- „Naturalne świeże jaja" – mogą je stosować (także w proszku) wszyscy producenci, to po co się tym chwalić?
- „Jakość I" – Polska Norma, na którą powołują się wytwórcy, nie przewiduje podziału na klasy jakości.
- Makaron „ze starannie wyselekcjonowanych gatunków pszenicy i najwyższej jakości jaj", „z wysokiej jakości pszenicy", „z mąki makaronowej pszennej" – tylko jakiej? Twardej i wyszczuplającej czy miękkiej i tuczącej?

PRAWDY I MITY O MAKARONIE

- **Nieprawda**, że nie mogą go jeść chorzy na cukrzycę. Wręcz przeciwnie, jeśli jest zrobiony z pszenicy durum i ugotowany al dente, pomaga utrzymać stały poziom cukru we krwi. Z tego powodu stanowi świetną potrawę dla osób uprawiających sport. Pozwala naładować baterie na wiele godzin. Lekarze uważają, że najlepiej jeść makaron na trzy godziny przed planowanym wysiłkiem.
- **Nieprawda**, że do gotującego się makaronu należy dodać łyżkę oleju czy oliwy, by nie powstała lepka papka. Jeśli trzyma się go krótko na ogniu, a do garnka wlało się dużą ilość wody, na pewno się nie poskleja. Dobrze jest zostawić odrobinę wody po gotowaniu – poprawi smak sosu, który ewentualnie trzeba będzie rozrzedzić.
- **Prawda**, że makaronu nie należy przelewać. W ten sposób zmyje się z niego warstwę skrobi i soli, co spowoduje, że sos będzie się gorzej do niego kleił. Wyjątkiem jest sytuacja, gdy chcemy przygotować sałatkę.

Rodzaje makaronu

We Włoszech makaron występuje w 350 różnych kształtach, te najpopularniejsze to:
- cannelloni, manicotti – duże, grube rurki, zazwyczaj nadziewane farszem,
- cappellini – nitki,
- conchiglie – muszelki,
- farfalle – kokardki,
- fusilli – świderki,
- lasagne – płaty makaronu, zwykle zapiekane,
- pappardelle – szerokie wstążki,
- penne – karbowane rurki cięte ukośnie,
- ravioli – pierożki w kształcie kwadracików, poduszeczki,
- rigatoni – grube rurki cięte prosto,
- ruoti – koła,
- spaghetti – długie, cienkie sznurki,

– tagliatelle – wstążki,
– tortellini – drobne, zaokrąglone pierożki.

Pstryk, działa!

Jak prawidłowo ugotować makaron?

Zasada nr 1. Najlepsza proporcja: litr osolonego wrzątku na 100 g suchego makaronu.

Zasada nr 2. Porcja: 125 g makaronu na osobę, czyli ćwierć standardowej paczki.

Zasada nr 3. Nie sól wody przed zagotowaniem; niesolona gotuje się szybciej.

Zasada nr 4. Pilnuj makaronu w czasie gotowania i trzymaj go w wodzie minutę krócej, niż podano w przepisie na opakowaniu. Przez kilkanaście sekund po wyjęciu z wody makaron sam „dojdzie". Dobrą metodą jest też gotowanie go od razu w sosie.

Zasada nr 5. Aby sos dobrze oblepił kluski, a nie spłynął na dno talerza, mieszamy go z gorącym jeszcze makaronem. Makaron lekko wilgotny lepiej przyjmuje sos. Niektóre rodzaje makaronu, np. penne, mają wyżłobione na powierzchni rowki, dzięki którym sos łatwiej przylega do klusek.

Badania naukowe z ostatnich lat

- Naukowcy twierdzą, że pokarmy o wysokim indeksie glikemicznym (IG) na krócej zapewniają uczucie sytości w odróżnieniu od tych o niskim IG. Makaron ma niski indeks glikemiczny, co powoduje, że dłużej uwalnia się z niego energia.
- W 2009 roku duńscy i włoscy badacze porównywali wpływ spożycia pełnoziarnistych produktów zbożowych, makaronu al dente i słodyczy na poziom cukru we krwi. Stwierdzili, że makaron podnosi go najmniej, jednocześnie znacznie zmniejszając apetyt.

Kupuj z głową

Czy wiesz, że w kluskach jajka wcale nie są najważniejsze? Porządny makaron z pszenicy durum ich nie potrzebuje. „Dwujajeczna" polska krajanka ma dodatek dwóch jajek na kilogram mąki, „czterojajeczna" – czterech. Ale nierzadko są to jajka w proszku! Czy komuś wydaje się, że żółciutki makaron z napisem na opakowaniu „złocisty" zawiera mnóstwo żółtek? Nic z tego, często jest robiony ze zwykłej mąki i wody, z dodatkiem – zgodnie ze staropolskimi tradycjami – indyjskiej kurkumy.

Kurkuma to przyprawa rodem z Azji, która nadaje potrawom piękny żółtozłocisty kolor. Nie ma w niej nic złego, o ile nie udaje czegoś, czym nie jest. Podobnie beta-karoten – barwnik naturalnie występujący np. w marchewce, który również dodaje się do makaronu, by imitował „wielojajeczność".

Ryby

Kalorie w 100 g:

śledź solony – 217 kcal
śledź w oleju – 301 kcal
tuńczyk w sosie własnym – 96 kcal
tuńczyk w oleju – 190 kcal
makrela wędzona – 221 kcal
łosoś świeży – 201 kcal
pstrąg świeży – 97 kcal

Zalecana dawka:

co najmniej trzy razy w tygodniu

Ryby mają głos

Ze wszystkich słodyczy na świecie najbardziej lubię śledzie – takie powinno być motto wszystkich dbających o dobre samopoczucie i figurę, bo żeby być zdrowym jak ryba, trzeba ryby jeść, i to najlepiej w ilościach hurtowych. Oprócz białka, witamin (A, D i z grupy B), wapnia, żelaza, jodu i połowy pozycji z tablicy Mendelejewa zawierają bowiem skarb bezcenny – kwasy omega-3 (EPA i DHA). To one sprzyjają wzmocnieniu odporności, łagodzą procesy zapalne, a także „oliwią" nasze komórki mózgowe, by lepiej pracowały. Dostarczane regularnie zapobiegają nadciśnieniu, miażdżycy, chorobom układu krążenia – ani mieszkańcy Grenlandii, ani japońscy rybacy prawie nie zapadają na choroby serca! Dlaczego? Bo chronią ich kwasy omega-3, które we krwi obniżają poziom złego cholesterolu i trójglicerydów. Ponadto działają przeciwnowotworowo i przeciwzawałowo, łagodzą objawy astmy, poprawiają pamięć, koncentrację i można by wyliczać jeszcze długo, ale co z tego, kiedy Polak nad śledzia coraz częściej przedkłada nieśmiertelnego schabowego. Niestety, na naszych talerzach ryby pojawiają się coraz rzadziej i są już tego efekty. Zanika tradycja rybnych postnych piątków, a jeśli już zaglądamy do sklepu rybnego, to najczęściej kupujemy paluszki, w których więcej panierki, tłuszczów trans i chemii niż wartościowych składników. Z badań wynika, że u dorosłych mieszkańców Polski południowej poziom spożycia kwasów omega-3 z ledwością pokrywa kilka procent niezbędnego zapotrzebowania! Odnosi się to prawdopodobnie również do dzieci (stąd też przypuszczenia, że ich brak może być jedną z przyczyn dysleksji i nadpobudliwości). Od kilku lat wielu pediatrów znów namawia do picia tranu.

A wystarczy zjeść dwa-trzy razy w tygodniu rybę, najlepiej morską, bo taka ma najwięcej kwasów omega-3, jodu i witamin. Nie należy się bać kalorii – ryby jako źródło łatwo przyswajalnego białka i dobrego tłuszczu, odwrotnie niż mięso, im są bardziej tłuste, tym zdrowsze. Najlepiej spożywać dużo śledzi ze względu na zawartość kwasów omega-3, dostępność i cenę. Aby dostarczyć 1 g tych kwasów (tyle wynosi dzienne zapotrzebowanie), wystarczy zjeść 50 g śledzia, trochę więcej łososia lub tuńczyka czy sardynek. Dla porównania – ta sama ilość kwasów omega-3 znajduje się w 355 g dorsza czy 315 g krewetek. Zatem śledzie górą, byle nie za słone (najlepiej po wymoczeniu), bo sól jest przyczyną nadciśnienia, a już ponad 60 proc. Polaków ma z nim kłopoty.

Na zakupach

- Ryba niedawno złowiona ma świeży, a nie mocno „rybi" zapach (najlepiej kupuj w dniu dostawy). Jej skóra jest gładka i wilgotna (łuski równo do niej przylegają), mięso – sprężyste i zwarte (po naciśnięciu nie pozostaje wgłębienie), brzuch – niewzdęty, ogon i płetwy są wilgotne i giętkie, oczy – jasne, a skrzela – różowe lub czerwone.
- Najlepiej zaopatrywać się w świeże ryby i przyrządzać (piec w folii lub gotować) je w domu. W konserwach, pastach i sałatkach mają więcej tłuszczu (już nie tylko omega-3) i kalorii, mniej składników odżywczych, dużo cukru i słodzików oraz sztucznych dodatków – konserwantów, chemicznych aromatów.
- Zdarza się, że ryby mrożone w glazurze zawierają mnóstwo „wpompowanej w siebie" wody, nawet do 50 proc. Producent lub sprzedawca są obowiązani poinformować, że jest to ryba mrożona właśnie w taki sposób i podać ilościową zawartość glazury lub ryby w tym produkcie.
- Przy rybach żywych, świeżych, schłodzonych, mrożonych, suszonych, solonych lub w solankach i wędzonych oraz przy skorupiakach i mięczakach muszą znajdować się informacje o handlowym oznaczeniu gatunku (nazwa polska i łacińska), metodzie produkcji (złowione w morzu, wodach śródlądowych lub wyhodowane), obszarze połowu (np. Morze Bałtyckie, a w przypadku wód śródlądowych i hodowli także nazwa państwa, np. złowione lub wyhodowane w Polsce).
- Jeśli zdecydujesz się na konserwę – wybierz rybę w sosie własnym (a nie w oleju, bo będzie w niej mnóstwo kalorii), w dużych kawałkach (a nie rozdrobnioną, bo ta poszatkowana zawiera mniej wartości odżywczych). Sprawdzaj i porównuj składniki, czasem jedna puszka z tuńczykiem może mieć 20 g białka, a inna – tylko 12.
- Nie kupuj gotowych paluszków, kotletów rybnych ani ryb w panierce – znajduje się w nich więcej mąki, soli, ulepszaczy smaku i szkodliwych tłuszczów trans niż wartościowych składników.
- Pasta rybna z tłuszczem roślinnym na pierwszym miejscu w składzie, sałatka ze zwyczajnych śledzi niemal w cenie złota (płacisz głównie za wodę i cebulę), łosoś w megaopakowaniu, a w środku tylko 5 dag ryby! Jeśli sięgasz po gotowe produkty, zawsze czytaj etykiety, bo na półkach z przetworami rybnymi panuje prawdziwa wolnoamerykanka!

- Zła wiadomość dla wielbicieli ryb wędzonych. O ile nie są kupione od znajomego rybaka, który ma domową wędzarnię, istnieje prawdopodobieństwo, że zostały najpierw przemysłowo (czytaj solidnie) posolone, a potem przemysłowo „uwędzone", to znaczy zanurzone w roztworze chemicznym nadającym smak wędzenia.
- Najzdrowsze, ale niestety i najdroższe ryby z łowisk ekologicznych mają certyfikat, nadawany przez niezależną organizację – Radę Zarządzania Zasobami Morskimi (The Marine Stewardship Council). Światowy Fundusz na rzecz Dzikiej Przyrody (World Wildlife Found) apeluje, by nie kupować i nie jeść w restauracjach: dorsza, halibuta atlantyckiego, łososia bałtyckiego, które nie pochodzą z hodowli, oraz rekina, soli, węgorza. Tym gatunkom grozi wyginięcie z powodu nadmiernych połowów albo sposób ich wyławiania zagraża środowisku.

PRAWDY I MITY O RYBACH

- **Nieprawda**, że ryb należy unikać, bo chłoną jak gąbka szkodliwe dla zdrowia człowieka związki rtęci. Kanadyjscy naukowcy udowodnili, że rtęć w rybim mięsie występuje w formie związków znacznie mniej szkodliwych dla naszego organizmu, niż wcześniej oceniano.
- **Nieprawda**, że „rybka lubi pływać" – duża ilość alkoholu wypłukuje z organizmu to, co w rybach najcenniejsze – kwasy omega-3.
- **Prawda**, że kobiety w ciąży nie powinny jeść gatunków ryb, które mają tendencję do kumulowania rtęci (należą do nich tuńczyk, rekin i marlin). Pozostałe są dla ich zdrowia bezpieczne i jak najbardziej wskazane.
- **Prawda**, że mięso ryb działa przeciwalergicznie oraz przeciwzmarszczkowo. Ma dużo witamin młodości – A i E, a także kwasów omega-3, które nawilżają i wygładzają skórę.
- **Prawda**, że kwasy omega-3 znajdziemy też w tranie z aptecznej butelki lub w kapsułkach, ale nigdy nie będą one tak dobrze przyswajalne jak te z ryb zjedzonych na obiad czy kolację. No i trzeba wydać na nie dodatkowe pieniądze, a w ramach posiłków, które i tak musimy spożywać, możemy sobie czasem zafundować rybkę.

Uważaj na hasła

- „Filety anchovis" – to wcale nie to samo, co „anchois", czyli sardela – ekskluzywna, smaczna ryba śródziemnomorska, przysmak francuskiej i włoskiej kuchni. „Filety anchovis" jednej ze sprytnych polskich firm rybnych zostały wyprodukowane ze... śledzi. Tylko dlaczego kosztują tyle, co te z sardeli?
- „Karpio królewskie" – nie zawiera bynajmniej karpia, jest to mieszanka ryb karpiowatych. Smacznego!
- „Łosoś" – taki duży niebiesko-żółty napis na opakowaniu nie musi być nazwą produktu, a może być znakiem pewnej firmy z Ustki. Zanim kupisz, sprawdź, czy to czasem nie mintaj.
- „Paluszki krabowe" albo „o smaku krabowym" (lub „ o smaku krewetek") nie mają ani grama krabów czy krewetek, zawierają jedynie pastę surimi – oczyszczony i zagęszczony żel białkowy wyprodukowany z mielonego mięsa białych ryb morskich. Po dodaniu substancji zapachowych i koloryzujących formuje się ją w walce i sprzedaje jako „paluszki krabowe". Gąbczasta, gumowata masa nie ma nic wspólnego z delikatnym, kruchym mięsem krabów.

Pstryk, działa!

Jeśli nie lubisz ryb, pozostaje jedno – tran. To naturalny, idealny produkt uzupełniający witaminy A i D oraz kwasy omega-3. Można również sięgnąć po kapsułki. Należy wybierać takie, które w jednej lub dwóch porcjach przyjmowanych codziennie pokryją dobowe zapotrzebowanie, czyli nie mniej niż 1 g kwasów EPA i DHA.

Badania naukowe z ostatnich lat

- Naukowcy z uniwersytetu w Bristolu dowiedli, że dzieci, których mamy w okresie ciąży jadły więcej niż 340 g ryb i owoców morza tygodniowo, w wieku siedmiu-ośmiu lat znacznie lepiej się rozwijają, również intelektualnie.
- Badania doktor Teresy Norat z Międzynarodowej Agencji Badań nad Rakiem w Lyonie potwierdziły, że u osób spożywających najwięcej ryb ryzyko zachorowania na raka jelita grubego jest o 31 proc. mniejsze niż u tych, którzy unikają tego gatunku mięsa.
- Jak wykazują dane Światowej Organizacji Zdrowia, wzrost spożycia ryb obniża u mężczyzn umieralność z powodu raka płuc o 8,4 proc.
- Według specjalistów z Harvardu zjadanie 85 g łososia lub 170 g makreli tygodniowo zmniejsza ryzyko śmierci z powodu chorób serca o 36 proc. i może przedłużyć życie o 17 proc.

Kupuj z głową

Czy wiesz, że okres połowu śledzi „prosto z Bałtyku" przypada między listopadem a końcem kwietnia? Bałtyckie śledzie są smukłe, mniejsze i mniej tłuste niż ich wypasieni kuzyni żyjący w cieplejszych wodach Atlantyku – holenderskie matiesy, zwane też ulikami. Te z naszego morza sprzedaje się nie w filetach (płatach), ale w całości lub po wypatroszeniu i odcięciu głów w formie tuszek. Kaszubi twierdzą, że taki właśnie śledź, a nie matias ze słoika czy z plastikowej tacki, jest najlepszy.

Uwaga na ryby w konserwach, pastach i sałatkach – mają więcej tłuszczu (tego niezdrowego) i kalorii, ale i mniej składników odżywczych, więcej cukru i słodzików, a także sztucznych dodatków (konserwantów, chemicznych aromatów, barwników oraz poprawiaczy smaku). Filety śledziowe w sosie śmietanowym czy pomidorowym kosztują kosmicznie dużo, a jest w nich tylko jedna trzecia tego, co najzdrowsze, czyli ryby. Jeśli jesteś już skazany na konserwę, wybierz płaty, a nie sałatkę.

Panga

Kalorie w 100 g:
filet z pangi – 109 kcal

Zalecana dawka:
trzymaj się z daleka

Rybka zwana pangą

Czy wiecie, jaką rybę najchętniej wybieramy my, Polacy? Nie dorsza czy flądrę, które żyją w południowych wodach Bałtyku, i nie karpia, stanowiącego połowę odławianych ryb słodkowodnych w naszym kraju, ale pangę! Tak wynika z badań Instytutu Ekonomiki Rolnictwa i Gospodarki Żywnościowej. Ta egzotyczna ryba pojawiła się w Polsce zaledwie kilka lat temu i od razu szturmem wdarła na nasze stoły. W ciągu trzech ostatnich lat import pangi rósł w zastraszającym tempie. Teraz kupujemy jej trzy razy więcej niż polskich ryb słodkowodnych razem wziętych! Co czwarty filet z pangi trafiający na rynek Unii Europejskiej jedzie do Polski. Czy to źle? Przecież dzięki pandze mięsożerni Polacy w końcu zaczęli jeść więcej ryb – powiedzą niektórzy. Poza tym ryby to u nas nadal towar luksusowy. Nie każdego stać na solę, łososia, halibuta czy owoce morza, a panga kosztuje o połowę mniej i jeśli chodzi o cenę, bije konkurencję na głowę.

Owszem, kochamy ją kupować i jeść, ale czy coś o niej wiemy? Jak wygląda, gdzie mieszka, co je? Czy ktoś z nas widział pangę w całości? Na czym polega jej fenomen? W jakich warunkach się ją hoduje? Czy to ryba morska czy słodkowodna? Zdrowa czy niezdrowa? Czy w ogóle warto ją jeść?

Panga żyje w delcie Mekongu. Aby złożyć ikrę, samice płyną w górę rzeki do Kambodży, Laosu i Chin. Po drodze trafiają w sieci wietnamskich hodowców. Jak twierdzą przedstawiciele Federacji Europejskich Producentów Akwakultury (FEAP) oraz dziennikarze francuskiej stacji telewizyjnej M6, którzy robili reportaż na temat pang w Wietnamie, hodowcy, aby zmusić ryby do rozmnażania się w niewoli, robią im zastrzyki z gonadotropiny kosmówkowej, czyli hormonu produkowanego przez kobiety w ciąży. Pozyskuje się go m.in. z moczu ciężarnych kobiet. Producenci i eksporterzy pangi temu zaprzeczają. Jedno jest pewne: w klatkach, w ścisku, ryby rosną jak na drożdżach. Wody Mekongu nie należą do najczystszych na świecie, w wielu miejscach rzeka jest traktowana po prostu jak śmietnik. Niektórzy specjaliści nazywają ją wręcz ściekiem. Z hektara stawu rybnego w Polsce uzyskuje się średnio 750 kg karpia rocznie, z podobnej wielkości hodowli w Wietnamie aż 100 ton pangi! Ryby karmi się przede wszystkim mączką rybną, czyli odpadkami z innych ryb. Potem filetuje się, glazuruje, czyli opryskuje wodą, by zamrożone później filety nie były suche. Takie filety trafiają do Rosji, Stanów Zjednoczonych i na rynki Unii Europejskiej, głównie do Hiszpanii i Polski, gdzie cenione są również za to, że nigdy nie sposób znaleźć w nich ości.

Na zakupach

- W sklepach możemy kupić pangę:

– na wagę – zawsze w formie idealnie białych filetów, szybką i wygodną: wystarczy obtoczyć w jajku i bułce tartej, wrzucić na patelnię i piątkowy obiad gotowy,

– mrożoną – w tzw. glazurze wodnej, sprzedawaną luzem na wagę lub w plastikowych paczkach,

– w puszce lub plastikowych pojemniczkach – w sałatkach, doprawionych filetach, w zalewach,

– w paluszkach rybnych – gotowych do wrzucenia do mikrofali czy na patelnię. Jeśli na opakowaniu widnieje napis „mieszanka mięsa ryb słodkowodnych lub białych", panga z pewnością tam jest.

• Kupując filety z pangi, wybieraj te mniejsze. Młode ryby chłoną mniej zanieczyszczeń niż starsze osobniki.

• Panga atakuje szturmem. Na dorsza nie ma co liczyć ze względu na limity połowów, a już do naszych drzwi kuchennych puka tania chińska, również słodkowodna, tilapia. Jej eksport z roku na rok rośnie.

PRAWDY I MITY O PANDZE

• **Prawda**, że panga jako rybna wersja piersi z kurczaka smakuje nie tylko dzieciom. Jej kariera w Europie zaczęła się od oszustwa. Kilka lat temu sprzedawana była jako ryba morska – sola. Białe mięso i delikatny smak pangi do złudzenia przypominały jej ekskluzywną koleżankę, poławianą w morzach Europy. Zresztą do dziś się zdarza, że nieuczciwi restauratorzy podają nam pangę zamiast soli.

• **Nieprawda**, że warto jeść pangę, bo to ryba, a ryby są zdrowe. Panga jest rybą słodkowodną, w dodatku prawie nie zawiera tego, co w rybach najcenniejsze – kwasów tłuszczowych omega-3. Porównajmy jej wartości odżywcze z naszym polskim pstrągiem:

Skład	Panga	Pstrąg
białko	13 proc.	19 proc.
tłuszcz	1,84 proc.	7,64 proc. (tłustsza ryba ma więcej kwasów omega-3)
kwasy omega-3	0,08 proc.	1,87 proc.
witamina E	0,11 mg/kg masy ciała	1,58 mg/kg masy ciała
woda	83 proc.	70 proc.
kalorie w 100 g	109 kcal	97 kcal

• **Nieprawda**, że panga to ryba bardzo mocno chłonąca zanieczyszczenia. W Polsce każdy importer musi legitymować się badaniami potwierdzającymi czystość danej partii ryb. Z pracy magisterskiej, której celem było oznaczenie zawartości rtęci w rybach dostępnych w trzech supermarketach w Krakowie, wynika jasno, że panga chłonie mniej zanieczyszczeń niż tuńczyk. Spośród badanych produktów rybnych (były to: śledź, łosoś, tuńczyk z puszki w sosie własnym, mintaj, panga i paluszki krabowe) tuńczyk z puszki w sosie własnym zawierał najwięcej rtęci, natomiast panga najmniej.

Uważaj na hasła

- „Paluszki rybne, samo zdrowie". Rzeczywiście. Skład: ryby białe (czyli z pewnością najtańsza w tym segmencie panga też) – 36 proc., a 74 proc. to inne dodatki: mąka, woda, skrobia ziemniaczana, sucharki, substancja żelująca. Ale nas robią, w panierkę czesani.
- „Panga mrożona" – a w niej 40 proc. tzw. glazury. Owszem, filety rybne glazuruje się, czyli spryskuje wodą albo zanurza w wodzie, żeby nie straciły smaku, nie wyschły i dłużej poleżały w chłodni, ale dlaczego dodaje się tej wody aż 40 proc.! Gdyby tak policzyć wartość tej czystej żywej wody, okaże się, że panga mrożona kosztuje niewiele mniej niż np. łosoś.
- Przegląd puszek: panga w sosie meksykańskim, panga w sosie paprykowym, ostrym, pikantnym... Wniosek? Panga to ryba bez wyrazistego charakteru, która smakuje po prostu tak jak sos do niej dodany.

Kupuj z głową

Czy wiesz, że panga to ryba gigant – sum rekini? W naturze dorasta do półtora metra i może ważyć nawet ok. 50 kg. To wielki żarłok. W ciągu pół roku potrafi w hodowli osiągnąć 2 kg masy ciała, podczas gdy karp w trzy lata. Jest więc idealna do błyskawicznego tuczu, jak najszybciej rosnące kurczaki – brojlery.

Grzyby

Kalorie w 100 g:
świeże – 40-50 kcal
suszone – 350-360 kcal

Zalecana dawka:
raz lub dwa razy w tygodniu jesienią

Leśne mięso

Nie ma jesieni bez kurek, uszek bez podgrzybków, Wigilii bez prawdziwków. Grzyby to wspaniały składnik wielu polskich potraw, jednak mimo zdecydowanego, lekko pikantnego, niepowtarzalnego smaku zyskały opinię ciężkostrawnych, podrażniających żołądek, niebezpiecznych i w zasadzie bezwartościowych odżywczo. Tylko czy to wszystko prawda? Nie do końca.

Najzdrowsze są ugotowane lub pieczone – w zupie, uszkach, odrobinie śmietany. Muszą być świeże, zdrowe i przede wszystkim jadalne. Jedynie takie po odpowiednim przyrządzeniu nie wywołają u zdrowych ludzi, niemających kłopotów z wątrobą, żołądkiem czy trawieniem, żadnych dolegliwości.

Świeżo zerwane grzyby zawierają 80-90 proc. wody, trochę białek i – co ważne – aminokwasy, w tym także egzogenne (nasz organizm nie potrafi ich wytwarzać i musi czerpać je z pożywienia), głównie lecytynę i metioninę, więc mogą być nazywane „leśnym mięsem". Ponadto znajduje się w nich (zwłaszcza w nóżce) dość twardy, nietrawiony przez ludzi błonnik. Dla tych, którzy twierdzą, że grzyby to bezwartościowy balast dla żołądka, jest informacja, że dostarczają wielu witamin: A, B_1, B_2, D, PP. Największą zawartością witaminy B_1 (na równi z drożdżami piekarskimi) wyróżniają się kurki! Jeśli porówna się ilość witaminy PP, to grzyby mają jej tyle, co wątroba i drożdże. Borowiki i podgrzybki obfitują w witaminę D. Poza tym w grzybach jest dużo żelaza, potasu, fosforu, wapnia, sodu. Są w nich także mikroelementy: miedź, cynk, jod, mangan oraz fluor. Więcej minerałów występuje w kapeluszach niż w trzonkach, a jeśli dołoży się do tego olejki eteryczne, substancje aromatyczne, enzymy i kwasy organiczne, z czystym sumieniem można pochylić się nad talerzem zupy grzybowej.

Na zakupach

- Kupując pieczarki, zwróć uwagę, czy są jędrne, soczyste, mają niezawilgocone, pozbawione plam kapelusze. Zapakowane w papierową torbę mogą być przechowywane w lodówce do trzech dni, nadają się również do zamrażania i suszenia.

- Grzyby w słoikach i puszkach są mniej smaczne i mniej zdrowe, bo z reguły zawierają zbędne dodatki – sól, oleje, konserwanty.
- Najmniej zdrowe są grzyby i wszelkie inne potrawy w occie, jednakże jeśli jadasz je okazjonalnie, nie powinny zaszkodzić.
- Gdy wybierasz boczniaki, zwróć uwagę, czy są jędrne, zwarte, a nie rozmiękłe i pokruszone. Panierowane i smażone zastępują mięso, duszone i pieczone smakują doskonale jako dodatek do dań mięsnych, potraw z ryżem i makaronem oraz sałatek.
- Grzyby leśne kupuj od sprzedawców posiadających atest. Według polskich przepisów handlować nimi można jedynie na placach targowych. Właściciel targowiska zobowiązany jest do zatrudnienia klasyfikatora lub grzyboznawcy, który oceni ich jakość. Klasyfikatorem może zostać każdy. Wystarczy, że ukończy specjalistyczny kurs i otrzyma świadectwo od istniejącej w danym regionie wojewódzkiej stacji sanitarno-epidemiologicznej.
- Wybieraj mniejsze podgrzybki i borowiki, przypuszczalnie będą mniej robaczywe, bardziej jędrne i smaczniejsze. Kurki nie mogą być zwiędnięte, z brunatnymi plamami, najlepsze są jasne, twarde i niezbyt duże.
- Nie zaopatruj się w grzyby suszone, stanowiące mieszaninę różnych gatunków.
- Za najdroższe i najsmaczniejsze grzyby świata uważane są trufle. Kilogram kosztuje nawet do 3600 zł! W polskich sklepach można kupić truflowe pesto i oliwę o nieprawdopodobnym aromacie i w przystępniejszej cenie.
- Grzyby, które możemy kupić w naszych sklepach, nie pochodzą wyłącznie z Polski. Sprowadza się je z całego świata: Rosji, Chile, krajów bałkańskich, Estonii, Łotwy, Litwy, krajów skandynawskich, a nawet z Australii. Uwaga! Suszone mogą być konserwowane związkami siarki – trzeba je umyć przed gotowaniem.

Kupuj z głową

Czy wiesz, że popularny bulion grzybowy w kostce zawiera głównie sól, niezdrowy utwardzony tłuszcz roślinny, trzy rodzaje chemicznych poprawiaczy smaku: glutaminian sodu, inozynian disodowy, guanylan disodowy, a do tego cukier, niezdrowy karmel amoniakalny, natomiast – uwaga, uwaga! – borowiki stanowią zaledwie 0,7 proc. jego masy?

PRAWDY I MITY O GRZYBACH

• **Prawda**, że jedzenie grzybów, szczególnie leśnych (poza pieczarkami) jest niewskazane dla małych dzieci oraz osób chorych na nerki, wątrobę czy zmagających się z dolegliwościami przewodu pokarmowego.

• **Nieprawda**, że długo gotowane stają się bardziej strawne. Po takim przyrządzeniu mogą być jeszcze twardsze niż na początku!

• **Prawda**, że grzyby w occie są niezdrowe, a raczej ocet jest szkodliwy. Jeśli spożywasz go często, zakwaszasz organizm, zmniejszasz wchłanianie witamin i minerałów, doprowadzasz do kamicy nerkowej. Zwiększona ilość bardzo kwaśnych pokarmów stanowi obciążenie dla nerek i wątroby. Ocet w dużych stężeniach może uszkodzić śluzówkę jamy ustnej i żołądka. Powinny go unikać dzieci, osoby o wrażliwym układzie pokarmowym i kobiety w ciąży.

• **Nieprawda**, że grzybki pasują do alkoholu. Zawierają dużo białka, które pod wpływem alkoholu ulega denaturacji (ścina się), co znacznie utrudnia trawienie.

Przyprawy

Kalorie w 100 g:

świeże zioła – 0 kcal
gotowe przyprawy
i kostki rosołowe – 20-150 kcal

Zalecana dawka:

świeże lub suszone zioła, pieprz, nasiona – codziennie,
gotowe, w kostkach – trzymaj się z daleka

Pieprz i wanilia

Wiersz o Pietrze, co pieprzył wieprza pieprzem, znają wszyscy, bo przyprawy stosuje się od wieków. W sklepach mamy ich coraz większy wybór, czasem nawet w osiedlowym sklepiku można kupić świeżą bazylię czy oregano, a w każdym warzywniaku – koper, natkę czy szczypiorek. Przyprawy i świeże zioła (także w jakimś stopniu te suszone, choć wytrawni kucharze z pewnością orzekną, że to nie to samo) nie tylko dodają smaku, ale pobudzają przemianę materii, działają rozgrzewająco, oczyszczająco i przeciwzapalnie, są źródłem witamin, soli mineralnych oraz cennego kwasu foliowego (zwłaszcza zielonolistne). Jednak coraz częściej idziemy na łatwiznę i kupujemy gotowe przyprawy – kostki rosołowe, mieszanki do grilla, sosy w torebkach, dodatki typu Warzywko, Jarzynka, Vegeta. Ba, z kostek rosołowych i gotowych przypraw w torebkach korzystają nawet znani kucharze występujący w telewizji. Wielkie koncerny spożywcze płacą im za to olbrzymie pieniądze, a ich koledzy po fachu odnoszą się do tego procederu jak do zawodowej „prostytucji", bo w żadnej profesjonalnej, wysmakowanej kuchni nie ma miejsca na chemiczne półprodukty.

Większość gotowych przypraw składa się głównie z soli, niezdrowych tłuszczów trans (patrz s. 177), które naukowcy nazywają tłuszczami zabójcami, ponieważ są groźniejsze nawet od masła czy smalcu, oraz z ulepszaczy smaku i zapachu, dodatków chemicznych, szczypty suszonych ziół i warzyw. Ten, kto je wynalazł, to naprawdę geniusz marketingu! Kilogram soli kosztuje w hurcie jakieś 50 gr, do tego niewielka ilość ziół, przypraw oraz mnóstwo chemicznych dodatków – 2 zł. Razem 2,50 zł. Tymczasem wytwórcy tej słonej chemii w proszku każą sobie jeszcze za nią słono płacić, nawet 40 zł! Jeśli przestaniemy ją kupować i zaczniemy częściej pytać sprzedawców o świeże zioła i dobrej jakości przyprawy, pojawi się więcej producentów mięty, bazylii, oregano czy fantastycznej w smaku kolendry. Wówczas ceny spadną, a my będziemy zdrowsi.

Na zakupach

• Zawsze najpierw przeczytaj skład gotowej przyprawy i zweryfikuj go z obietnicami producenta. Czy kostka rosołowa z 0,2-procentową zawartością mięsną może nazywać się „wołowa"? Czy „przyprawa warzywna" może mieć tylko 2 proc. warzyw? Produkty typu Vegeta, Warzywko czy Jarzynka zawierają: sól kuchenną (ok. 50 proc.), suszone warzywa (do 15 proc.), substancję wzmacniającą smak i zapach (glutaminian sodu), cukier, maltodekstrynę, przyprawy, skrobię kukurydzianą (wypełniacz, zagęstnik), sztuczne barwniki.

- Niektóre warzywa w gotowych przyprawach, np. cebula, czosnek, pasternak, są konserwowane chemicznie dwutlenkiem siarki.
- „Maggi", ulubiona przyprawa dodawana przez Polaków do rosołu, to czysta chemia z glutaminianem sodu i solą w roli głównej. Jej pierwowzór naturalny stanowi lubczyk – zioło o intensywnym zapachu. Ta wieloroczna roślina z rodziny selerowatych ma właściwości zdrowotne – zawiera przede wszystkim olejek lotny i przeciwutleniacze. Wspomaga leczenie niewydolności nerek, stanów zapalnych dróg moczowych. Można ją suszyć albo pokrojoną przechowywać w zamrażarce. Świetnie rośnie w każdym przydomowym ogródku, a nawet na balkonie.
- Sos sojowy to nic innego jak niebezpieczny dla zdrowia ulepszacz smaku – glutaminian sodu rozpuszczony w wodzie.
- Kostki rosołowe nawet w ponad 50 proc. składają się z niezdrowej soli (powoduje nadciśnienie, sprzyja zatrzymywaniu wody w organizmie i tyciu), a przecież jemy jej o wiele za dużo. W takiej kostce suszonego mięsa jest bardzo mało – zwykle 0,5-2 proc.! Ponadto znajdują się w niej tłuszcze roślinne trans, zatykające naczynia, sprzyjające miażdżycy (ok. 10 proc.) i, jak ostatnio dowiedli naukowcy, tyciu. Zawiera ona tylko 1-2 proc. suszonych warzyw, czyli nie ma żadnych wartości odżywczych.
- Jeśli tylko możesz, kupuj przyprawy w całości: pieprz i gałkę muszkatołową w ziarnach, niepokruszone liście laurowe, kumin w nasionach. Świeżo zmielone w domowym młynku będą intensywniejsze i bardziej aromatyczne.
- Wybieraj przyprawy w słoiczkach, w torebkach szybciej wysychają i tracą zapach.

PRAWDY I MITY O PRZYPRAWACH

- **Nieprawda**, że zioła suszone i świeże mają taką samą wartość odżywczą. Te ostatnie zawierają olejki eteryczne, które podczas suszenia szybko się ulatniają. Są wrażliwe na podgrzewanie, więc o ile możesz, dodawaj je do potraw na samym końcu gotowania.
- **Prawda**, że glutaminian sodu, wzmacniacz smaku i zapachu, jest niezdrowy. Spożywany w nadmiarze może wywoływać bóle i zawroty głowy oraz objawy określane jako „syndrom chińskiej restauracji": nadmierne pocenie, kołatanie serca, uczucie ucisku w gardle. Powinny go unikać osoby z wrażliwym żołądkiem, chorobami przewodu pokarmowego (w szczególności wrzodową i refluksową). Poza tym pobudza apetyt. Mówi się, że uzależnia. Inne sztuczne ulepszacze smaku i zapachu to rybonukleotydy: inozynian sodowy i guanylan sodowy.

Pstryk, działa!

- Bulion ugotowany w domu można zamrozić na potem.
- Zamiast kostki rosołowej używaj bukietu mrożonych jarzyn.
- Świeże zioła także można zamrozić. Umyj je, pokrój i pozostaw na ściereczce, aby obeschły. Następnie przełóż do pudełka i zamróź. Innym sposobem jest mrożenie rozdrobnionego ziela w kostkach lodu.

Kupuj z głową

Skoro kilogram soli kosztuje niecałą złotówkę, to ile może kosztować ususzony czosnek, szczypta ziół czy imbiru? Ceny soli smakowych – czosnkowych, ziołowych – szybują w górę z zawrotną szybkością. Jeden producent każe sobie płacić 11 zł za kilogram soli smakowej, inny 60 zł, a jeszcze inny aż 165 zł, bo sprzedaje nam ją z fikuśnym młynkiem. To aż 165 razy drożej, niż kosztuje sól warzona, używana powszechnie w polskiej kuchni!

Badania naukowe z ostatnich lat

- Naukowcy z Zakładu Fizjologii Akademii Wychowania Fizycznego w Warszawie udowodnili, że glutaminian sodu przyjmowany nawet w małej ilości wywiera niekorzystny wpływ na przewodnictwo nerwowo-mięśniowe.
- Według badaczy z Uniwersytetu Duke'a w Karolinie Północnej dieta bogata w glutaminian sodu zwiększa ryzyko nadwagi i otyłości nawet o trzy razy.
- Specjaliści z Uniwersytetu Hirosaki w Japonii wykazali, że glutaminian jest szkodliwy dla oczu. Odkłada się i kumuluje w organizmie, a jego negatywne działanie może być widoczne dopiero po latach. Wielu mieszkańców wschodniej Azji, gdzie, jak wiadomo, spożywa się bardzo dużo tej substancji w postaci sosu sojowego, choruje na jedną z form jaskry.
- Dwa-trzy posiłki tygodniowo z dodatkiem curry mogą zmniejszyć ryzyko choroby Alzheimera – twierdzi profesor Murali Doraiswamy z Uniwersytetu Duke'a w Karolinie Północnej. Zdaniem naukowca zbawienne działanie ma kurkumina występująca w tej przyprawie. Kurkuma, inaczej szafran indyjski, jest nie tylko dodatkiem do potraw, ale też środkiem przeciwutleniającym i przeciwzapalnym. Liczne badania udowodniły również właściwości hepatoprotekcyjne (ochraniające miąższ wątroby), przeciwmiażdżycowe i przeciwnowotworowe. Kurkumina zmniejsza ryzyko zachorowania na raka skóry i jelit. Jej przeciwnowotworowe działanie zwiększa wielokrotnie dodatek piperyny, czyli czarnego pieprzu.

Sól

Kalorie w 100 g:
0 kcal

Zalecana dawka:
najwyżej łyżeczka dziennie, ale im mniej, tym lepiej

Komu tu jeszcze przysolić?

Nie tuczy, ale jedzona w nadmiarze – zabija. Według Światowej Organizacji Zdrowia można jeść dziennie nie więcej niż 6 g soli kuchennej (łyżeczka od herbaty). Aby nasz organizm pracował prawidłowo, wystarczy 1 g. Gdy miesiącami spożywamy jej dwa-trzy razy za dużo, nasze ciało zaczyna zatrzymywać wodę, nogi stają się ciężkie, powiększa się brzuch, u kobiet nasila się napięcie przedmiesiączkowe. Zniszczenia rosną lawinowo: zwiększa się ilość wapnia wydalanego z moczem (osłabienie kości), podnosi się ciśnienie krwi, które obciąża serce i nerki, wzrasta ryzyko zawału i udaru.

Przeciętny Amerykanin zjada dwie łyżeczki soli na dobę, choć powinien najwyżej jedną. Za oceanem słone jest wszystko: masło, jogurty owocowe, mąka wymieszana z proszkiem do pieczenia, batony, ciastka, czekolada, nawet lody! Tymczasem z raportu na temat spożycia tej przyprawy, przygotowanego przez niezależne amerykańskie Centrum Nauki w Interesie Publicznym (CSPI), wynika, że słona dieta słono Amerykanów kosztuje. Sól jest bowiem nie tylko jedną z przyczyn ich monstrualnej otyłości i chorób sercowo-naczyniowych, ale ponad wszelką wątpliwość – głównym powodem nadciśnienia, które zabija rocznie 150 tys. osób.

W Wielkiej Brytanii też jest słono. Przeciętny Brytyjczyk zjada dziesięć razy więcej soli, niż potrzeba, czyli ok. 10 g dziennie – prawie tyle co Amerykanin. Do tego obrasta w tłuszcz w przerażającym tempie. W ciągu dekady trzykrotnie wzrosła tam liczba otyłych dzieci i nastolatków, a w ciągu 20 lat – potroiła się liczba dorosłych z tym problemem. Rząd współpracujący z Agencją Standaryzacji Żywności za priorytet zdrowotny przyjął program zmniejszenia do 2010 roku spożycia chlorku sodu przez Brytyjczyków do 6 g dziennie. Dzięki niemu udało się zmusić gigantów żywnościowych (Kraft, Nestlé, Unilever, KFC, McDonald's, McCain czy Heinz) do obniżenia ilości soli w 3,5 tys. produktów! W sklepach przy cenach pojawiły się kolorowe oznaczenia: czerwone kółko – uważaj, wysoki poziom soli, jedz okazjonalnie; żółte – OK, możesz jeść; zielone – zdrowy wybór, jedz jak najczęściej.

A jak solimy w Polsce? Na potęgę! Tradycyjna polska kuchnia to przecież nic innego jak ziemniaki, wieprzowina i sól. I nadciąga katastrofa – nadciśnienie stało się chorobą społeczną – ponad 8 mln rodaków zapadło na tę przypadłość, drugie tyle jest nią zagrożone. Większość nadciśnieniowców bierze leki, a jeśli zacznie się je zażywać, to trzeba to robić do końca życia. Wielu z nas nie zdaje sobie sprawy, że znalazło się w grupie ryzyka, bo nadciśnienie w początkowej fazie nie daje żadnych objawów. Dlatego warto przynajmniej dwa razy w roku się przebadać.

Z analiz wynika, że przeciętny Polak zjada beczkę soli rocznie – jeszcze więcej niż Amerykanin czy Brytyjczyk – prawie dwie i pół łyżeczki dziennie! Solimy ogórki i pomidory, uwielbiamy słone śledzie, grillujemy na słono. Jednak biały proszek z domowych solniczek to pestka. Najwięcej ukrywa się go (a dokładnie: szkodliwego sodu lub ulepszacza smaku – glutaminianu sodu) w gotowych produktach: zupach w proszku, daniach fast food, wędlinach i pieczywie. Sól spożywana przez Amerykanów w 80 proc. pochodzi z przetworzonych produktów, przez Brytyjczyków – w 70 proc., przez nas – na razie w ok. 60 proc. Jednak to u nas z powodu nadciśnienia i jego powikłań umiera najwięcej osób – blisko 170 tys. rocznie. To tak, jakby z mapy Polski w ciągu roku znikało miasto wielkości Olsztyna. Na *Ostatniej Wieczerzy* Leonarda da Vinci pod łokciem Judasza widać na stole przewróconą solniczkę. Wojnę soli w żywności już wypowiedzieli Brytyjczycy i Amerykanie. Teraz pora na nas.

Kupuj z głową

Czy wiesz, że najzdrowsza ze wszystkich soli jest morska? Dlaczego? Ponieważ zawiera najmniej szkodzącego nam sodu – tylko 35 proc., podczas gdy sól kuchenna – 40 proc. Im mniej sodu w soli, tym lepiej. Sód podwyższa ciśnienie i zatrzymuje wodę w organizmie, zwiększa też ilość wapnia wydalanego z moczem, co osłabia kości. Oprócz sodu i chloru sól morska zawiera inne mikroelementy: wzmacniający mięśnie i kojący nerwy magnez, stymulujący pracę mięśni potas, krwiotwórcze i poprawiające koloryt skóry żelazo, wzmacniający kości i zęby wapń, niezbędny do pracy wielu gruczołów mangan, odbudowujący włosy i paznokcie cynk.

Na zakupach

- Rozporządzeniem Ministra Zdrowia i Opieki Społecznej w 1997 roku wprowadzono zakaz produkcji i obrotu soli kuchennej bez dodatku jodku potasu. Jodowanie soli ma zapobiegać niedoczynności tarczycy.
- Szukaj soli z mniejszą zawartością sodu. Jest znacznie droższa (kosztuje ok. 15 zł za kilogram, podczas gdy zwykła – ok. 1 zł), ale zdrowsza.
- Zamień się w detektywa i przekonaj się, ile soli kryją w sobie konserwy, pasztety, wędliny, gotowe dania, a nawet ciastka i lody!

• Pamiętaj, że mnóstwo chlorku sodu zawierają mieszanki przyprawowe typu Jarzynka lub do grilla, kurczaka, pieczeni, a także zupki z kubka, dania błyskawiczne, kostki rosołowe (te ostatnie niemal w 90 proc. składają się z soli).

• Szukaj produktów z napisem „dieta niskosodowa". Radzie Promocji Zdrowego Żywienia Człowieka i Polskiemu Towarzystwu Badań nad Miażdżycą udało się zawrzeć porozumienie z grupą producentów branży spożywczej, którzy obniżyli ilość soli kuchennej w niektórych produktach.

Pstryk, działa!

Schowaj solniczkę, wyjmij przyprawy: świeże i suszone zioła, kolorowy pieprz, paprykę, gałkę muszkatołową, czosnek. Odkryj egzotyczne dodatki: imbir, kardamon, kumin. Sięgnij po olej z pestek dyni, orzechów włoskich, oliwę aromatyzowaną bazylią czy truflami. Nawet zwykłe natka pietruszki, koper i szczypiorek wzbogacą smak wielu potraw.

Badania naukowe z ostatnich lat

• Zespół profesor Nancy Cook z Harwardzkiego Uniwersytetu Medycznego udowodnił na przeszło 3 tys. ochotników, u których rozpoznano początki nadciśnienia, że redukcja o jedną trzecią ilości soli w diecie powoduje obniżenie ciśnienia krwi i zmniejsza ryzyko chorób serca.

• W Finlandii, w Karelii, prowincji o najniższym statusie społeczno-ekonomicznym i najgorszych wskaźnikach zdrowotnych, przez 20 lat realizowano projekt propagujący wśród 28 tys. mieszkańców zdrowy tryb życia, w tym m.in. dietę niskosodową. Wyniki przedstawione w 1997 roku były imponujące. U osób po 65. roku życia o połowę udało się obniżyć umieralność z powodu chorób krążenia, o 80 proc. zmniejszyć ryzyko udarów i zawałów serca, o ponad sześć lat wzrosła długość życia! Naukowcy i lekarze z całego świata, którzy walczą z nadciśnieniem, stawiają sobie karelski projekt za wzorzec.

PRAWDY I MITY O SOLI

• **Prawda**, że zmniejszenie ilości soli w diecie daje efekty natychmiast. W ciągu dwóch tygodni spada ciśnienie krwi, a także waga – o 1-2 kg.

• **Nieprawda**, że trudno odzwyczaić się od soli. Człowiek potrzebuje jedynie 48-72 godzin, by wyzbyć się przyzwyczajenia do słonego smaku, a przynajmniej dostrzec słoność potraw, podczas gdy oduczenie się słodzenia zajmuje aż trzy miesiące.

podwieczorek

Słodycze

Kalorie w 100 g:

lody śmietankowe – 160 kcal
lody owocowe – 116 kcal
sorbety – 110 kcal
landrynki – 399 kcal
krówki – 421 kcal
batony czekoladowe z orzechami – 497 kcal
herbatniki – 440 kcal
chałwa – 600 kcal
sezamki – 515 kcal

Zalecana dawka:

najwyżej raz dziennie niewielką ilość

Słodkie szaleństwo

Tłumaczymy dzieciom, że są niezdrowe, bo zmniejszają apetyt i niszczą zęby, a sami, kiedy nikt nie widzi, potrafimy spałaszować tabliczkę czekolady, zagryzając chałwą. Dość hipokryzji. Słodycze w niewielkiej ilości, najlepiej dwie kostki gorzkiej czekolady dziennie czy kawałeczek chałwy, można jeść. Szkodliwy jest ich nadmiar.

W Ameryce słodka chemia wyprodukowana z myślą o dzieciach kusi niemal z każdej półki w supermarkecie – są cukierki w sprayu do psikania na język, musujące w proszku, ciastka wyglądające jak pisanki wielkanocne albo ciągutki przypominające niebieską taśmę do oklejania kartonów. W Polsce też już można dostać takie „wynalazki". Zamiast kupować słodkie gotowce, warto czasem coś zrobić w domu. Dzieci uwielbiają galaretki z truskawkami, sałatki owocowe, budyń, kompoty. Kiedy piecze się ciasto z brzoskwiniami czy ubija śmietanę, ma się kontrolę nad ilością i jakością składników – można mniej posłodzić, proszek do pieczenia zamienić na zdrowsze drożdże, dodać owoce w miejsce maślanego kremu. Słodycze sklepowe są dużo słodsze od tych przygotowanych w domu, bo producenci wiedzą, że dzieci, mając do wyboru kilka zbliżonych smaków, wybiorą najsłodszy.

Według badań rodzice nie są bez winy – wiele cukru w diecie naszych dzieci pochodzi z domowych cukierniczek – słodkiej jak ulepek herbaty, dosładzanych placków, deserów owocowych i zup mlecznych. Od lat przeraża pytanie młodych mam przygotowujących pierwszą kaszkę niemowlakowi: „Czy lepiej ją posolić czy posłodzić?". A maluchowi wystarczy jej naturalny smak.

Malcy stanowią również pokaźny odsetek konsumentów kalorycznej żywności śmieciowej. Jeśli mała paczka chipsów ma tyle samo kalorii co razem wzięte: sałatka warzywna, kanapka z wędliną, banan i jabłko, to już wiadomo, dlaczego pociechy tyją. Kilka lat temu unijny komisarz ds. zdrowia i ochrony konsumentów zaapelował do producentów o zaprzestanie reklamowania dzieciom śmieciowego jedzenia i obciążył ich częściowo odpowiedzialnością za epidemię otyłości. Efekt? Do tej pory żaden. Skandalicznie naszpikowany reklamami czas przed *Wieczorynką* nie ułatwia rodzicom życia. A przecież przedszkolaki są najbardziej podatne na perswazję.

Sami też nabieramy się jak dzieci: na cukierki z witaminami, jogurty z mnóstwem cukru w środku, batony pełne mleka. Dietetycy są zgodni, że wszystkie te produkty są za słodkie, zbyt kaloryczne i nie mają zdrowotnego działania. A że polecają je renomowane instytuty? Cóż...

Producenci słodyczy i śmieciowej żywności stawiają rodziców i dzieci po obu stronach barykady, bo im kolejny „petitek" czy gumiżelek agresywniej reklamowany, tym rodzinna wojna w sklepie większa. Wielu kapituluje. Warto jednak walczyć. Rodzice mogą doprowadzić do tego, by szkolne sklepiki nie sprzedawały jedzeniowego chłamu. By reklama batonów i automat z colą zniknęły ze szkoły. By w kinach i przedszkolach nie rozdawano ulotek promujących „jogurciki". Bierzmy przykład z działalności innych, choćby doktora Jacka Roika z Tarnowa, który ponad 25 lat toczył boje o wprowadzenie do sklepików w szkołach produktów służących zdrowiu uczniów, aż wreszcie osiągnął sukces. Wzorem może być również administracyjny zakaz sprzedaży chipsów w szkołach w Tychowie i Brzesku.

PRAWDY I MITY O SŁODYCZACH

• **Nieprawda**, że dzieci powinny jeść żelki i galaretki, ponieważ żelatyna dobrze wpływa na rozwijający się kościec. Na kości najlepiej działa wapń z mleka i przetworów mlecznych, a żelki to sam cukier i kolorowe chemiczne dodatki, zjada się je szybko, więc nie psują tak zębów jak inne słodycze, ale nie mają żadnych wartości odżywczych.

• **Prawda**, że po landrynki, cukierki, czekoladę nie mogą sięgać maluchy z zaburzeniami koncentracji, roztrzepane, cierpiące na nadpobudliwość ruchową. Nagły napływ cukru we krwi zwiększa ich aktywność i rozkojarzenie.

Na zakupach

- Batony – mają więcej tłuszczu (także trans) od klasycznej czekolady, szczególnie te nadziewane.
- Lizaki, krówki ciągutki, twarde cukierki, np. landrynki, groszki – poza cukrem prostym i kolorowymi chemicznymi dodatkami nie dostarczają żadnych wartości odżywczych. Rozpuszczają się powoli w ustach, oblepiają zęby. Na tej słodkiej pożywce rozwija się próchnica.

- Wafelki i ciastka zawierają mniej tłuszczu i cukru niż batony. Niestety, nie mają na ogół prawie żadnych wartości odżywczych. Bardziej wartościowe są te oblane czekoladą.
- Żelki, galaretki i wszelkie puchate słodkie „poduszeczki" nie zawierają nic poza cukrem i sztucznymi dodatkami.

Lepszy wybór

- Batony zbożowe z pełnego ziarna – uwaga, niektóre z nich zawierają utwardzone tłuszcze roślinne, których nie powinny jeść małe dzieci. Dlatego trzeba uważnie czytać etykiety!
- Desery mleczne (lody, koktajle, budynie) – owszem, podajesz malcowi cukier, ale też wapń, minerały i witaminy.
- Desery owocowe (sałatki, grejpfruty z cukrem, sorbety, przeciery owocowe) – znajduje się w nich dużo witamin, błonnika i minerałów. Sorbety są ponadto mniej kaloryczne niż tradycyjne lody.
- Sezamki i chałwa – bardzo kaloryczne, ale zdrowe. To cenne źródło witamin rozpuszczalnych w tłuszczach A i E, witamin z grupy B, lecytyny, magnezu, potasu, wapnia, żelaza, cynku i fosforu.
- Ziarna, orzechy (byle nie słone), suszone owoce, batony z całych orzechów – chociaż kaloryczne, mają dużo błonnika, minerałów i witamin. Miseczka pestek słonecznika dostarcza dziennej dawki magnezu, witamin E, B_1 i kwasu foliowego; 10 suszonych moreli pokryje dzienne zapotrzebowanie na witaminę A i trzy czwarte zapotrzebowania na witaminę C; garść migdałów zawiera dzienną dawkę magnezu i niemal całą dawkę witaminy B_2.

Uważaj na hasła

- Jeśli na torebce cukierków umieszczono wielki napis „zawierają witaminę C", możemy być przekonani, że to chwyt marketingowy.
- Cukierki z witaminami – jeżeli na opakowaniu widnieje sformułowanie „suplement diety", to oznacza, że takie słodycze mogą być pomocne anemicznym niejadkom w uzupełnianiu witamin. Gdy producent nie umieścił takiego nadruku, chce nas nabrać, a dziecko, jedząc te cukierki, prędzej nabawi się próchnicy, niż nadrobi niedobór witamin.
- Baton „zawiera tyle wapnia, ile szklanka mleka" – taki wapń gorzej się wchłania niż ten pochodzący z mleka czy kefiru, a ile w tym wyrobie cukru.
- Serki, jogurty dla dzieci – są bardziej kolorowe (a w związku z tym może się w nich znajdować więcej sztucznych barwników) i droższe od tych dla dorosłych, zawiera-

ją też więcej cukru. Jeśli maluch ukończył pierwszy rok życia i nie ma alergii pokarmowej, może jeść to, co dorośli.

Badania naukowe z ostatnich lat

- Walijscy naukowcy udowodnili, że zbyt duża ilość słodyczy wzmaga agresję u dzieci. Psychologowie z uniwersytetu w Cardiff odkryli, że osoby, które w dzieciństwie mogły na co dzień podjadać słodycze, w dorosłym życiu mają większe skłonności do agresji.
- Według Amerykańskiej Akademii Pediatrycznej, konsumpcja napojów słodzonych w ciągu ostatnich 20 lat potroiła się, a rozmiar pojemników, w których są serwowane, zwiększył się trzykrotnie.
- Wzrost spożycia słodkich napojów prowadzi do otyłości. W 2003 roku amerykańscy badacze stwierdzili, że dostarczają one dodatkowo 40 proc. cukru, a wliczając soki owocowe, stanowią ponad 50 proc. cukru w diecie. W tej postaci są to jedynie zbędne kalorie.
- Badania naukowców z Uniwersytetu Southampton opublikowane w 2007 roku potwierdziły wcześniejsze przypuszczenia brytyjskiej Agencji ds. Żywności, że dzieci spożywające słodycze i inne produkty zawierające niektóre chemiczne dodatki wykazują nadpobudliwość ruchową, mają trudności z koncentracją i są bardziej narażone na alergie. Badania przeprowadzono wśród dzieci w wieku od 3 do 9 lat, których dieta obfitowała w artykuły spożywcze z takimi barwnikami, jak: tartrazyna (E102), żółcień chinolinowa (E104), żółcień pomarańczowa S (E110), azorubina (E122), czerwień koszenilowa (E124) i czerwień Allura (E129), oraz konserwantem w postaci benzoesanu sodu (E211). Według rozporządzenia Unii Europejskiej z 2008 roku od lipca 2010 producenci w razie użycia jednego z wymienionych barwników muszą na opakowaniu umieścić ostrzeżenie: „Produkt zawiera barwnik E...: może mieć szkodliwy wpływ na aktywność i skupienie uwagi u dzieci".

Kupuj z głową

Czy wiesz, że w sklepach coraz więcej produktów przeznaczonych dla dzieci tylko udaje zdrowe i pełnowartościowe, a tak naprawdę jest słodyczami? Czy płatki czekoladowe z 50-procentową zawartością cukru można uznać za zdrowe śniadanie? Czy jogurt, który w 100-gramowym kubeczku ma cztery łyżeczki cukru, a w dodatku dołączone są do niego kolorowe drażetki wypełnione czekoladą, dostarczy naszemu dziecku więcej wapnia czy napędzającego apetyt cukru? Czy jedzenie cukierków wzbogacanych witaminami ma sens, skoro świat odchodzi od witamin w pigułkach i już nawet Amerykanie wiedzą, że najlepiej przyswajalne witaminy to te z warzyw, nabiału i owoców?

Czekolada

Kalorie w 100 g:

gorzka – 480 kcal
mleczna – 530 kcal
biała – powyżej 550 kcal
nadziewana – nawet 600 kcal!

Zalecana dawka:

kilka razy w tygodniu 1-2 kostki czekolady gorzkiej

czekolada biała – trzymaj się z daleka

Ile jest czekolady w czekoladzie?

Statystyczny Polak zjada rocznie prawie półtora kilograma czekolady. Jednak z czekoladą, którą była na początku magicznym napojem Azteków, żyjących wieki temu na terenach dzisiejszego Meksyku, jest u nas prawdziwy meksyk. Dlaczego? Przeprowadzona latem 2010 roku kontrola Inspekcji Handlowej dała iście słodko-gorzkie efekty. Aż 13 proc. przebadanych tabliczek okazało się nie czekoladą, ale wyrobami czekoladopodobnymi. Miały one niezgodny skład z tym, co podawano na opakowaniu: zamiast tłuszczu kakaowego – tani utwardzony tłuszcz roślinny, zamiast nadzienia owocowego – chemiczny barwnik i aromat. W XIX wieku wielcy fałszerze czekolady dodawali do niej krochmal, pył ceglany albo opiłki żelaza, by wmówić klientom, że jest zdrowa, bo bogata w żelazo. Co dodaje się do czekolady obecnie?

W myśl prawa, czekoladą nazywa się wyrób, który ma nie mniej niż 25 proc. suchej masy kakaowej, czyli proszku i tłuszczu kakaowego albo miazgi powstającej z całych zmiażdżonych ziaren kakaowca. W czekoladzie najbardziej wartościowe i najdroższe jest to, co ciemne, czyli proszek kakaowy, więc aby obniżyć koszty produkcji, wytwórcy napychają swoje wyroby cukrem, tanim tłuszczem palmowym albo mlekiem w proszku, a kakao dodają tyle, co kot napłakał.

Czy czekolada truskawkowa bez truskawek, za to z nadzieniem z buraka, ma jakikolwiek sens? Czy kawowa bez grama kawy nie ma zbyt gorzkiego smaku? Ile jest czekolady w czekoladzie? I czy czasem, podobnie jak w PRL-u, więcej dziś w sklepach produktów czekoladopodobnych niż prawdziwej czekolady?

Na zakupach

• Gorzka (czasem nazywana też deserową) – przynajmniej 60 proc. jej komponentów powinno pochodzić z ziaren kakaowca, czyli miazgi albo jej składników: proszku lub tłuszczu kakaowego. Ma od dwóch do pięciu razy więcej teobrominy zbliżonej działaniem do kofeiny, która jest jak lekki, naturalny narkotyk – wpływa relaksująco i rozluźniająco na mięśnie.

- Mleczna – musi zawierać co najmniej 25 proc. składników pochodzących z ziaren kakaowca, a do tego mleko, proszek mleczny i wanilię.
- Biała – nie zawiera kakao, za to sporo cukru i tłuszczu z kakaowca.
- Czekolada z dodatkami – nadziewana, z orzechami i suszonymi owocami. Takie czekolady są zwykle najbardziej kaloryczne, a nadziewane mają też najwięcej chemicznych dodatków.
- Kupując czekoladę, wybierz tę najzdrowszą. Jeśli mleko pijemy ze względu na wapń, to czekoladę powinniśmy jeść ze względu na kakao. Im więcej kakao w czekoladzie, tym ona zdrowsza. Zatem najzdrowsza będzie ta czarna, gorzka.
- Ta sama zasada obowiązuje przy zakupie czekolady mlecznej – im więcej w niej kakao, tym jest zdrowsza. Najlepiej, by zawierała 50 proc. kakao. Dlaczego? Bo to jest to, co w czekoladzie najcenniejsze.
- Cukier – tu zasada odwrotna: im mniej, tym lepiej. Jeśli wśród składników wymienionych na opakowaniu znajduje się na pierwszym miejscu, to znaczy, że jest go w czekoladzie najwięcej. Oczywiście cukier musi w niej być, ale ponieważ jest dziesięć razy tańszy niż kakao, sprawdźmy, ile sypią go producenci do różnych czekolad.
- Czekolada gorzka może tylko w jednej trzeciej składać się z niezdrowego, napędzającego apetyt cukru, mleczna – odwrotnie.
- A co z czekoladą z dodatkami? Jeśli są to orzechy lub suszone owoce, niech będzie, ale pamiętajmy: im więcej proszku kakaowego czy miazgi, a mniej cukru, tym lepiej. Tym bardziej że orzechy czy rodzynki zwykle podnoszą kaloryczność czekolady.
- Najbardziej „podejrzane" są czekolady nadziewane. Mają mnóstwo składników i na nich najłatwiej oszukiwać. Do tego, żeby płynne nadzienie się nie zepsuło, trzeba dosypać chemii – konserwantów, barwników, aromatów. Od tego typu czekolad trzeba trzymać się z daleka, bo są zwykle bardziej kaloryczne. Wśród czekolad nadziewanych największą popularnością cieszą się smaki truskawkowy i toffi (karmelowy). Przyjrzyjmy się, co mają w środku.

W czekoladzie z nadzieniem toffi na pierwszym miejscu w składzie jest cukier, potem tańszy tłuszcz kakaowy i dopiero cenna miazga kakaowa. W nadzieniu znajdziemy aż cztery rodzaje słodzików: cukier, mleko zagęszczone słodzone, syrop glukozowo-fruktozowy, syrop cukru inwertowanego. Czyli cukier w cukrze posłodzony cukrem. Czekolada mleczna z nadzieniem truskawkowo-jogurtowym zawiera mnóstwo cukru, pastę z orzechów laskowych, a z truskawek... jedynie chemiczny aromat. Smacznego!

- Czekolada powinna mieć jak najmniej zapychaczy. Jednym z nich jest lecytyna sojowa. Znacie soję, wiecie, jak wygląda tofu? Jest takie gąbczaste, i o to chodzi –

lecytyna sojowa działa jak emulgator, czyli łącznik umożliwiający szybkie i gładkie połączenie składników czekolady. Niestety, niemal do każdej tabliczki produkowanej metodą przemysłową dodaje się lecytynę sojową. Co jeszcze? Na przykład E476. To chemiczny składnik o smacznej nazwie: polirycynooleinian poliglicerolu, syntetyczny emulgator i stabilizator. W testach na zwierzętach przy podawaniu dużych dawek obserwowano powiększenie wątroby i nerek. Odradza się częste spożywanie. W czekoladach znajdziesz też konserwanty – sorbinian potasu, chemiczne aromaty i zagęstniki, tj. karagen, pektyny i agar, które w dużych dawkach mogą działać przeczyszczająco. Więcej informacji o tych smakowitych dodatkach znajdziesz na s. 194-235.

• Dobra czekolada trzaska pod palcami. Jeśli ma nalot, to znaczy, że była źle przechowywana, zmrożono ją w lodówce lub „spociła się" w upale. Powinna pachnieć delikatnie, a nie porażać sztucznym chemicznym aromatem jak tania woda kwiatowa. Jej złożony smak ma otwierać się wtedy, gdy ją ssiemy powoli w ustach. Nie może się w nich rozpływać!

Uważaj na hasła

• „Czekolada z alpejskiego mleka" – a w środku mleko w proszku, które, jak wiadomo, mlekiem nie jest. Pamiętajmy, każda czekolada mleczna jest produkowana z mleka w proszku, nie ze świeżego.

• „Czekolada dla dzieci" – niby z mlekiem i z wapniem, a w środku tłuste mleko w proszku i tylko 13 proc. wartościowego kakao. Dzieci powinny czerpać wapń z mleka i jogurtów, bo po pierwsze są one zdrowsze i mniej kaloryczne, po drugie wapń z prawdziwego mleka jest o wiele lepiej przyswajalny niż ten z mleka w proszku, a więc przetworzonego.

• Czekolada napowietrzona – rzeczywiście, producent ma rację, bo cena jest naprawdę z orbity, 75-gramowa tabliczka kosztuje więcej niż 100-gramowa! To chwyt marketingowy zwany *downsizingiem*, czyli „sprzedać mniej za więcej", a my się na to nabieramy. Czasem do czekolady dodaje się taniochę – ryż dmuchany albo pszenne kuleczki, a cena nawet wyższa niż klasycznej czekolady.

• „Czekolada formowana ręcznie" – oznacza tylko tyle, że firma kupuje czekoladę w blokach od innej firmy, rozpuszcza ją i formuje tak, żeby wyglądała jak ręcznie robiona.

• Czekolada „lekka", „fit", „light" – spójrzmy prawdzie w oczy. Nierzadko ma ona więcej kalorii niż nie light, i to tej samej firmy!

• „Czysta przyjemność" – prawda, ale nie należy zapominać, że za tą przyjemnością kryją się również dodatkowe kilogramy w biodrach. Jeśliby jeść tylko pół tabliczki czekolady dziennie ponad nasze zapotrzebowanie kaloryczne, to w skali roku równa się plus 14 kilogramów na wadze! Pomyślcie: 14 kilo tłuszczu więcej!

Pstryk, działa!

Zrób sobie czekoladę:

Podgrzej w garnuszku ćwierć szklanki mleka, pół szklanki cukru i jedną trzecią kostki masła, nie dopuszczając do zagotowania. Gdy masło się rozpuści, dodaj szklankę mleka w proszku wymieszanego z 10 łyżkami kakao. Przelej masę do plastikowego opakowania po czekoladkach, natłuszczonego lekko olejem.

Kupuj z głową

Czy wiesz, że biała czekolada to w zasadzie nie czekolada? Bo czy można nazwać czekoladą sam cukier i tłuszcz? Szkoda czasu i atłasu. Lepiej rozpuścić sobie w domu masło z odrobiną wanilii i dodać cukier puder, wyjdzie zdrowiej i taniej. W białej czekoladzie oprócz cukru, taniego tłuszczu kakaowego, pozbawionego przeciwutleniaczy i witamin, jest jeszcze tuczące mleko w proszku. A do tego, nie wiedzieć czemu, taka czekolada kosztuje czasami więcej niż ciemna.

Badania naukowe z ostatnich lat

Profesor Louis Grivetti, lekarz dietetyk z Uniwersytetu Kalifornijskiego, sporządził listę ok. stu dolegliwości, w których leczeniu czekolada spełnia istotną rolę. Kiedyś radzono zajadać ją na zmęczenie, apatię, wyczerpanie nerwowe, kłopoty z trawieniem, anemię, spadek wagi i brak apetytu. Najnowsze badania pokazują, że zawarte w czekoladzie przeciwutleniacze i witaminy mogą pomagać na kaszel, ograniczać wysoki poziom cholesterolu, poprawiać funkcjonowanie układu odpornościowego, zapobiegać zakrzepom, chorobom serca, a nawet nowotworom. Jest tylko jedno ale – tak działać może wyłącznie czekolada gorzka, z dużą zawartością kakao.

Napoje gazowane

Kalorie w 100 g:

40-50 kcal
(puszka – 120-150 kcal)

Zalecana dawka:

trzymaj się z daleka

Litr napojów gazowanych zawiera 400-500 kcal – tyle, co 1,5 kg truskawek, 3 kg pomidorów, 4 kg kiszonej kapusty!

Tuczące bąbelki

Przyszła kryska na Matyska. Ameryka domaga się wprowadzenia dodatkowego podatku od sprzedaży swojego symbolu – Coca-Coli i wszystkich słodkich napojów gazowanych. Dlaczego? To, że mieszkańcy Stanów Zjednoczonych mają ogromne problemy z nadwagą, wiedzą wszyscy. Przeciętny Amerykanin aż 16 proc. kalorii konsumuje w formie cukrów, które producenci dodają do jedzenia, z czego połowę – do napojów. Pije mnóstwo coca-coli, pepsi, słodzonych napojów owocowych czy mrożoną herbatę, a w każdej puszce znajduje się osiem-dziesięć łyżeczek cukru. Podatek od coca-coli może zmusi część obywateli nie tylko do kupowania mniejszej ilości napojów (bo będą droższe), ale również uświadomi im, że pite regularnie – szkodzą. Tak, jak to było w wypadku papierosów.

Poza pobudzaniem apetytu i sprzyjaniem otyłości produkty gazowane wywołują próchnicę zębów i choroby przyzębia. Cukier uzależnia, wzmaga łaknienie. To prowadzi do błędnego koła – im więcej pijesz słodkiego napoju, tym mocniejsze odczuwasz pragnienie, więc znowu po niego sięgasz. A trzeba pamiętać, że zawiera wiele sztucznych barwników i konserwantów, czyli głównie same „pyszności" z chemicznych laboratoriów.

Niedawno, po 30 latach dyskusji, badacze doszli do wniosku, że słodkie napoje sztucznie barwione i aromatyzowane są przyczyną nadpobudliwości u dzieci. Naukowcy z uniwersytetu w Southampton na zlecenie Brytyjskiej Agencji Norm Żywieniowych przebadali zachowanie 300 uczniów i przedszkolaków. Połowa z nich codziennie piła jako placebo naturalne soki owocowe, a druga połowa – identycznie wyglądający i smakujący napój, który zawierał popularne sztuczne barwniki oraz konserwant benzoesan sodu (E211). W trakcie eksperymentu rodzice, nauczyciele i uczeni oceniali i opisywali zachowanie dzieci. Jakie były wyniki? W porównaniu z maluchami pijącymi sok naturalny grupa malców, która otrzymywała napój z barwiącymi dodatkami, była bardziej pobudzona, miała większe kłopoty ze skupieniem uwagi i kontrolą własnego zachowania.

Badania zostały opublikowane na łamach prestiżowych pism naukowych, a także przesłane do Europejskiego Urzędu ds. Bezpieczeństwa Żywności, który natychmiast zlecił kontrolę wszystkich syntetycznych dodatków do żywności. Zanim więc kupisz dziecku coś słodkiego, przeczytaj dokładnie skład produktu. Sztuczne barwniki czy benzoesan sodu powinny znaleźć się na twojej czarnej liście. Więcej informacji o kontrowersyjnych dodatkach stosowanych w przemyśle spożywczym podajemy na s. 194-235.

Przychody Coca-Coli spadły w 2009 roku o 4 proc. W krajach rozwiniętych, w tym w Stanach Zjednoczonych, świadomość zdrowotna jest coraz większa, ludzie przestają pić słodkości z bąbelkami. Większym popytem produkty Coca-Coli cieszyły się natomiast w krajach rozwijających się, m.in. w Indiach (wzrost o 37 proc.) i Chinach (wzrost o 15 proc.).

W Polsce ok. 65 proc. dziewcząt i 74 proc. chłopców pije codziennie napoje gazowane. W przypadku dzieci porcja napoju słodzonego w ciągu dnia zwiększa ryzyko otyłości 1,6 razy.

Na zakupach

- Nie ma znaczenia: owocowy czy typu cola – każdy napój gazowany jest niezdrowy. Wyjątek stanowi gazowana (najlepiej naturalnie) woda mineralna.
- Jeśli masz ochotę na napój gazowany, wybierz butelkę z naturalnym sokiem owocowym (sięgnij po tę z miąższem) lub gazowany bez dodatku sztucznego barwnika.
- Woda smakowa to napój z cukrem i sztucznymi aromatami. Ma dużo kalorii, czasem nawet więcej niż klasyczne napoje gazowane.
- Nie każda herbata mrożona w butelce jest zdrowa. Sprawdzaj składy. W niektórych znajdziesz mnóstwo cukru i chemicznych dodatków.
- Napoje energetyzujące w myśl słów z reklamy mają dodawać skrzydeł. Jednak ich działanie jest krótkotrwałe i nie do końca przyjazne organizmowi. Zanim sięgniesz po puszkę czy butelkę „z mocą", dwa razy się zastanów. Napoje te zawierają przede wszystkim kofeinę – aż 80 g. Niestety, jej pobudzające działanie trwa krótko – po mniej więcej godzinie znów czujesz się znużony. Ponadto nie są dla wszystkich. Osoby zdrowe mogą je pić bez obaw, ale nie należy przekraczać ilości podawanej przez producentów na etykietach. Z powodu wysokiej zawartości kofeiny nie powinni po nie sięgać chorzy na cukrzycę, wątrobę, z wysokim ciśnieniem, kobiety w ciąży i karmiące piersią oraz dzieci. Wytwórcy ostrzegają przed łączeniem napojów energetycznych z wódką. Substancje aktywne w tych produktach sprawiają, że można wypić więcej alkoholu i lepiej się bawić w trakcie imprezy, ale później znacznie ciężej się to odchoruje.

• Napoje izotoniczne – nie ma w nich kofeiny, ale są węglowodany, witaminy i minerały. Zapewniają utrzymanie prawidłowego poziomu glukozy we krwi, co skutecznie opóźnia pojawienie się objawów zmęczenia. Większość zawiera sód, potas, wapń i magnez, czyli pierwiastki, które regulują gospodarkę wodno-elektrolitową organizmu i pracę mięśni, a ich niedobór powoduje wyczerpanie. Napoje izotoniczne warto pić w trakcie wysiłku fizycznego, polecane są sportowcom, a także ćwiczącym na siłowni i rowerzystom. W przeciwieństwie do napojów energetycznych (tych z kofeiną) nie można ich przedawkować. Sięga się po nie z nadzieją, że w ten sposób uzupełni się niedobory. Tymczasem witaminy dodawane do żywności nie są tak dobrze przyswajane przez organizm jak te pochodzące z warzyw, owoców, nabiału czy mięsa.
• Rynek napojów energetycznych i izotonicznych mocno się rozwija: kilka lat temu sprzedawano 6 mln litrów rocznie, dziś – 11 mln. Większość napojów energetycznych sprzedaje się na stacjach benzynowych i w klubach.

Pstryk, działa!

• Najzdrowszy domowy napój izotoniczny:
Do szklanki wody dodaj łyżeczkę miodu, sok z cytryny, szczyptę soli.
• Sok pomidorowy – wspaniały izotonik.

Kupuj z głową

Czy wiesz, że napój gazowany o podobnym składzie jak ten kupiony w sklepie można przygotować w domu? Wystarczy woda gazowana, cukier (ok. 6 łyżeczek na szklankę, czyli 12 łyżeczek na pół litra, 24 na litr!), kwasek cytrynowy i chemiczny barwnik spożywczy. Aby wyprodukować 5 tys. litrów napoju gazowanego w kolorze malinowym, potrzeba zaledwie tyle sztucznego barwnika, ile mieści się w przeciętnej wielkości fiolce po lekarstwie. Zatem by umieścić na opakowaniu napoju gazowanego słowo „malina" lub „pomarańcza", producent może – zgodnie z prawem – dodać znikomą ilość soku malinowego lub pomarańczowego, a pożądany kolor uzyskać chemicznie. Sprawdźcie, w niektórych napojach tego typu jest zaledwie 0,1 proc. soku owocowego!

Badania naukowe z ostatnich lat

• Przeciętna puszka (0,33 ml) napoju gazowanego zawiera 150 kcal oraz 38 g środków słodzących (siedem-osiem łyżeczek cukru). Prowadzą one do próchnicy zębów. Natomiast kwaśne substancje znajdujące się w tych płynach powodują uszkodzenie szkliwa zębów, co zostało udowodnione przez brytyjskich naukowców i opublikowane w „The British Dental Journal".

- Naukowcy ze Szkoły Medycznej Uniwersytetu Harvarda w Bostonie odkryli, że dorośli, którzy codziennie wypijają jeden lub więcej napojów gazowanych, niemal o połowę zwiększają swoje szanse na zachorowanie na zespół metaboliczny. Objawia się on m.in. zwiększoną ilością tłuszczu brzusznego, niskim poziomem dobrego cholesterolu oraz wysokim ciśnieniem krwi.

PRAWDY I MITY O NAPOJACH GAZOWANYCH

- **Nieprawda**, że dwutlenek węgla nie szkodzi. Napoje gazowane są niewskazane przed wysiłkiem fizycznym i w jego trakcie. Uwalniany dwutlenek węgla zwiększa objętość żołądka, a zarazem ciśnienie w jamie brzusznej, uciskając przeponę i pogarszając dotlenienie. Może też być przyczyną kolki. Takich produktów nie powinni pić cierpiący na schorzenia układu krążenia (podnoszą ciśnienie) i górnego odcinka przewodu pokarmowego, szczególnie z chorobą refluksową.
- **Nieprawda**, że napoje typu cola warto pić podczas biegunki, chociaż niekiedy, np. po zdenerwowaniu, przynoszą ulgę (ponieważ zawarta w nich kofeina zwalnia perystaltykę i działa rozkurczowo na jelita). Nie należy ich jednak podawać małym dzieciom, gdyż kofeina im szkodzi.

Orzechy

Kalorie w 100 g:
560-645 kcal!

Zalecana dawka:
5-6 dziennie

Zdrowie do zgryzienia

Orzechy to samo zdrowie, o czym powinny pamiętać nie tylko wiewiórki. Zawierają wiele cennych witamin, zdrowych tłuszczów i minerałów. Obecne w nich tłuszcze jedno- i wielonienasycone, obniżając poziom złego cholesterolu we krwi, chronią przed chorobami tętnic i serca. Pięć orzechów włoskich dostarcza więcej kwasów omega-3, chroniących nas przed miażdżycą, astmą i zapaleniem stawów, niż wynosi zalecana dzienna dawka! Jeden orzech brazylijski równa się dzienna dawka odtruwającego organizm selenu. Znajdująca się w orzechach witamina E, nazywana przez wielu witaminą młodości, zabezpiecza przed starzeniem się. Magnez reguluje ciśnienie i poprawia humor. Arginina, jeden z aminokwasów służących do budowy białka, umożliwia wytwarzanie tlenku azotu, który bierze udział w rozkurczu naczyń krwionośnych, co przyczynia się do zwiększenia przepływu krwi i obniżania ciśnienia tętniczego. Naukowcy ocenili, że ryzyko zachorowania na serce i nowotwory u ludzi jedzących pięć razy w tygodniu orzechy włoskie, laskowe lub arachidowe jest mniejsze o ponad 20 proc. Mówi się też o dobroczynnym wpływie diety bogatej w orzechy na pracę mózgu.

Czy oznacza to, że należy się nimi zajadać? Nie. Dla wielu osób stanowią silne alergeny pokarmowe, nawet ich śladowa ilość w pożywieniu może wywołać poważne konsekwencje zdrowotne, np. atak astmy. Orzechy są bardzo kaloryczne, dlatego trzeba ograniczyć ich spożycie do zaledwie kilku dziennie. Najlepiej sięgać po różne gatunki i unikać tych oblepionych cukrem, karmelem czy solą.

Na zakupach

- Wydaje się wam, że to, co kupujemy w sklepach, to orzechy polskie? Ależ skąd! Orzechów włoskich czy laskowych nie uprawia się w Polsce na dużą skalę, raczej w przydomowych ogródkach czy na działkach. Większość orzechów w naszych sklepach to przybysze z Chin, Kalifornii i Turcji.
- Najzdrowsze i najsmaczniejsze są orzechy w łupinach. Dlaczego? Łupina orzecha to jego naturalne „opakowanie", chroni miąższ przed wysychaniem, wilgocią, zapo-

biega ulatnianiu się smaku i aromatu. Łupiny nie powinny być popękane ani naruszone pleśnią. Jeśli weźmiemy orzech do ręki, musi być dość ciężki, ale nie mokry. Jeżeli jest bardzo lekki i suchy jak wiór, to znaczy, że mógł przeleżeć nawet kilka lat w magazynie.

- **Włoskie** (645 kcal w 100 g) – nie pochodzą z Włoch, tylko z Azji Mniejszej. Mają mnóstwo witamin C i E. Kiedyś uważano, że ich pofałdowana struktura odzwierciedla budowę ludzkiego mózgu. I coś w tym jest, bo nie dość, że zawierają wiele minerałów: fosforu, wapnia, magnezu i potasu, to jeszcze stanowią cenne źródło kwasu lanolinowego, który „oliwi" komórki mózgowe i nerwowe. Dobre są na anemię i bladą skórę (mają dużo żelaza). Chronią przed miażdżycą, astmą, zapaleniem stawów i innymi stanami zapalnymi. Poprawiają pamięć.
- Odmian orzechów włoskich jest bardzo wiele. Nie polecamy jednej: Albi, gdyż są to dość małe orzechy o białej, jednolitej, grubej i twardej skorupce; zawierają ok. 30 proc. miąższu. Lepiej niech wykorzysta je wielki przemysł, który dysponuje mechanicznymi łuparkami. Warto natomiast kupować pozostałe odmiany, takie jak Targo, Silesia, Resovia czy Dodo – to orzechy o cienkich skorupkach, dość ciemnych, czasem włochatych, mocniej pofałdowanych, mające dużo miąższu (nawet 50 proc.).
- **Laskowe** (640 kcal w 100 g) – znajduje się w nich dużo witamin z grupy B, A i minerałów, które mają dobroczynny wpływ na włosy, skórę i paznokcie.
- **Orzeszki ziemne** (560 kcal w 100 g) – botanicznie są owocami strączkowymi, podobnie jak groch i fasola, z tą różnicą, że wykopuje się je z ziemi. Zawierają kwas foliowy, dobry dla nastolatków oraz osób prowadzących aktywny tryb życia.
- Nie kupuj solonych, słodzonych czy oblepionych miodem – to bomby kaloryczne!
- Słodkie orzeszki często zawierają mnóstwo napędzającego apetyt cukru, a do tego konserwanty. Czy wiecie, dlaczego po otwarciu paczki ze słodkimi lub słonymi orzeszkami ziemnymi zjadamy je do ostatka? Nie tylko dlatego, że są smaczne. Producenci dosypują do nich różne uzależniacze:

– cukier – wspaniały poprawiacz smaku, trudno mu się oprzeć. Wchodzi w biodra, napędza apetyt;
– sól – jedzona w dużych ilościach powoduje nadciśnienie. A tymczasem 4,7 kg orzeszków ziemnych ma w sobie tyle szkodliwego sodu, co 25 g orzeszków solonych;
– tłuszcz w orzeszkach prażonych – świetny poprawiacz smaku i bomba kaloryczna;
– glutaminian sodu – poprawia smak, ale naukowcy podejrzewają, że ma działanie uzależniające. Zjedzony w nadmiarze może wywołać syndrom chińskiej restauracji, czyli uczucie niepokoju, zawroty głowy, palpitację serca.

Słowem, lepiej jeść orzechy, ale bez dodatków.

- **Brazylijskie** (605 kcal w 100 g) – zawierają witaminę E, cynk i selen. Regulują ciśnienie krwi, poziom cholesterolu, wzmacniają układ odpornościowy, działają przeciwnowotworowo, łagodzą stany zapalne skóry.
- **Macadamia** (598 kcal w 100 g) – są bogate w witaminy A, B i E oraz kwasy tłuszczowe. Powinny zostać włączone do diety osób z chorobami sercowo-naczyniowymi i z grupy ryzyka, bo naukowcy udowodnili, że szybko obniżają zły cholesterol.
- **Migdały** (572 kcal w 100 g) – ich wyciąg zaleca się w chorobach układu moczowego (m.in. kamicy nerek), dróg żółciowych, schorzeniach oskrzeli, przy kaszlu. Obfitują w witaminy E, PP oraz z grupy B, magnez, potas i cynk. Wzmacniają skórę, włosy i paznokcie.
- **Nerkowce** (560 kcal w 100 g) – dostarczają witamin z grupy B, żelaza, cynku, miedzi, magnezu. Wspomagają leczenie anemii, wzmacniają włosy i paznokcie, zapobiegają starzeniu się skóry.
- **Pistacje** (589 kcal w 100 g) – cenne źródło żelaza i witaminy B_1. Poprawiają koloryt skóry.

Kupuj z głową

Czy wiesz, że orzeszki ziemne, zwane też fistaszkami albo arachidami, to wcale nie orzechy, a rosnące w ziemi strączki rośliny z rodziny bobowatych? Właśnie dlatego powinny być znacznie tańsze niż inne orzechy. Trzeba uważać podczas ich zakupu, by były absolutnie suche. W mokrych orzeszkach (a właściwie fasolkach) wytwarza się bardzo niebezpieczna pleśń – aflatoksyna, która przyczynia się do rozwoju raka żołądka, nerek czy wątroby. Najlepiej kupować fistaszki w szczelnie zamkniętych torebkach. Czasami w środku opakowania znajdują się malutkie saszetki z kuleczkami. Te kuleczki to SiO_2, czyli silica żel, dwutlenek krzemu mający zdolność pochłaniania wilgoci. Spotkasz je także w torbach skórzanych czy butach. Dobre jakościowo orzeszki ziemne są zdrowe. Zawierają dużo witamin i minerałów, choć jednocześnie mają działanie alergizujące. Dlatego nie powinny ich jeść dzieci do 3. roku życia i kobiety w ciąży (ich układ odpornościowy ma mniejszą tolerancję na alergen wnoszony wraz z orzechami). Pozostałe osoby mogą orzeszki ziemne chrupać, zwłaszcza że nie potrzeba do nich dziadka.

Pstryk, działa!

Aby móc zajadać orzechy przez całą zimę, trzeba – tak jak wiewiórki – dobrze je przechowywać. Ze względu na wysoką zawartość tłuszczów orzechy włoskie mogą szybko jełczeć, dlatego należy przełożyć je do szczelnego pojemnika i umieścić w lodówce, a nie na półce w spiżarni. W szczelnym pojemniku w zamrażalniku przetrzymają do roku. Dobre będą też chłodne, suche i zacienione miejsca. Jednak pozostawione na długo mogą spleśnieć, dlatego trzeba czasem do nich zaglądać. Orzechy zmielone lub obrane najlepiej spożyć od razu, bo szybko tracą swe wartości. Jeśli mamy piwnicę lub garaż, możemy przechowywać orzechy przez całą zimę w skrzynce, zadołowane w piasku.

Badania naukowe z ostatnich lat

- Według hiszpańskich naukowców dieta z dużym spożyciem orzechów włoskich jest wskazana w profilaktyce stanów zapalnych tętnic.
- Europejski Instytut Badań nad Rakiem i Żywieniem udowodnił, że kobietom spożywającym większą ilość orzechów i ziaren grozi mniejsze ryzyko zachorowania na raka jelita grubego.
- Badacze z pięciu niezależnych ośrodków w Stanach Zjednoczonych stwierdzili, iż orzeszki arachidowe zmniejszają ryzyko chorób serca. Osoby spożywające je regularnie mają niższy poziom cholesterolu niż te, które ich unikają.
- Na Uniwersytecie Kalifornijskim przeprowadzono eksperyment: ochotnicy zastąpili połowę tłuszczu w swojej diecie 50 g migdałów i 50 g oleju migdałowego dziennie. Po sześciu tygodniach stwierdzono u wszystkich obniżenie poziomu złego cholesterolu o 6 proc., a trójglicerydów – nawet o 14 proc. Poziom dobrego cholesterolu podniósł się o 6 proc.

Żywność light

Kalorie w 100 g:
powinno być 30-40 proc. mniej niż w żywności tradycyjnej, w praktyce jest różnie

Zalecana dawka:
trzymaj się z daleka

Fit to mit

Jeść i nie tyć – to marzenie każdego z nas. Dla tych, co chcą utrzymać linię bez katowania się dietą, wymyślono żywność light z mniejszą ilością kalorii w wyniku redukcji zawartości tłuszczu i/lub cukru. Jednak ani prawo polskie, ani europejskie nie definiuje, czym jest żywność light, pozostawiając producentom swobodę, z której wielu skwapliwie korzysta. Według rozporządzenia Parlamentu Europejskiego wytwórca może nazwać swój produkt light, jeśli wartość kaloryczna w 100 g nie przekracza 40 kcal (wyroby stałe) oraz 20 kcal (płynne). Firmy obchodzą te przepisy i zamiast słowa „light" używają określeń: „slim", „fit", „fitness", „lekkie" bądź „0 proc.". Zwykły jogurt truskawkowy ma 60 kcal w 100 g, natomiast light – 50 kcal, czyli jedynie jedną szóstą mniej. W serku waniliowym z napisem „0 proc. tłuszczu" znajduje się mnóstwo cukru i tyle samo kalorii, co w tradycyjnym.

Utarło się sądzić, że light to żywność dietetyczna, zatem dobra dla naszego organizmu. Tymczasem niskokaloryczne jogurty czy kefiry pozbawione tłuszczu zawierają niezdrowe mleko w proszku, czyli utleniony cholesterol. W majonezie light tłuszcz zastępuje się chemicznymi zagęstnikami. Mniej cukru czy tłuszczu prawie zawsze oznacza więcej chemii. Ostatnio wymyślono słodzik – neotam, dziesięć tysięcy razy słodszy do cukru! Prawdopodobnie wkrótce w majonezach i margarynach light pojawi się inny wysmuklający wynalazek – olestra. Smakuje jak tłuszcz, ale nie odkłada się w talii, bo nie jest wchłaniany w przewodzie pokarmowym. W Stanach Zjednoczonych już używa się go do pieczenia, gotowania i smażenia. U nas jeszcze nie, bo obowiązujące w Unii Europejskiej przepisy nie pozwalają na stosowanie niektórych rodzajów tzw. nowej żywności. Na razie do np. majonezu light można więc dodać „tylko" chemiczne zagęszczacze i więcej konserwantów, bo bez nich nie wytrzymałby kilku miesięcy na półce.

Niewielka ilość tłuszczu jest nam potrzebna do prawidłowego funkcjonowania wątroby, serca, układu odpornościowego, skóry, do regulacji ciśnienia i krzepliwości krwi. Dlatego produkty light należy traktować jako doraźną pomoc w odchudzaniu, a nie sposób żywienia na całe życie.

Zatem nie ma lekko – dieta i ruch to podstawa szczupłej sylwetki. Według amerykańskich naukowców wynalezienie pilota spowodowało, że telewidzowie tyją nawet 4 kg rocznie.

Na zakupach

- Produkty light, nie wiadomo dlaczego, zwykle są droższe.
- Jeśli coś z produktu się ujmuje, trzeba to czymś zastąpić. Zazwyczaj zamiast tłuszczu dodaje się cukier – sprawdzaj jego zawartość w żywności light. Dietetycy uważają go za bardziej niebezpieczny niż tłuszcz, bo zwiększa apetyt.
- Produkty fit są mniej smaczne i niemal w każdym przypadku nafaszerowane chemią. Jeśli ktoś dba o smukłą sylwetkę, a chce odżywiać się zdrowo, powinien jeść zwykłe wyroby, tyle że w mniejszej ilości. Gdyby tak przedsięwziąć strategię długoterminowego ograniczania kalorii i codziennie jeść zaledwie o 100 kcal mniej, czyli tyle, co równowartość pół kajzerki, to w ciągu roku można stracić jakieś 36 tys. kalorii, co oznacza ponad 5 kg!
- Żółty ser light to produkt seropodobny nafaszerowany olejem utwardzonym.
- Lekkie jogurty bardzo często zawierają pektyny, skrobię, sztuczne zagęstniki, ulepszacze smaku. Nie da się ich jeść.
- Jedyny produkt light, jaki warto kupować przez cały rok, to mleko. Dorośli nie muszą pić pełnotłustego, wystarczy to 1,5- lub 2-procentowe.

Uważaj na hasła

- „50 proc. mniej kalorii" – może i mniej, ale nie wiadomo od czego, bo na opakowaniach nie ma zwykle odnośnika.
- Papierosy light podobnie trują jak zwykłe. Amerykański Narodowy Instytut do Walki z Rakiem podał ostatnio, że nie przynoszą one żadnych korzyści zdrowotnych. Według raportu przygotowanego przez ten instytut, osoby, które przechodzą z palenia zwykłych papierosów na te z napisem „light" na opakowaniu, wdychają taką samą ilość niebezpiecznych substancji i są zagrożone tym samym ryzykiem wystąpienia chorób.

PRAWDY I MITY O ŻYWNOŚCI LIGHT

- **Nieprawda**, że mogą ją jeść bezkarnie cukrzycy. Choć w wielu produktach cukier zastąpiono aspartamem lub laktitolem, nie jest to regułą. Znajduje się on np. w jogurcie light. Cukrzykowi może bardziej zaszkodzić tłuszcz zawarty w nawet bezcukrowej czekoladzie niż sam cukier.
- **Nieprawda**, że lekka żywność nie tuczy, również zawiera kalorie, a dla wielu osób stanowi furtkę do objadania się.
- **Prawda**, że produktów light powinny unikać kobiety w ciąży, karmiące, a także dzieci. Często są w nich słodziki, które w zbyt dużej ilości mogą powodować biegunki. Zazwyczaj słodsze od tradycyjnej żywności wyroby przyzwyczajają maluchy do słodkiego smaku.

Pstryk, działa!

Pomysły na lekkie desery:

– miseczka sałatki owocowej (ze świeżych owoców, a nie z puszki) – 200-250 kcal,
– szklanka jogurtu naturalnego (najlepiej greckiego) bez cukru, za to z łyżeczką miodu – 200-250 kcal,
– szklanka galaretki z truskawkami – 250 kcal,
– 100 g musu truskawkowego lub malinowego – 180-200 kcal,
– szklanka kisielu porzeczkowego – 150 kcal,
– jabłko pieczone – 140 kcal,
– 100 g sorbetu brzoskwiniowego bądź truskawkowego – 115 kcal, jeśli robiony w domu – nawet mniej.

Kupuj z głową

Czy wiesz, że napoje słodzone sztucznymi słodzikami, np. aspartamem, sprzyjają tyciu? Naukowcy podejrzewają słodziki o zaburzanie równowagi między ośrodkiem głodu i sytości. Wypicie napoju light powoduje, że nasze kubki smakowe rejestrują jego słodki smak. Do mózgu zostaje wysłany sygnał, że coś słodkiego pojawiło się w organizmie (najprawdopodobniej cukier), więc przekazuje on informację trzustce, aby zaczęła wydzielać insulinę, by zbić poziom cukru w „za słodkiej" krwi. Po upływie kilku minut we krwi zaczyna krążyć insulina, zbijając resztki cukru, który w niej pozostał. To powoduje niedocukrzenie i wzrost apetytu. Napoje light co prawda nie mają kalorii, ale podobnie jak te słodzone napędzają apetyt.

Badania naukowe z ostatnich lat

- Naukowcy z Uniwersytetu Purdue w Stanach Zjednoczonych badali szczury karmione jogurtem słodzonym cukrem i słodzikiem – sacharyną. Zwierzęta, którym podawano sztuczny dodatek słodzący, spożywały w ciągu dnia więcej kalorii niż te z pierwszej grupy, szybciej przybierały na wadze i trudniej chudły.
- Odtłuszczone produkty, takie jak mleko, kefir, jogurt czy ser, nie są dla nas korzystne. Nie tylko powstrzymują wchłanianie witamin A, D, E i K, ale mogą powodować wzmożoną fermentację w jelitach, która prowadzi do niestrawności.
- Warzywa powinno się jeść z dodatkiem tłuszczu, gdyż pomaga on przyswoić wartościowe karotenoidy (likopen i beta-karoten), zapobiegające chorobom serca i nowotworom.

Cukier

Kalorie w 100 g:
406 kcal

Zalecana dawka:
trzymaj się z daleka

Słodki morderca

To, że cukier jest niezdrowy, wiedzą nawet dzieci. Psuje zęby, napędza apetyt, odkłada się w biodrach. Tylko co z tego, kiedy większość z nas nie może bez niego żyć? Cukier to produkt przemysłowy. Otrzymuje się go z buraków cukrowych albo trzciny cukrowej. Melasa, gruboziarnista, lepka substancja, która powstaje jako produkt uboczny, zawiera wiele cennych witamin i soli mineralnych. Poddaje się ją oczyszczaniu, krystalizacji i filtracji, pozbawiając w ten sposób cennych składników odżywczych. Dlatego poza kalorycznością i energią cukier niczego więcej nam nie dostarcza.

To może brązowy jest zdrowszy? Nic z tego – jego barwa pochodzi z dodawanej do cukru niewielkiej ilości melasy, która nadaje mu tylko smak oraz kolor i nie ma wpływu na jego wartości odżywcze.

Cukier to ulubiony przez producentów żywności ulepszacz smaku. Ukryty jest w różnych wyrobach: płatkach śniadaniowych, dżemach, sokach, jogurtach. Puszka napoju gazowanego zawiera go od pięciu do ośmiu łyżeczek! Istnieje przypuszczenie, że Mona Lisa z obrazu Leonarda da Vinci uśmiecha się tak tajemniczo, ponieważ podobnie jak wszyscy w tamtych czasach miała popsute zęby, których nie chciała pokazywać. Według biologów ewolucjonistów, zęby popsuły nam dwa wynalazki: mąka oczyszczona (węglowodany) i… cukier.

Najlepiej unikać słodyczy, bo cukier uzależnia. Nagła z niego rezygnacja wywołuje symptomy odwykowe, takie jak: zmęczenie, znużenie, rozdrażnienie. I chyba sporo w tym racji.

Na zakupach

- Nie ma znaczenia, czy kupujemy cukier biały, brązowy, trzcinowy, demerara, muscovado, kandyzowany, w kostkach czy w pudrze. Choć różnią się smakiem, każdy z nich jest nam tak samo zbędny.
- Glukoza, sacharoza, inwertyna, laktoza, syrop kukurydziany, słodowy, dekstroza, maltoza, fruktoza, melasa… Jeśli którykolwiek z tych składników pojawia się na pierw-

szym lub drugim miejscu listy składników, to oznacza, że producent nie żałował słodyczy, by wzmocnić smak soku czy jogurtu.

• Sacharyna, aspartam, acesulfam, taumatyna, cyklaminiany, neohesperydyna, sorbitol, mannitol, izomalt, maltitol, laktitol, ksylitol... Skoro cukier jest niezdrowy, to może lepiej używać słodzików i wybierać produkty z ich dodatkiem? Są od niego 200-400 razy słodsze, dzięki czemu można je stosować w bardzo małej ilości. Prawie nie zawierają kalorii, więc nie dodają nam kilogramów, nie psują też zębów. A czy mają wady? Owszem. Aspartam nie może być spożywany przez osoby cierpiące na rzadką chorobę dziedziczną – fenyloketonurię, ponieważ zawiera składnik, który jest dla nich toksyczny. Dlatego na wszystkich produktach z tym środkiem muszą znajdować się ostrzegawcze napisy. Ostatnio pojawiły się doniesienia o jego rakotwórczości. Włoscy naukowcy z Instytutu Ramazzini, którzy na prośbę Europejskiej Agencji Bezpieczeństwa Żywności badali działanie tego słodzika, ogłosili, że wywołuje nowotwory u szczurów. Na razie aspartam nie został wycofany z rynku, ale poddała go analizom Europejska Agencja Bezpieczeństwa Żywności. Więcej informacji o aspartanie znajdziesz na s. 231. Inne syntetyczne substancje słodzące, również wyżej wymienione, omawiamy szerzej w rozdziale *E tam, czyli dodatki do żywności* (s. 194-235).

Zdrowszy wybór

• Miód – jest zdrowszy, nieco mniej kaloryczny (średnio 320 kcal w 100 g) i bogaty w witaminy oraz mikroelementy. Stanowi jednak źródło szybko wchłaniających się cukrów prostych i należy do produktów o wysokim indeksie glikemicznym. Trzeba uważać, by herbata nim posłodzona nie była zbyt gorąca, bo jego cenne składniki giną w temperaturze powyżej 40°C. Miód pszczeli należy do najczęstszych alergenów pokarmowych.

• Stewia – roślina pochodząca z Brazylii i Paragwaju. Jest bardzo słodka, ale w porównaniu z cukrem – bezkaloryczna. Na razie nie dopuszczono jej do sprzedaży w Europie, ale, sądząc po karierze, jaką robi w Ameryce, przypuszcza się, że wkrótce będzie i u nas dostępna. Można ją kupić jedynie przez Internet, ale trzeba uważać, aby nie trafić na podrabiane produkty.

• Syrop klonowy (upewnij się, czy jest prawdziwy, a nie z dodatkiem syropu kukurydzianego!) – wynalazek amerykańskich Indian. Pozyskiwali go z drzew klonowych (wiercąc dziurki w drzewach i zbierając wypływający sok do wiaderek zawieszanych pod otworem). Zawiera mniej kalorii niż cukier (334 kcal w 100 g) i takie składniki, jak: magnez, żelazo, tiamina, ryboflawina i wapń. Ma dużo manganu (dwie łyżeczki pokrywają 20 proc. dziennego zapotrzebowania) oraz cynku.

Badania naukowe z ostatnich lat

- Bardzo chętnie sięgamy po miód, chociaż robimy to nieregularnie. Połowa z nas przezornie częściej spożywa go w okresie jesienno-zimowym. Wiąże się to głównie ze spadkiem odporności i osłabieniem, co podkreśla 54 proc. konsumentów. Nie dziwi zatem przeświadczenie zdecydowanej większości Polaków (93 proc.) o jego wzmacniającym działaniu na organizm. Podobnie wysoki odsetek (ponad 92 proc.) podkreśla, że miód jest zdrowszy od cukru, bo zawiera cenne składniki odżywcze. Aż 50 proc. rodaków uważa, że nie tuczy i można go śmiało spożywać podczas diety odchudzającej.
- Naukowcy z Uniwersytetu Queen's w Belfaście w 2006 roku opublikowali wyniki badań klinicznych oceniających wpływ wysokiego spożycia cukrów prostych na insulinooporność (która poprzedza wystąpienie cukrzycy typu II) oraz układ krążenia u 13 zdrowych mężczyzn. Doktor Steven Hunter i jego zespół w trwającym przez sześć tygodni eksperymencie stwierdzili, że u osób, u których spożycie cukrów prostych wynosiło 25 proc. dostarczanej energii, przy zachowaniu zbilansowanego sposobu żywienia, nie wystąpiły żadne zmiany stopnia oporności na insulinę w porównaniu z grupą, u której cukry proste stanowiły źródło 10 proc. energii (grupa kontrolna). Objęci badaniem pacjenci byli nieliczni, dlatego trzeba przeprowadzić kolejne analizy. Niemniej można wysunąć wniosek, że w wypadku zagrożenia cukrzycą typu II najlepszym sposobem przeciwko zwiększaniu się insulinooporności jest dieta z dużą zawartością węglowodanów i niską tłuszczów. Ponadto zaleca się utrzymywanie odpowiedniej wagi ciała oraz aktywność fizyczną.

Kupuj z głową

Czy wiesz, że przeszło połowa polskich kobiet ma w pasie więcej niż 80 cm, a prawie 40 proc. mężczyzn – więcej niż 94 cm? Między posiłkami najczęściej jemy czekoladę, batoniki i lody, słowem to, co słodkie. Dopiero na drugim miejscu wśród przekąsek znajdują się jogurty, a na trzecim – owoce. Tymczasem otyłość brzuszna zwiększa ryzyko chorób serca, udaru mózgu, nowotworów złośliwych. Pomyśl o tym, wkładając do koszyka z zakupami kolejne łakocie.

Soki

Kalorie w 100 g:

nektar z czarnej porzeczki – 53 kcal
sok grejpfrutowy – 40 kcal
sok jabłkowy – 42 kcal
sok marchwiowy – 43 kcal
sok pomarańczowy – 43 kcal
sok pomidorowy – 13 kcal!
napój jabłkowy – 45 kcal
napój pomarańczowy – 49 kcal

Zalecana dawka:

soki owocowe – nie więcej niż 3 szklanki tygodniowo

soki warzywne – szklanka, nawet codziennie

Owoce czy kalorie w płynie?

Pijemy coraz więcej napojów na bazie owoców. Rocznie już ponad 13 mln hektolitrów. Wśród soków najbardziej lubimy pomarańczowy i jabłkowy, spośród nektarów – marchwiowe, a jeśli sięgamy po napoje, to najczęściej wielosmakowe. Czy to dobrze? I tak, i nie. Soki owocowe stanowią znaczący nośnik składników odżywczych – zawierają cenne witaminy i składniki mineralne, zabezpieczające przed starzeniem przeciwutleniacze (likopen, beta-karoten, antocyjany, kwas foliowy), pobudzający przemianę materii błonnik, oczyszczające organizm pektyny. Najzdrowsze są soki mętne i niepasteryzowane, jednodniowe. Jeśli kupujesz je w sklepie, na opakowaniu powinna być informacja, że jest to SOK, a nie NAPÓJ czy NEKTAR. Ma to ogromne znaczenie. Soki są bowiem produktem wyłącznie owocowym lub warzywnym, do którego, w myśl prawa, producent nie może dodać cukru, chemicznych substancji poprawiających smak, kolor czy zapach. W nektarach i napojach znajduje się sok owocowy rozcieńczony wodą. Jeżeli założyć, że z 10 pomarańczy zrobi się litr soku, to z pięciu wyprodukuje się taką samą ilość nektaru, a z zaledwie dwu – litr napoju.

Polacy kupują przede wszystkim najmniej wartościowe odżywczo napoje z powodu ich ceny – 50 proc. udziału w rynku. Kolejne miejsce zajmują nektary (32 proc.), a daleko w tyle – soki (18 proc.). Kupują i tyją. Napoje i nektary zawierają dużo cukru, a więc pustych kalorii. Z badań profesor Anny Brzozowskiej z Katedry Żywienia Człowieka SGGW wynika, że w 2008 roku spożyliśmy wraz z napojami owocowymi i nektarami ok. 68 tys. ton cukru, czyli tyle, ile się mieści w 850 wagonach towarowych!

PRAWDY I MITY O SOKACH I NEKTARACH

• **Nieprawda**, że nektary są najwartościowsze. Nektar kojarzy się się nam z czymś wyjątkowym – napojem bogów. Jednak w nomenklaturze spożywczej oznacza gorszą jakość.

• **Prawda**, że jednym z najzdrowszych soków, oprócz soku z aronii i mętnego jabłkowego, jest pomidorowy. Zawiera dużo potasu, likopenu i witamin. W dodatku jest mistrzem świata w odchudzaniu – szklanka ma tylko 26 kcal (soku pomarańczowego – 86).

Na zakupach

• O tym, że pijesz „owoce w płynie", zapewnia napis na pudełku: „sok 100 proc. bez dodatku cukru".

• Sok jest wyciskany z owoców lub najczęściej otrzymuje się go z zagęszczonego soku owocowego (dolewając wodę, którą wcześniej odparowano). Z niektórych owoców i warzyw produkuje się również soki przecierowe, np. pomidorowy. Mogą być wzbogacane witaminami A, C, E. Soki warzywne doprawia się niekiedy cukrem albo miodem i/lub solą, ziołami oraz kwaskiem cytrynowym.

• Nektar to rozcieńczony wodą, świeży lub z koncentratu sok z dodatkiem cukru i czasem kwasku cytrynowego. Minimalna ilość soku owocowego użyta do wyprodukowania nektaru może się wahać zależnie od smaku od 25 proc. do 50 proc. Do nektaru producenci dosypują cukier (najczęściej ok. 20 łyżeczek w litrze) i dodają wodę (nawet ok. 440 ml w litrze). Nie ma w nim konserwantów ani innych sztucznych dodatków.

• Napój to zwykle jeszcze bardziej rozcieńczony wodą sok z dodatkiem cukru. Może zawierać 3-20 proc. soku oraz syntetyczne barwniki, konserwanty, aromaty, a także sztuczne środki słodzące.

• Skład mówi wiele. Na opakowaniach napojów czy nektarów można przeczytać: „zagęszczony sok, woda" (więcej soku niż wody) bądź „woda, zagęszczony sok" (więcej wody niż soku) lub „woda, cukier, zagęszczony sok" (więcej wody i cukru).

• Soki w małych butelkach są znacznie droższe (czasem nawet trzykrotnie) od tych w kartonach o większych pojemnościach.

• W wypadku użycia przez producenta kilku rodzajów owoców lub warzyw na opakowaniu muszą być wymienione wszystkie w kolejności malejącej, np. sok z jabłka, brzoskwini, banana. Jeżeli składników jest więcej niż trzy, listę można zastąpić słowem „wieloowocowy" lub „wielowarzywny".

• Obok nazwy producent powinien podać czytelną informację, czy sok (nektar) został wyprodukowany z koncentratu czy ze świeżych owoców, o minimalnej zawartości owoców oraz ewentualnym dosłodzeniu produktu.

• Na etykiecie muszą widnieć: termin przydatności do spożycia, warunki przechowywania, wartość odżywcza, nazwa producenta.

• Sprawdzaj, czy do soków warzywnych nie dodano niezdrowej soli!

Uważaj na hasła

• Producenci często perfidnie ukrywają informację o zawartości opakowania, sugerując w ten sposób, że w środku znajduje się sok owocowy! Na wielu butelkach i kartonach nie ma słowa „sok", „nektar" lub „napój", jest tylko informacja „jabłkowy", „pomarańczowy" itd.

- Karton z pięknie wymalowanymi owocami nie oznacza, że wewnątrz kryje sok. Sprawdzaj, co pijesz!
- Napisy: „naturalny", „100 procent", „siła jabłka", „prosto z sadu", „100 proc." (dużym drukiem, a niżej małym „gwarancja") nic nie znaczą – uważnie czytaj skład.
- „Sok (nektar) nie zawiera konserwantów" – żaden nie powinien ich mieć.
- „Sok z czarnych porzeczek", „sok z aronii" – z tych owoców nie da się przygotować soku, bo byłby zbyt kwaśny i cierpki. Dlatego na półce sklepowej można znaleźć tylko nektary.
- „10 proc. gratis", „33 proc. gratis" – od czego? Co dostajemy za darmo? Tej informacji na opakowaniu nie ma.

Badania naukowe z ostatnich lat

- Profesor Jan Oszmiański z Wrocławskiego Uniwersytetu Przyrodniczego udowodnił, że mętne soki jabłkowe zawierają więcej substancji chroniących nas przed nowotworami niż klarowne. Soki naturalnie mętne są czterokrotnie bogatsze we flawonoidy – przeciwutleniacze, które działają pięć razy skuteczniej niż witaminy C lub E. Usuwają z naszego organizmu wolne rodniki, odpowiedzialne m.in. za starzenie się komórek czy powstawanie nowotworów. W sokach sklarowanych nie ma prawie wcale witaminy C i dobroczynnych flawonoidów oraz pektyn redukujących zły cholesterol. Klarowanie polega na dodaniu żelatyny, bentonitu i zolu krzemionkowego. To sprawia, że sok jest przezroczysty, ale wiele traci. Więcej flawonoidów zawierają kwaśne jabłka – szare renety, antonówki, jednak pamiętaj – zdrowsze od soków są świeże owoce.
- Sok z aronii skutecznie usuwa wolne rodniki z organizmu. Przez trzy miesiące codziennie podawano 80 pacjentom Kliniki Chorób Wewnętrznych Akademii Medycznej w Warszawie szklankę tego napoju. Wyraźnie poprawiła się u nich gospodarka lipidowa, unormował poziom cholesterolu i cukrów. Okazało się, że aronia znakomicie reguluje wydzielanie insuliny.

Kupuj z głową

Czy wiesz, że wybierając soki i napoje, trzeba dokładnie czytać listy składników, aby nie dać zwieść etykietom? Producent zachwalający swoje wyroby jako „prosto z sadu" sypie do nich słodką chemię. Ten, który pokazuje na opakowaniu pomarańczę sycylijską, chwaląc się jej smakiem, dodaje do soku... zaledwie 1 proc. tego owocu (reszta to sok ze zwykłych pomarańczy). Firma, która opatruje swoje napoje hasłem: „100 proc. świeżego smaku", dodaje do nich zaledwie 20 proc. soku owocowego, reszta to woda i chemia.

kolacja

Parówki

Kalorie w 100 g:

drobiowe – 260 kcal
wieprzowe – 360 kcal

Zalecana dawka:

raz lub dwa razy w tygodniu 1-2 sztuki

Ile jest mięsa w parówkach?

Ukochane przez dzieci, wyklęte przez rodziców. Szybkie, smaczne, łatwe w obróbce. Wyrób przemysłu mięsnego o najbardziej na świecie zszarganej reputacji. Paróweczka, serdelek, hot dog – hit przydrożnych barów i restauracyjek.

Tylko dlaczego niekiedy smakują prawie jak plastelina? Bo producenci wkładają do nich coraz mniej mięsa, a coraz więcej zapychaczy. Najtańsze parówki robi się z tzw. MOM-u, czyli mięsa oddzielonego mechanicznie, które w świetle prawa mięsem nie jest. Czy można nazwać mięsem zmielone ścięgna, tłuszcz, kupry, skóry, uszy, a nawet, za przeproszeniem, zwierzęce prącia? Czy najtańsze parówki nie nadają się czasem bardziej dla zwierząt niż dla ludzi?

A jednak... Dzieci je uwielbiają, bo to posiłek szybki i – jeśli dobrze je wybierzemy – całkiem smaczny. W dodatku podawany z przepysznym keczupem. Zalety parówek dostrzegają także rodzice, bo nie muszą stać godzinami przy garach. No tak, tyle że niejednej mamie zadrży ręka, zanim poda swoim dzieciom hot doga na kolację. Dlaczego? Bo parówki od dawna mają opinię śmieciowego, chemicznego zapychacza. No i te konserwanty!

Drogie mamy, coś za coś. Konserwantów w wędlinach uniknąć się nie da, bo gdyby ich kompletnie nie było, groziłyby nam zatrucia śmiertelnym jadem kiełbasianym. Dobra parówka podana dzieciom raz na jakiś czas to nie koniec świata. Ale czy w przeciętnym polskim sklepie da się kupić przyzwoitą parówkę? – zapytacie. Odpowiadamy – tak. Trzeba tylko cierpliwie szukać i dokładnie sprawdzać, ile jest w nich mięsa, a ile chemii. I nie wierzyć pustym hasłom i ogłupiającej reklamie. Pierwsze poszukiwania pełnowartościowych parówek na pewno nie będą łatwe. Poświęć trochę czasu na badanie wykazu składników. Jeśli musisz, zabieraj na zakupy okulary. Większość tekstów na etykietach jest pisana drobnym maczkiem i jasną czcionką.

Na zakupach

- W sklepach można kupić trzy rodzaje parówek:

– wieprzowe – jak sama nazwa wskazuje – z wieprzowiny,

– drobiowe – z kurczaka lub indyka,
– mieszane – z wieprzowiny i drobiu.

Niektórzy dorzuciliby tu jeszcze parówki cielęce, ale prawdziwych parówek z cielęciny w naszych sklepach raczej nie uświadczysz.

Parówki drobiowe są z reguły mniej kaloryczne niż wieprzowe, ale nietrudno na nich oszukiwać, bo odpadki drobiowe, takie jak skórki, chrząstki czy kuperki, są miękkie i dają się łatwo zemleć.

- Zanim wybierzesz parówki, sprawdź skład. Im więcej w nich mięsa, tym lepiej. Są takie, które zawierają 10 proc. prawdziwego mięsa, są takie, które mają go nawet 95 proc.
- Jeśli w wykazie składników podano, szczególnie na pierwszym miejscu, MOM, wtedy SOS – nie kupuj. MOM to w zasadzie nie mięso, tylko odpad powstały po zdjęciu z kurczaka mięsa z piersi i ud, a więc flaczki, skóry, kupry, szyje, pazurki. Takie resztki są wrzucane do wielkich bębnów, które w mechaniczny sposób oddzielają je od kości, następnie mielone i jako MOM wkładane do parówek.
- Jeśli na etykiecie znajdziesz informację „produkt wysoko wydajny", też nie kupuj, nie warto. To sformułowanie oznacza, że w parówkach jest niewiele mięsa w mięsie, a mnóstwo innych niemięsnych dodatków, takich jak: soja, kasza manna, błonnik grochowy, błonnik z bambusa, skrobia ziemniaczana, tłuszcz zwierzęcy, sól. Czy pałaszując parówki, wiesz, że jesz kaszę, bambus albo groch?
- Chemia – dodając azotynów i azotanów, polifosforanów, emulgatorów oraz zagęstników, z kilograma skórek i tłuszczu producenci wyczarowują 2 kg parówek.
- Fosforany to zapychacze, które powodują pęcznienie białka i sprawiają, że do parówek można dodać więcej wody. Uniemożliwiają przyswajanie wapnia, co ważne szczególnie w diecie dzieci i kobiet (ze względu na ryzyko osteoporozy). Nie kupuj parówek z fosforanami – oznacza się je numerkami E450, E451 i E452 (patrz także s. 226):

E450 difosforany

E451 trifosforany

E452 polifosforany

- Im krótsza lista składników, tym lepiej. Jeśli ciągnie się przez wiele linijek, to znaczy, że producent mocno się napocił i nakombinował, by z tłuszczu i skór ulepić coś, co wygląda jak parówka.

Uważaj na hasła

- „Parówki z kurcząt" – zachęca producent. A co w środku? Flaczki, a nie kurczaczki: 65 proc. mięsa oddzielonego mechanicznie i 4 proc. mięsa z kurczaków. A pamiętajmy, że według norm Unii Europejskiej, MOM mięsem nie jest.
- Parówki o nazwie, powiedzmy, „Dzidziusie" – na opakowaniu sześć rozebranych, wesołych brzdąców w pieluchach, czyli wyraźna sugestia, że parówki te mogą jeść nawet maluchy. Tymczasem ich skład niczym nie odbiega od pozostałych.
- Hasło: „Odkryj zalety drobiu" – na początku odkryjmy skład: 57 proc. MOM z kurcząt, woda, a mięsa z kurcząt tylko 14 proc.!
- „Parówki cielęcinki" – sugestia, że cielęce, a tam tylko świnka: 57 proc. mięsa wieprzowego, reszta to tłuszczyk i skórki. Cielęciny ani śladu.
- „Radości nigdy dość" – z tego hasła nie powinien się producent za bardzo cieszyć, bo w składzie głównie MOM.
- „Solo", „jedynki", „singielki" – pojedyncze parówki w przeliczeniu na kilogram mogą kosztować nawet 50 zł. Sprawdzajcie ceny!
- „Wędliny takie jak kiedyś" – nie wiem, czy kiedyś były takie, ale te zawierają 80 proc. mięsa. Jeśli do tego dodamy trochę wody, bo parówki muszą być miękkie, plus przyprawy i trochę tłuszczu – z pewnością to dobry produkt.

Kupuj z głową

Czy wiesz, że w parówkach cielęcych zwykle nie ma cielęciny? Młode mięso wołowe jest bardzo drogie, trudno dostępne, szkoda go na parówki. Dlatego producenci parówek nawet ze znikomą ilością cielęciny nazywają je „parówkami cielęcymi". Nazwa ta oznacza zaś najczęściej tyle, że zawierają one zaledwie kilka procent, np. 3 proc., cielęciny. Tylko dlaczego kosztują więcej od tradycyjnych?
Szczytem oszustwa, odnotowanym przez Inspekcję Handlową, były parówki cielęce, do których producent zamiast mięsa dodawał „przyprawę do cielęciny"!

Sałaty i sałatki

Kalorie w 100 g:

do 20 kcal w sałacie, z dodatkami – nawet 600 kcal!

Zalecana dawka:

kilka razy w tygodniu

Królik wie, co robi

Wybrać kruchą rzymską czy zaszaleć i kupić czerwoną lollo? Sałata to doskonałe źródło beta-karotenu, witaminy C, błonnika i żelaza. Wysmukla sylwetkę, poprawia trawienie, zapobiega zaparciom. Ba, podobno zjedzenie główki wywołuje uczucie senności, więc dawniej zalecano, by pić sok z sałaty przed snem. Bardziej odżywcze są ciemne zewnętrzne liście, do których słońce ma większy dostęp. Zawierają więcej witamin i składników mineralnych niż środkowe. Lepiej wybierać sałaty ciemnozielone lub czerwone, szczególnie te lekko pikantne. Znajduje się w nich więcej kwasu foliowego i przeciwutleniaczy chroniących przed chorobami serca i nowotworami.

Kwas foliowy to arcyważna witamina – dzięki niej dobrze działa mózg, układ nerwowy, odpornościowy, krwiotwórczy, pokarmowy. Jeszcze kilka lat temu mówiło się niemal wyłącznie o jej dobroczynnym działaniu na układ nerwowy dziecka w brzuchu mamy. Ostatnie badania wykazały, że chroni też przed miażdżycą, nowotworami i zapobiega nadciśnieniu u kobiet.

Sałata jest niskokaloryczna, stanowi dodatek do kanapek, obiadu lub bazę do sałatkowych kompozycji. Jednak diabeł tkwi w szczegółach: jeśli zaleje się ją sosem majonezowym lub oliwą, posypie grubą warstwą żółtego sera, doda jajka na twardo i bekon, to okaże się, że będzie miała więcej kalorii niż dorodny schabowy z kapustą i ziemniakami. Takie danie może zawierać nawet 600 kcal! Dlatego i sałaty, i sałatki najlepiej robić w domu, a w restauracjach prosić, by sos do nich przynoszono nam w osobnym naczyniu.

Na zakupach

- Najczęściej w sklepie znaleźć można sałatę głowiastą, zwaną też masłową. Zawiera ona dużo błonnika, wapnia, fosforu, żelaza, witamin C i z grupy B, kwasu nikotynowego.
- Jej amerykańską kuzynką jest sałata lodowa, która w porównaniu z innymi gatunkami ma mało wartości odżywczych, ale można ją przechowywać w lodówce całe wieki.

- Ze skrzyżowania sałaty głowiastej i lodowej powstała batawia o wyrazistym, pikantnym smaku. Jest trochę trwalsza od głowiastej.
- Dębolistna szybko więdnie, tracąc cały swój urok, ale ma sporo witamin A, K, B_6 i C oraz kwasu foliowego, żelaza i karotenoidów chroniących przed starzeniem.
- Kruchą, soczystą i wytrzymałą sałatę rzymską sprowadzono do Polski z Włoch. Im ciemniejsza, tym zdrowsza. Przechowywana w lodówce zachowa świeżość przez tydzień, ba, można ją zamrażać!
- Endywia zawiera więcej związków mineralnych i witamin niż inne gatunki. Dzięki dużej ilości włóknika oraz gorzkiej substancji przyspiesza trawienie i pobudza apetyt, dlatego lepiej ją jeść na koniec obiadu.
- Choć rukola (ruccola) pochodzi z rodziny kapustowatych, zalicza się ją do sałat. Ma pikantny, szczypiący smak i bardzo dużo zdrowych przeciwutleniaczy. Znajduje się w niej aż 16 witamin i mnóstwo minerałów. W czasach rzymskich tłoczono z niej olej leczniczy stosowany na nadkwasotę, wrzody żołądka czy wzdęcia. Wspomaga trawienie „ciężkich" dań, warto ją jeść, by cieszyć się pięknymi włosami i paznokciami.
- Lollo biała bądź czerwona charakteryzuje się ostrym smakiem. Można spotkać odmianę zieloną lub bordową, w każdej jest dużo przeciwutleniaczy i błonnika.
- Aby pozbyć się charakterystycznej goryczki cykorii sałatowej radicchio, należy jej liście zamoczyć na chwilę w ciepłej wodzie. Można ją przechowywać w lodówce do tygodnia.
- Roszponka (roszpunka) ma miły, lekko orzechowy smak. Im mniejsze listki, tym bardziej jest aromatyczna.
- Najlepiej wymieszać kilka gatunków sałat i jeść do woli, bo wszystkie zawierają mało kalorii.
- Do sałatek i surówek sprzedawanych w sklepach (nawet tych garmażeryjnych, na wagę) dodaje się konserwanty, regulatory kwasowości, czasem aromaty i barwniki. Poza tym są one drogie. Jeśli za kilogram tuńczyka w puszce trzeba zapłacić 25 zł, to dlaczego sałatka, w której stanowi on 10 proc., kosztuje 35 zł za kilogram?

Pstryk, działa!

Oliwę, majonez, oleje smakowe traktuj jako dodatki, a nie składniki. Kup kroplomierz, załóż korek z lejkiem na butelkę oliwy lub odmierzaj płynny tłuszcz czy majonez łyżeczkami. Im mniej go dodasz, tym mniej przytyjesz. Danie doprawiaj czosnkiem, ziołami, sokiem z cytryny, octem balsamicznym, jogurtem naturalnym, odrobiną sera pleśniowego, dorzuć kilka orzechów, śliwek, malin.

PRAWDY I MITY O SAŁATACH I SAŁATKACH

• **Nieprawda**, że sałata to dobre źródło żelaza. Owszem, ma go dużo, ale nie tak łatwo przyswajalnego. Organizm wchłania 45 proc. tego pierwiastka z czerwonego mięsa, a np. ze szpinaku – tylko 2 proc. Aby dostarczyć taką samą ilość jak w 150-gramowym kawałku mięsa, trzeba by zjeść prawie 5 kg tej zieleniny.

• **Nieprawda**, że każda sałatka to samo zdrowie. Te przyrządzone z majonezem, kukurydzą, żółtym serem, fasolą, makaronem są ciężkostrawne i bardzo kaloryczne. Zwykle najwięcej kalorii mają gotowe sałatki, do których dodaje się mnóstwo majonezu i mleko w proszku jako zagęszczacz, a mało składników bardziej wartościowych i droższych, np. ryb (tuńczyka, łososia), wędlin (szynki) czy oliwek.

Badania naukowe z ostatnich lat

• Instytut Żywności i Żywienia przeprowadził badania, z których wynika, że duży procent Polaków je za mało zieleniny, a co się z tym wiąże – kwasu foliowego. Naturalnym źródłem tej witaminy są drożdże, surowe warzywa zielone, rośliny strączkowe, niektóre owoce, np. klementynki i grejpfruty. Od 1998 roku w Stanach Zjednoczonych sprzedaje się mąkę wzbogaconą kwasem foliowym. Liczba urodzeń dzieci z wadami układu nerwowego spadła tam o 47 proc.! W Polsce również można już kupić taką mąkę.

• Sensacyjną wiadomość dotyczącą osób powyżej 65. roku życia podali nowojorscy neurolodzy. Według nich wysokie spożycie kwasu foliowego aż o 50 proc. obniża prawdopodobieństwo wystąpienia choroby Alzheimera.

Kupuj z głową

Czy wiesz, że gotowe sałatki to zwykle tzw. przegląd tygodnia, zapchajdziura, jedne z najbardziej podejrzanych produktów spożywczych? W sałatce z łososia znajdziesz zaledwie kilka procent ryby, w krabowej – czasem tylko aromat z krabów, w jajecznej – głównie tanią kukurydzę i majonez. Takie mieszanki mają mało składników odżywczych, za to morze pustych kalorii. Zawsze, bez względu na okoliczności, lepiej przyrządzić sobie sałatkę w domu.

Warzywa

Kalorie w 100 g:
od 13-16 kcal (ogórek, kiszona kapusta, cukinia, pomidor, seler naciowy, rzodkiewka, sałata) do 288-293 kcal (fasola i groch)

Zalecana dawka:
codziennie 3-5 porcji

Uwierz w siłę marchewki

Jedyne bezkarne obżarstwo to obżarstwo warzywne. Szkoda, że o warzywach myślimy rzadziej niż o mięsie, węglowodanach czy słodyczach. A powinniśmy je jeść najczęściej, jak się da, bo naukowcy już dawno udowodnili, że chronią nas przed tyciem, nadciśnieniem, chorobami serca czy nowotworami.

Dlaczego? Nie dość, że mają dużo odżywczych witamin i minerałów, wysmuklającego błonnika i działających przeciwstarzeniowo, przeciwmiażdżycowo i przeciwnowotworowo przeciwutleniaczy, to jeszcze są najmniej kaloryczne (nie licząc fasoli i grochu) ze wszystkich składników pokarmowych, które jemy. Wystarczy policzyć. Szklanka soku pomarańczowego zawiera 86 kcal, co jest równoważne ponad trzem szklankom soku pomidorowego! W risotcie z mięsem (200 g) znajduje się tyle samo kalorii (400 kcal), co w siedmiu talerzach zupy jarzynowej (200 ml). Zamiast Big Maca (540 kcal) można zjeść pięć porcji chudego bigosu! Wyjątek od tej reguły stanowią warzywa strączkowe, choć nie wszystkie. Najwięcej kalorii ma wszechobecna we współczesnym przemyśle spożywczym, supertania i superzapychająca soja – 382 kcal w 100 g. Tuż za nią plasuje się soczewica – 327 kcal w 100 g suchych ziaren, potem groch – 293 i fasola – 288. Mistrzami odchudzania w kategorii warzyw strączkowych są fasolka szparagowa – 27 kcal w 100 g oraz bób – 39!

Najzdrowsze są surowe warzywa. Jedynie pomidory zawierają mniej cennego przeciwutleniacza – likopenu – niż gotowane, np. sos pomidorowy czy keczup.

Im bardziej rozdrobnione i rozgotowane jarzyny, tym więcej tracą składników odżywczych. Należy je jak najkrócej gotować na parze lub piec. Jeśli trzeba, obieraj je cieniutko, bo tuż pod skórką znajduje się najwięcej witamin. Lepiej wrzucać do garnka warzywa w całości (zawsze do wrzątku) i dopiero po wyjęciu kroić – w ten sposób zmniejszysz utratę tego, co w nich najwartościowsze. Wodę po gotowaniu szkoda wylewać, bo zawiera dużo witamin i soli mineralnych. Można jej użyć do przyrządzenia sosu lub zupy. Zielone warzywa, np. szpinak, fasolkę szparagową, szczaw, należy krótko trzymać na dużym ogniu, bez przykrycia. Po ugotowaniu warto przelać je zimną wodą, by nie straciły koloru.

Na zakupach

- Wybieraj świeże, młode i przede wszystkim sezonowe warzywa. Kupowanie pomidorów w styczniu nie jest dobrym pomysłem, podobnie jak sałaty w marcu. Z pewnością będą miały sporo szkodliwych związków chemicznych: azotanów ołowiu, kadmu, rtęci czy pestycydów.
- Najwięcej nawozów przyswajają: szczypiorek, sałata, rzodkiewki, buraki czerwone, kapusta pekińska, szpinak oraz kalarepa.
- Warzywa powinny być jędrne, pachnące, niezwiędnięte, bez plam i śladów pleśni, a cebula i czosnek nie mogą kiełkować.
- Jeśli są ciemniejszego koloru, śliskie i miękkie (np. pory, ogórki), prawdopodobnie zostały przymrożone podczas transportu i nie nadają się do jedzenia.
- Staraj się nie kupować warzyw w paczkach czy w folii. Wybieraj te na wagę. Są świeższe i niepryskane konserwantami.
- Unikaj gigantycznych, okazałych warzyw – z pewnością zostały mocno potraktowane nawozami. Wyjątkiem jest tu kapusta. Zdaniem specjalistów, małe główki kapusty są zwykle gorsze jakościowo i mniej smaczne.
- Zamiast słodkich, kalorycznych i napędzających apetyt soków owocowych wybieraj soki warzywne.

Uważaj na hasła

- „Porcja warzyw", „moc warzyw", „jedz pięć razy dziennie warzywa i owoce" – jeśli te napisy znajdują się na produktach przetworzonych: zupach w proszku, konserwach, słoikach, nie wierz reklamie. Żaden z nich nie jest wart postawienia na półce obok świeżych warzyw, bo zawiera o wiele mniej witamin i minerałów i o wiele więcej zbędnych dodatków: soli, cukru, konserwantów, sztucznych wzmacniaczy smaku i zapachu.
- „To, co warzywne, jest nietuczące" – nie zawsze. Sprawdzaj kaloryczność: sałatka jarzynowa z jajkami i majonezem czy sałata posypana serem i boczkiem może mieć więcej kalorii niż hamburger z frytkami!

ABC warzywniaka

- **Bakłażan** (21 kcal w 100 g) – można go jeść zamiast mięsa, jest pożywny i niskokaloryczny. Zawiera sporo błonnika, wapnia, żelaza, fosforu, potasu. Znajduje się w nim trochę witamin A, B_2 i dużo C. Chroni przed chorobami serca i nowotworami.
- **Brokuły** (27 kcal w 100 g) – superzdrowe, najlepsze źródło witaminy C oraz kwasu foliowego. Ponadto dostarczają witamin z grupy B, magnezu, żelaza, sodu, potasu, wapnia oraz fosforu.

- **Buraki** (38 kcal w 100 g) – pomocne w zwalczaniu nowotworów (prawdopodobnie dzięki zawartości dwóch rzadkich metali – rubidu i cedu). Oprócz dużej ilości witamin z grupy B, C i P znajdują się w nich: kwas foliowy, karoten oraz pół tablicy Mendelejewa najróżniejszych pierwiastków śladowych.
- **Cebula** (30 kcal w 100 g) – działa bakteriobójczo, reguluje poziom cukru we krwi. Ma dużo witaminy C, a także sód, potas, wapń, mangan, żelazo, kobalt, miedź, cynk, fosfor, fluor, jod, karoten, witaminy E, B_1, B_2, B_6, kwas nikotynowy i foliowy.
- **Cukinia** (15 kcal w 100 g) – może zastąpić mięso. Syci, ale nie tuczy. Zawiera mnóstwo witaminy A i małą ilość pierwiastków śladowych.
- **Czosnek** (143 kcal w 100 g) – król przypraw, skuteczna broń przeciwko infekcjom bakteryjnym, wirusowym oraz pasożytniczym. Dostarcza: witamin A, B, C oraz minerałów – selenu, jodu, potasu, żelaza, wapnia, cynku i magnezu.
- **Fasola** (biała – 288 kcal w 100 g, szparagowa – 27 kcal w 100 g) – jest wysokokaloryczna, ale stanowi bogate źródło witamin z grupy B, C i E oraz składników mineralnych, takich jak: potas, magnez i selen. W jej strączkach znajdują się również substancje chroniące przed cukrzycą. Ma właściwości moczopędne – stosuje się ją w leczeniu i profilaktyce chorób nerek i moczowodów.
- **Groch** (293 kcal w 100 g) – kaloryczny, ale zdrowy i wysokobiałkowy. Zawiera: biotynę, sód, potas, wapń, magnez, mangan, żelazo, miedź, fosfor, chlor, jod, karoteny, kwas nikotynowy, pantotenowy, foliowy, witaminy E, C i z grupy B.
- **Kalafior** (22 kcal w 100 g) – cenne źródło składników odżywczych: wapnia, cynku, sodu, witamin K, B_1, B_2, B_6, C, kwasu nikotynowego i pantotenowego oraz potasu, magnezu, manganu, żelaza, miedzi, fosforu, fluoru, chloru i jodu.
- **Kapusta** (biała – 29 kcal w 100 g, pekińska – 12 kcal w 100 g) – wcale nie głowa pusta, a wręcz przeciwnie – pełna bogactw. Dostarcza m.in. fosforu, manganu, miedzi, potasu, wapnia, żelaza, sodu oraz witamin A, C, E i z grupy B. Znajduje się w niej wiele siarki – pierwiastka, który upiększa włosy, cerę i paznokcie. W tej roślinie stwierdzono ponadto obecność mniej znanych substancji z grupy przeciwutleniaczy, które zapobiegają rozwojowi nowotworów, oraz goitryny – spożycie jej w dużej ilości prowadzi do powstania wola tarczycy.
- **Marchew** (27 kcal w 100 g) – to przede wszystkim karoten, korzystnie wpływający na nasz wzrok i koloryt skóry. Zawiera mnóstwo witamin: A, B_1, B_2, B_6, C, E, K i PP, a także wapń, żelazo, miedź oraz fosfor.
- **Ogórek** (13 kcal w 100 g) – nie ma zbyt wiele witamin, ale pobudza przemianę materii i oczyszcza organizm z toksyn. Zyskuje podczas kiszenia.
- **Papryka** (czerwona – 28 kcal w 100 g, zielona – 18 kcal w 100 g) – bomba z witaminą C, E, kwasem foliowym, cynkiem, wapniem, żelazem, fosforem oraz potasem

(zwłaszcza zielona i żółta). Poleca się ją osobom cierpiącym na anemię, dbającym o wygląd skóry, włosów i paznokci.

- **Pietruszka** (38 kcal w 100 g) – jej natka zawiera mnóstwo witaminy C, żelaza, kwasu foliowego i prowitaminy A. Korzeń działa moczopędnie i oczyszczająco.
- **Pomidor** (15 kcal w 100 g) – znajduje się w nim wiele witamin i składników mineralnych. Stanowi doskonałe źródło potasu obniżającego ciśnienie krwi oraz likopenu, chroniącego przed zawałem serca i miażdżycą, a także przed nowotworami. Uwaga! Najwięcej tego przeciwutleniacza jest w gotowanych pomidorach.
- **Por** (24 kcal w 100 g) – redukuje ilość złego cholesterolu, ma właściwości bakteriobójcze, a dzięki zawartości witamin C, B_6, manganu i żelaza stabilizuje poziom cukru we krwi. Poza witaminami A i E dostarcza potasu, wapnia, fosforu, magnezu i kwasu foliowego.
- **Seler** (21 kcal w 100 g) – wspomaga oczyszczanie organizmu, ułatwia trawienie, jest pomocny w zaparciach oraz działa moczopędnie. Znajduje się w nim dwa razy więcej witaminy C niż w cytrusach. Ponadto stwierdzono w nim obecność witaminy PP, E i z grupy B, dużą ilość fosforu, wapnia, potasu i cynku.
- **Szpinak** (16 kcal w 100 g) – ma rekordową ilość żelaza (2,4 mg w 100 g) i kwasu foliowego, dużo witaminy C oraz więcej magnezu niż czekolada. Zawarte w nim przeciwutleniacze (witamina E, C, beta-karoten) chronią przed starzeniem i nowotworami.

PRAWDY I MITY O WARZYWACH

- **Nieprawda**, że jedynie jogurty zawierają dobroczynne bakterie probiotyczne. Zamiast wydawać na nie duże pieniądze, sięgnij po kiszonki! To, co kwaszone, jest tanie i nie tuczy, ba, warzywa podczas fermentacji tracą kalorie! Jeden średni ogórek albo miseczka kapusty to tylko 12 kcal! Kiszonki dostarczają kwasu mlekowego – cennej substancji, która oczyszcza z toksyn, reguluje trawienie. Dzięki nim nie masz ochoty na podjadanie, bo lekko zakwaszają organizm. Zawierają też witaminy z grupy B: B_1, B_2, B_3, które wzmagają metabolizm, ułatwiają trawienie białek, tłuszczów i węglowodanów. Ponadto wygładzają skórę, wzmacniają włosy i paznokcie. Zwiększają również przyswajalność żelaza, a bez niego skóra jest szara.
- **Prawda**, że co za dużo, to niezdrowo. Dieta wyłącznie warzywna może powodować nie tylko biegunki, ale i niedobór krwiotwórczej witaminy B_{12}, żelaza, wapnia (gorzej się wchłaniają z warzyw), witamin A oraz D.
- **Prawda**, że ogórki powinno się jadać osobno, a nie z pomidorami, gdyż ich wzajemne działanie prowadzi do utraty witamin. Zielone warzywa dobrze popijać sokiem pomarańczowym lub skrapiać sokiem z cytryny – zawarte w nich żelazo organizm lepiej przyswaja w obecności witaminy C.

Kupuj z głową

Czy wiesz, że statystyczny Polak zjada co roku 115 kg warzyw, w tym 10 kg kapusty, która zarówno pod względem powierzchni uprawy, jak i rocznej produkcji (nie licząc ziemniaków) jest warzywem numer 1 w Polsce? Jeśli zazwyczaj kupujesz małe główki kapusty, bo można je łatwiej przechowywać, mrozić, no i w ogóle przytargać do domu, robisz błąd. Dlaczego? Specjaliści twierdzą, że dojrzała kapusta musi być duża. Mała to niewyrośnięty odpad, nadający się raczej dla zwierząt niż dla ludzi. Zapewne będzie mniej smaczna i mniej zdrowa. Dlatego zawsze lepiej poprosić w sklepie o przekrojenie na pół dużej główki.

Kapusta kiszona zawiera nie tylko morze witaminy C, ale też probiotyki – bakterie pożyteczne dla naszego żołądka i jelit. Sęk w tym, że probiotyki występują tylko w kapuście kiszonej naturalnie. Ta sprzedawana w wielu sklepach to kapusta oszukana – zakwaszana kwasem cytrynowym lub mlekowym, żeby było szybciej. Jest gorzka, paskudna w smaku, żółta jak siuśki niemowlaka albo bardzo kwaśna. Kiszona kapusta powinna mieć jasny, lekko kremowy kolor. Jeśli jest żółta, to przygotowano ją z zielonej, niedojrzałej kapusty. Jej ciemna, żółtobura barwa świadczy o tym, że jest przekiszona – nie ma wówczas witaminy C, jest kwaśna jak żur i niejadalna, mogła leżeć w silosie nawet 2-3 lata. Jeśli ma mozaikowy kolor (jedne skrawki są jasne, inne ciemniejsze, bardziej żółte) – znaczy, że są to same odpadki, wymieszane razem.

Nie warto kupować kapusty pakowanej w woreczki foliowe, bo żeby nie spęczniała i kompletnie nie skwaśniała, sypie się do niej różne chemiczne substancje, wybielacze i konserwanty, takie jak sorbinian potasu czy pirosiarczyn sodu. Sprzedawana w słoikach jest już przetworzona, tzn. pasteryzowana, miękka i ma mniej witamin.

Pstryk, działa!

Spróbuj pieczonych warzyw – wspaniale smakują papryka, burak, czosnek. Piecze się je na blasze w piekarniku razem ze skórką. Gorącą paprykę należy schować do papierowej torby i poczekać, aż wystygnie, a następnie zdjąć z niej skórkę. Czosnek się wyciska, a buraki – obiera.

Badania naukowe z ostatnich lat

- Za najlepszą dietę uważa się śródziemnomorską, która obfituje w warzywa i owoce. Znacząco zmniejsza ryzyko wystąpienia chorób cywilizacyjnych, np. cukrzycy, miażdżycy, nadciśnienia. Wielokrotnie udowodniono, że przedłuża życie.
- Statystyczny Polak zjada 150 kg świeżych warzyw rocznie, mieszkańcy zachodniej Europy – ok. 250 kg, a Grecy – ponad 400 kg.
- Jedzenie przynajmniej raz w tygodniu kapusty (najlepiej surowej) znacznie obniża możliwość zachorowania na raka żołądka, dwunastnicy czy jelita grubego.
- Warzywa i owoce chronią górne drogi oddechowe i płuca – takim wnioskiem zakończyły się badania naukowców z Uniwersytetu Waszyngtona w Seattle.
- Kobiety, których dieta podczas ciąży jest bogata w warzywa i owoce, rzadziej zapadają na przeziębienia i infekcje górnych dróg oddechowych – wykazali naukowcy z Bostonu.
- Raport ekspertów Światowej Organizacji Zdrowia i Organizacji Narodów Zjednoczonych ds. Wyżywienia i Rolnictwa na temat diety, żywienia i prewencji chorób przewlekłych podaje, że obowiązkowo należy jeść minimum 400 g warzyw (nie licząc ziemniaków) i owoców dziennie. Jednak, aby nie chorować na serce, nowotwory, cukrzycę czy otyłość, trzeba zjadać każdego dnia 500-700 g warzyw i owoców, podzielonych na pięć porcji (za porcję uznaje się średniej wielkości owoc lub warzywo, np. jabłko, marchew, a także szklankę sałaty, soku lub owoców jagodowych – truskawek, jagód, malin).

Mrożonki

Kalorie w 100 g:
od 25 kcal (zupa zimowa i barszcz ukraiński)
do 276 kcal (pizza z salami
albo łosoś w cieście francuskim)

Zalecana dawka:
kilka razy w tygodniu zimą

Zdrowy mróz

Wiadomo, że lepiej jeść świeże owoce, warzywa i mięso. Jeśli już sięgać po coś gotowego (obranego, pokrojonego), to przede wszystkim po mrożonki. Zamrażanie żywności stanowi najlepszy sposób na zachowanie w niej cennych składników. Pozwala w większym stopniu niż np. słodzenie, solenie czy marynowanie zachować najbardziej zbliżoną do świeżych produktów wartość odżywczą, i to bez wprowadzania dodatkowych substancji konserwujących (np. soli czy octu). Dzięki niemu prawie nie zmienia się struktura białek i zostaje zahamowane jełczenie tłuszczów zachodzące w temperaturze wyższej niż -18°C. Straty składników mineralnych w tej metodzie przechowywania są niewielkie i wiążą się ze wstępną obróbką, np. blanszowaniem (czyli obgotowywaniem przez krótki czas w celu unieczynnienia enzymów mogących niszczyć składniki odżywcze oraz powodować niekorzystną zmianę barwy lub rozwój flory bakteryjnej).

Zamrażanie najlepiej zapobiega stratom witamin. Ubytek witaminy C jest stosunkowo niewielki i wynosi 20 proc. (dla porównania – w syropach znika średnio 75 proc., w kompotach i dżemach – powyżej 35 proc.), witaminy A – tylko 5-10 proc. w owocach i 20-30 proc. w warzywach. Obserwuje się również znacznie mniejszą utratę witamin B_1 i PP niż w wypadku zastosowania innych metod przechowywania żywności. Co ważne, podczas gotowania mrożonek straty witamin są nieduże w porównaniu z gotowaniem świeżych owoców i warzyw.

Na zakupach

- Mrożonki kupuj w paczkach lub kartonach. Te na wagę, leżące miesiącami w wielkich lodówkach w supermarketach, są zwietrzałe i niesmaczne.
- Szukaj na opakowaniu temperatury zamrażania i daty przydatności do spożycia (ewentualnie daty wyprodukowania). Im świeższy produkt i niższa temperatura, tym lepiej, ponieważ, gdy proces ten przebiega powoli, powstają duże kryształki lodu rozrywające błony komórkowe skórek owoców i warzyw, co powoduje nadmierny wyciek soku.

- Wybieraj tylko dobrze zamrożone produkty, bez śladów rozerwania na torebce czy wgnieceń na pudełku.
- Warzywne i owocowe mrożonki powinny być sypkie. Jeśli są zbite w ciężką kulę lub zlepione, to oznacza, że wcześniej się rozmroziły. Wyjątek stanowią produkty bardzo rozdrobnione, zamrożone w płytkach.
- W drodze z zakupów do domu nie dopuść do rozmrożenia produktu, jeśli chcesz go nadal przechowywać. W wielu sklepach można nabyć specjalne torby termiczne, które ułatwią to zadanie.
- Uwaga! Większość mrożonek ma mało kalorii. Jednak warto pamiętać, że w wypadku filetów rybnych, pierogów czy kopytek trzeba doliczyć do kaloryczności dania jeszcze dodatki, np. tłuszcz do smażenia, sos czy śmietanę.
- Żywność w puszkach jest mniej zdrowa od mrożonek – zwykle zawiera konserwanty, sztuczne barwniki i znacznie mniej witamin. Dosypuje się do niej wiele soli i cukru. Owoce w puszce w słodkim syropie to bomba kaloryczna! Zanim więc kupisz fasolkę czy groszek, sprawdź skład konserwy.

PRAWDY I MITY O MROŻONKACH

- **Prawda**, że mrożonki są wygodne. Nie wymagają prawie żadnej obróbki wstępnej. Podczas ich przyrządzania nie powstają odpady, gdyż cały produkt nadaje się do spożycia. Poza tym czas przygotowywania z nich potraw jest znacznie krótszy niż w wypadku świeżych produktów.
- **Prawda**, że raz rozmrożonego artykułu nie można po raz kolejny zamrażać. Mrożonkę powinno się przechowywać w temperaturze nie wyższej od temperatury zamrażania. Chodzi o możliwie jak największe zahamowanie rozwoju drobnoustrojów i wszelkich zmian biochemicznych. Rozmrażać należy dopiero bezpośrednio przed spożyciem, i to jak najszybciej, by nie stracić soku i witamin oraz nie dopuścić do rozmnożenia drobnoustrojów. Dlatego najlepiej wrzucić do garnka owoce lub warzywa w postaci zamrożonej.
- **Nieprawda**, że mrożonki powinno się rozmrażać w temperaturze pokojowej. Jeżeli nie są przeznaczone do szybkiego gotowania, zaleca się rozmrażać je w lodówce. Zmniejsza to straty witaminy C oraz spowalnia rozwój bakterii i pleśni. Miękkie owoce (np. truskawki) przeznaczone do spożycia na surowo przepłucz chłodną wodą i zasyp cukrem w celu odizolowania od powietrza.

Badania naukowe z ostatnich lat

Z badań, które przeprowadzili naukowcy z Niemieckiego Instytutu Mrożonej Żywności w Hamburgu, wynika, że szokowe mrożenie warzyw (czyli bardzo krótkie w temperaturze -40°C) zapobiega tworzeniu się dużych kryształków lodu w ich komórkach. Nie dopuszcza się w ten sposób do utraty witamin i minerałów. Takie mrożonki mają niejednokrotnie więcej składników odżywczych niż świeża marchewka czy buraki.

Kupuj z głową

Czy wiesz, że kontrola mrożonek, którą przeprowadzono w 2009 roku, wykazała wiele nieprawidłowości? Najczęstsze przewinienia producentów to: odgniecione, poplamione owoce, uszkodzone, pokruszone warzywa, pozlepiane w bryły mieszanki, rozbieżności w deklarowanej na opakowaniu i faktycznej zawartości – mniej droższych składników w porównaniu z tańszymi, a nawet warzywa porażone przez szkodniki lub z wyraźnymi uszkodzeniami chorobowymi. Prawie na 20 proc. mrożonek nie było albo danych producenta, albo daty minimalnej trwałości lub terminu przydatności do spożycia. Wytwórcy ukrywali też sztuczne wzmacniacze smaku.

Fast food

Kalorie (porcja):

frytki (duża porcja) – 570 kcal
Big Mac – 540 kcal
lody z czekoladowymi drażetkami – 620 kcal

Zalecana dawka:

trzymaj się z daleka

Sprawdź, co nam wysmażył

Nad fast foodem nie warto się rozwodzić. Wiadomo, że mocno przetworzona żywność napędza apetyt (cukier), sprzyja tyciu (tłuszcz i często tłuszcze trans) i nadciśnieniu (sól), powoduje nadaktywność u dzieci (sztuczne barwniki i benzoesan sodu).

Jeśli ktoś nie do końca temu wierzy, niech pojedzie do Stanów Zjednoczonych. Tam w 85 tys. barów szybkiej obsługi, w wielu domach i szkołach mało wartościowe jedzenie w rozmiarach XXL od lat ląduje na talerzach. Efekt? Z trzech statystycznych Amerykanów jeden ma normalną figurę, drugi – nadwagę, a trzeci jest otyły. Zatem w tym liczącym już prawie 309 mln ludności kraju 200 mln osób cierpi na nadwagę, a 18 mln – na otyłość! U maluchów te wskaźniki wyglądają jeszcze gorzej. Kardiolodzy z Kansas City przebadali tętnice dzieci otyłych i z nadwagą w wieku 6-19 lat. Przypominały one naczynia krwionośne… 45-latków! Do 2030 roku ponad 80 proc. Amerykanów będzie ważyć za dużo. Jeśli nie zmienią stylu życia, wizja monstrualnie otyłych ludzi, poruszających się na leżankach i odżywiających się płynnym fast foodem, może być realna.

Jakie spustoszenia sieje śmieciowe jedzenie, udowodnił parę lat temu Morgan Spurlock w filmie *Super Size Me*. Poddał się eksperymentowi i przez miesiąc odżywiał się wyłącznie produktami z fast foodu. Przytył 15 kg, zaczął niezdrowo wyglądać, odczuwać bóle wątroby i w okolicy mostka, a jego poziom cholesterolu niebezpiecznie wzrósł.

Pewien chicagowski specjalista od żywienia pokazywał kiedyś w amerykańskiej telewizji ciastko, które wyglądało, jakby właśnie wyjęto je z pieca. Swoją „kondycję" zawdzięczało zestawowi „pysznych" składników chemicznych: konserwantom, barwnikom, tłuszczom trans, polepszaczom smaku i zapachu.

Dopiero pod koniec XIX wieku, wstrzykując pod ciśnieniem wodór do olejów roślinnych, zaczęto wytwarzać margaryny i inne smarowidła używane potem do wyrobu różnych produktów, począwszy od mydła aż po smary do kół. Taki tłuszcz był o wiele tańszy (12 proc. ceny masła) i o wiele trwalszy niż tłuszcz odzwierzęcy. Zalał rynek. Był i jest wszędzie – w fast foodzie, zupach w proszku, chipsach, mrożonych makaronach, daniach koszernych i wegetariańskich. Dopiero kilka lat temu świat dowiedział się, że ludzki organizm nie potrafi rozłożyć zawartych w nim tłuszczów trans, które „zalegają" w naczyniach krwionośnych jak niezniszczalne stosy plastikowych butelek na wysypiskach śmieci. Zwiększają ryzyko wystąpienia różnych chorób, od choroby Alzheimera po autyzm. Podnoszą poziom cholesterolu całkowitego, redukują poziom dobrego cholesterolu, zwiększają ilość płytek miażdżycowych w tętnicach, co prowadzi do zawału. Mimo to wielu z nas lubi pizzę, frytki, zapiekanki. I nie ma w tym nic złego, o ile z takich fastfoodowych „przyjemności" korzysta się jedynie raz w miesiącu.

W fast foodzie znajdują się węglowodany, cukier, tłuszcz i sól. Łatwo i szybko się go przyrządza. Jeśli wypełnisz nim jedną miskę, a drugą warzywami, to po spałaszowaniu śmieciowego jedzenia za godzinę będziesz głodny. Z miski warzywnej zjesz tylko trochę i starczy ci na wiele godzin. Dlaczego tak się dzieje? Fast food gwałtownie podnosi poziom cukru we krwi, co powoduje nagły wyrzut insuliny, a to napędza apetyt. Jeśli sięgniesz po zieleninę czy pełne ziarno, insulina we krwi pojawi się powoli, dopiero po kilku godzinach poczujesz głód. Utarło się mówić, że fast food to pokarm biedaków. Nieprawda. Gdyby dobrze policzyć, zdrowy posiłek ugotowany w domu z chudego mięsa czy ryby i sezonowych warzyw, choć przygotowuje się go dłużej, jest znacznie tańszy.

PRAWDY I MITY O FAST FOODZIE

• **Nieprawda**, że bary szybkiej obsługi się zmieniają, bo wprowadza się tam owoce i sałatki. Jabłka najczęściej są stowane te mniej wartościowe, amerykańskie – zielone, a sałatka to zwykle dość uboga w wartości odżywcze sałata lodowa poszatkowana na długo przed podaniem. Każde obrane i rozdrobnione warzywo częściowo traci witaminy. Rozkładają się one też pod wpływem światła, kontaktu z nożem. Ponadto polana majonezem i przysypana serem sałatka może mieć nawet 650 kcal, więcej niż duża porcja frytek czy hamburger!

• **Prawda**, że w czasie podróży lepiej zjeść w znanej sieci fast food niż w zajeździe przy drodze typu „grochówka i świeżonka". W pierwszym przynajmniej będzie czysto i nie grozi nam zatrucie.

Na zakupach

• W Polsce nie ma obowiązku ujawniania na etykietach występowania tłuszczów trans w produktach. Zatem jak je rozpoznać? Jeśli na liście składników figurują: „oleje uwodornione", „tłuszcze utwardzone" lub „oleje częściowo utwardzone", można być pewnym, że się tam znajdują. Im wyższe miejsce zajmują w wykazie, tym większe jest ich stężenie w wyrobie. Jeśli producent deklaruje, że jego produkt nie zawiera izomerów trans lub ich zawartość wynosi poniżej 1 g, można uznać ten artykuł za bezpieczny. Jeżeli na opakowaniu nie ma informacji na ten temat, a w wymienionych składnikach widnieją jakieś tłuszcze, to prawdopodobnie dodano także izomery trans.

- Warto również sprawdzać, jakie substancje dodatkowe (oznaczone kodem E) zastosowano do wytworzenia danego produktu. Dzięki barwnikom (oznaczonym numerami E100-199), konserwantom (E200-299), przeciwutleniaczom (E300-399), emulgatorom (E400-499) żywność szybko się nie psuje, ładnie wygląda, czasami też smakowicie pachnie. Większość tych dodatków technolodzy żywienia uznają za nieszkodliwe, ale niektóre spożyte w nadmiarze powodują zaburzenia trawienia, alergie, wysypki skórne, stanowią zagrożenie dla chorych na astmę. Do najgroźniejszych, najczęściej używanych, które podejrzewa się o to, że mogą mieć działanie rakotwórcze, należą: E210 (kwas benzoesowy), E211 (benzoesan sodu), E212 (benzoesan potasu). Znajdują się w pożywieniu wysoko przetworzonym: majonezach, sosach, dżemach, słodyczach, napojach gazowanych, konserwach. Do równie niebezpiecznych i, niestety, popularnych zalicza się: E249 (azotyn potasu), E250 (azotyn sodu) i E251 (azotan sodu). Dodaje się je do żółtych i topionych serów oraz do wędlin. Więcej informacji na ten temat znajdziesz na s. 194-235.
- Frytki w 40 proc. składają się z tłuszczu smażalniczego. Jest to olej utwardzony z dodatkiem substancji ograniczających jełczenie, rozpryskiwanie i pienienie. Zawiera szkodliwe dla serca i naczyń krwionośnych nasycone kwasy tłuszczowe oraz tłuszcze trans.
- Napój typu coca-cola zawiera niebezpieczny kwas ortofosforowy, który wypłukuje bezcenne dla organizmu pierwiastki – wapń i magnez. W półlitrowej butelce znajduje się też mnóstwo kalorii – aż 200 kcal! Tyle, co w wielkim sznyclu z indyka.
- Hamburgery wymyślono w Hamburgu, a w Stanach Zjednoczonych rozpropagowali je emigranci z tego miasta. Dobre hamburgery przygotowuje się z najlepszego, chudego mięsa wołowego, czyli polędwicy, lekko siekanej i smażonej na grillu. W mrożonych fastfoodowych odpowiednikach znajdują się spore kawałki tłuszczu, a mięso jest znacznie gorszego gatunku.
- W fast foodach używa się bułek z mąki oczyszczonej, w której nie ma nic wartościowego. Takie pieczywo składa się głównie ze skrobii i cukrów prostych. Aby było miękkie, długo świeże i białe, do mąki dodaje się różne polepszacze, np. kwas askorbinowy, czyli witaminę C.
- Fastfoodowe desery są wysokosłodzone i stanowią bomby kaloryczne. Ciasto francuskie może zawierać do 50 proc. tłuszczu, ciasto z jabłkami smaży się na głębokim tłuszczu, a w milkshake'u znajduje się ok. 10 łyżeczek cukru.

• Dziś w laboratorium chemicznym wyczarowuje się wszystko – różne artykuły spożywcze mogą pachnieć jak czekolada, truskawki, miód. Współczesne techniki przetwarzania żywności: suszenie, pasteryzowanie, mrożenie, rozdrabnianie, niszczą jej smak, dlatego do ciastek, czekolady, napojów i wędlin dodaje się sztuczne zapachy. Bez nich sklepowe produkty przypominałyby tekturę. Zapachy spożywcze produkują te same firmy, które wytwarzają zapachy perfumiarskie i kosmetyczne. Dlaczego? Ludzki zmysł smaku jest ubogi, rozróżnia tylko smak słodki, słony, kwaśny i gorzki. Jedząc, czujesz aromat, czyli połączenie smaku i zapachu. Na to, czy lody lub czekolada wydadzą ci się pyszne, nawet w 90 proc. ma wpływ ich zapach, który zwykle – niestety – jest sztuczny.

Kupuj z głową

Czy wiesz, że w Polsce coraz częściej można kupić *chicken nuggets*, czyli bryłki czy może lepiej „kęski" kurczaka? Te gotowe do odgrzania w kuchence mikrofalowej lub piekarniku kawałki mięsa drobiowego w panierce przygotowuje się w wielkich zakładach przemysłowych zwykle w bardzo nieprzyjemny sposób. Skóry, tłuszcz, kuperki, chrząstki, ścięgna i kawałki mięsa miele się na jednolitą, gładką papkę, dodaje przyprawy polepszające smak i zapach, następnie formuje w bryłki lub talarki, obsypuje panierką i wstępnie smaży. Smacznego!

Badania naukowe z ostatnich lat

• Z wielu badań wynika, że spożywanie ok. 5 g tłuszczów trans dziennie ma bezpośredni związek z 23-procentowym wzrostem zapadalności na chorobę wieńcową. Jedna porcja smażonego kurczaka z frytkami w znanej sieci fast food, według artykułu z „New England Journal of Medicine", zawiera 4,4 g tłuszczów trans pochodzących przede wszystkim z oleju użytego do smażenia.

• W 1994 roku naukowcy z Harwardzkiej Szkoły Zdrowia Publicznego stwierdzili, że wyeliminowanie szkodliwych tłuszczów trans pozwoliłoby uratować życie 30 tys. osób rocznie.

• Jak uważają amerykańscy uczeni, tłuszcze utwardzone atakują tkankę mózgu: mącą myśli i upośledzają pamięć. Tak wynika z eksperymentu na szczurach, przeprowadzonego niedawno przez pracowników Uniwersytetu Medycznego w Karolinie Południowej.

• Badania Wydziału Technologii Żywności SGGW wykazały, że im więcej tłuszczów trans znajduje się w cieście, tym lepiej ono smakuje. Niektóre takie produkty mogą mieć nawet ponad 50 proc. złych izomerów.

• W 2006 roku „British Medical Journal" wezwał brytyjski rząd do wprowadzenia prawa ograniczającego zawartość tłuszczów trans w artykułach żywnościowych do poniżej 2 proc. (podobnie jak w Danii) i nakazującego producentom podawanie dokładnych informacji na etykietach. Taki przepis obowiązuje również w Stanach Zjednoczonych. W Polsce nie wydano rozporządzenia na ten temat.

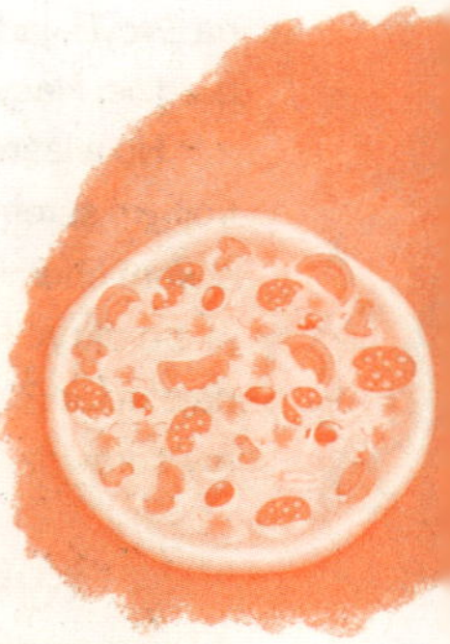

Pizza

Kalorie w 100 g:

pizza Wegetariana na cienkim cieście – 200 kcal
pizza Margherita na cienkim cieście – 220 kcal
pizza na puszystym cieście – nawet 400 kcal

Zalecana dawka:

raz w tygodniu 2-3 trójkąty pizzy na cienkim cieście

Margherita forever!

My, Polacy, lubimy domową kuchnię. Rosół, schabowy, ziemniaki – to główne hity niedzielnego obiadu. Nie stać nas na częste wyjścia do restauracji, a jeśli już chcemy zjeść coś na mieście, to odwiedzamy tańsze lokale, a w nich najczęściej zamawiamy pizzę. Królową fast foodu wybiera aż 40 proc. z nas.

Co tu dużo mówić, kochają ją wszyscy – rodzice, dzieci, a zwłaszcza nastolatki, które mogą ją jeść w zasadzie na okrągło: na śniadanie, obiad i kolację. Na telefon, mrożoną, domową, udawaną (bułka pizzowa), każdą. Badania przeprowadzone niedawno w województwie mazowieckim pokazują, że 80 proc. gimnazjalistów z dużych miast regularnie sięga po śmieciowe jedzenie. Hamburgery, frytki czy pizzę zdarza się im jeść nawet dwa razy w tygodniu! Rodzice załamują ręce, jednak może niesłusznie. Frytki czy chipsy, zgoda, nie mają wiele wartości, ale pizza?

Pizza to płaski placek z wytrawnego ciasta drożdżowego (*focaccia*), posmarowany sosem pomidorowym, posypany tartą mozzarellą, pieczony w bardzo mocno rozgrzanym piecu. Płaskie placki posypywane różnymi dodatkami wypiekali już starożytni Egipcjanie i Grecy. Jednak pizza w swoim nowoczesnym, okrągłym, pomidorowo-serowym kształcie została wynaleziona w Neapolu. Pierwsza pizzeria, Antica Pizzeria Port'Alba, powstała w tym mieście w 1738 roku i jest czynna do dziś.

W 1889 roku bawiący w Neapolu król Umberto I oraz królowa Margherita Sabaudzka (di Savoia) zamówili u najlepszego wtedy kucharza w mieście, Rafaelle Esposita, kilka rodzajów pizzy. Mistrz Esposito przygotował placki z anchois, serem Provolone, a także pizzę z sosem pomidorowym, mozzarellą i świeżą bazylią w kolorach włoskiej flagi. Ta ostatnia przypadła królowej najbardziej do gustu. Kucharz nazwał ją na jej cześć Margheritą. W wielu regionach Włoch, szczególnie tych biedniejszych, np. na Sycylii, jada się pizzę na grubszym (nawet do 2 cm) cieście, ale pamiętajmy: najbardziej klasyczna pizza, ta neapolitańska, ma ciasto o grubości najwyżej 3 mm!

No właśnie, czy pulchna klucha w stylu amerykańskim, na grubym cieście, z potrójnym serem i górą bekonu, to jeszcze jest pizza? Czy mrożona niby-włoszka z mnóstwem chemicznych dodatków ma sens? W jaki sposób wytwórcy fast foodu starają się ukryć kiepski smak słabych jakościowo składników? Co w pizzy uzależnia najbardziej? Jaką pizzę wybrać, by była zdrowa i niskokaloryczna? Najpierw pojedźmy sprawdzić to w sklepie.

Na zakupach

• Przypomnijmy, jak najczęściej kupujemy pizzę:
– zamawianą w restauracji lub przywożoną do domu na telefon. Najpopularniejsze to: pizza Margherita (z serem), Prosciutto (z szynką), Capriciosa (z szynką i pieczarkami) czy Quatro Fromaggi (z czterema gatunkami sera);
– surową, gotową do wrzucenia do pieca. Kupujesz w sklepie, krótko pieczesz i jesz;
– mrożoną – w tekturowych pudełkach. Wyjmujesz z kartonu, wkładasz do piekarnika, pieczesz 30-40 minut i zajadasz;
– bułki pizzowe, zwane pizzerkami. Szybkie, tanie, poręczne.

• Tylko co warto kupić?
Zanim zaczniemy nasze poszukiwania pizzy idealnej, warto odpowiedzieć sobie na kilka pytań. Jak wygląda prawdziwa pizza? Czy powinna być na grubym, czy na cienkim cieście? Jakie są jej podstawowe składniki? I w ogóle, skąd się u nas wzięła?

• Kupując pizzę, powiedzmy stanowcze nie grubym kluchom i napuszonym bułom. Prawdziwa pizza powinna być cieniutka jak papierek. To po pierwsze.

• Po drugie – sos pomidorowy. Sprawdzajmy, ile jest go w pizzy. Dlaczego? Bo to jej najcenniejszy składnik – najzdrowszy, najsmaczniejszy, najmniej kaloryczny. Jeśli więc pizza jest tylko zabarwiona sosem, nie kupuj. Jeśli jest od niego aż mokra, to jest to! Pomidory są bogate w likopen, przeciwutleniacz, który przeciwdziała chorobom układu krwionośnego i nowotworom. Co ciekawe, więcej likopenu znajduje się w pomidorach poddanych obróbce termicznej, czyli w przetworach pomidorowych.

Badania naukowe wskazują, że spożywanie przetworów z pomidorów zapobiega rozwojowi raka prostaty. Sos pomidorowy ma średnio 50 kcal w 100 g.

- Po trzecie – ser. To jeden z najbardziej kalorycznych, ale jednocześnie zdrowych, bo bogatych w wapń, składników pizzy. Według receptury powinna to być mozzarella. I mamy dobrą wiadomość – mozzarella jest chuda (ma ok. 250 kcal w 100 g)! Jeśli robisz pizzę w domu, pamiętaj, że trzy najpopularniejsze w Polsce sery żółte będą miały więcej kalorii: gouda – 316 kcal, edamski – 328 kcal, podlaski – ok. 320 kcal.
- A co na dodatek? Wszystko, o czym można tylko pomyśleć. Diabeł zwykle tkwi w szczegółach, dlatego kupując czy zamawiając pizzę, zwracajmy uwagę na dodatki. Bekon, kiełbasa i salami przygniotą ją tłuszczem i kaloriami. Warzywa, ryby i owoce morza czy pieczarki sprawią, że pizza będzie naprawdę wartościowym posiłkiem. Pizza wegetariańska (warzywa, sos pomidorowy, ser) zawiera ok. 200 kcal i 7 g tłuszczu w 100 g, pizza Margherita (sos i ser) – 220 kcal i 8,5 g tłuszczu, zaś pizza pepperoni (kiełbasa pepperoni, ser i sos) to już 420 kcal i 18 g tłuszczu. Jak widać, jeżeli ktoś liczy kalorie, niech lepiej zrezygnuje z pizzy.

Oto czarna lista dodatków do pizzy: kiełbasa pepperoni, bekon, salami, szynka z tłuszczykiem, ekstraser, ser pleśniowy.

Składniki niskokaloryczne: szpinak, pomidory, brokuły, cebula, czyli warzywa, z wyjątkiem strączkowych. Niskokaloryczne są również pieczarki, owoce morza i chude ryby, np. tuńczyk.

Uwaga na jajka, kukurydzę, oliwki i awokado – mimo że są zdrowe, podwyższają kaloryczność pizzy (szalka na równi).

- Dobra pizza to zatem jak najcieńsze ciasto, trochę sera i mnóstwo niskokalorycznych dodatków. Problem jednak w tym, że kiedy zamawiamy pizzę na telefon, bywa zupełnie odwrotnie. Fast foody starają się, jak mogą, wcisnąć nam tani, tłusty i niezdrowy kit. Największa, najbardziej wypasiona pizza w najbardziej znanej w Polsce sieci ma 3200 kcal, 130 g tłuszczu i aż 20 g soli! Tymczasem dziennie wystarczy nam średnio 2000 kcal, 50 g tłuszczu i zaledwie 1g soli. Jeśli do tego doliczymy dodatki w promocji: paluszki serowe, pieczywo czosnkowe, napoje gazowane i sosy na majonezie, wyjdzie nam chyba roczna dawka kalorii dla zdrowego poborowego. Zamiast sosu czosnkowego weźmy więc mniej kaloryczny pomidorowy, a zamiast utaplanej w majonezie sałatki Coleslaw – zieloną sałatę. Zrezygnujmy ze wszystkiego, co „ekstra", „super" i „gratis", wyjdzie nam na zdrowie.

Uważaj na hasła

- Pizza mrożona. Kupując gotową pizzę, sprawdź, jaki ser w niej jest (często oszukany, z dolewką oleju).

- „Pizza mrożona, najlepsza jakość" – a w środku ser, który nie jest serem, tylko serem z dolewką oleju, i tłuszcz, który nie jest zdrowym tłuszczem, tylko utwardzonym, a zatem szkodliwym tłuszczem roślinnym. Zanim wybierzesz gotową pizzę, sprawdź, jakie ma składniki, bo w takim miszmaszu może być wszystko, które w sumie okazuje się niczym.
- „Pizza hawajska włoskie smaki" – a nieprawda, bo pizzę hawajską wymyślili... Niemcy, i to wschodni. W latach 50. popularny wtedy w NRD kucharz Clemens Wilmenrod przyrządził tost hawajski składający się z szynki, sera i ananasa na wierzchu, okraszonego wisienką z syropu. To słodko-serowe paskudztwo szybko przeniosło się na pizzę. Jedno jest pewne: rasowy Włoch kijem tego nie ruszy, ale dzieciaki za nią szaleją.
- „Pizzerki pyszne" – jakie tam one pyszne, skoro składają się głównie z mąki pszennej i śladowych ilości dodatków. W sumie wielka buła maźnięta sosem pomidorowym, a cebulki na niej z lupą szukać.

Kupuj z głową

Czy wiesz, że pizza może być naprawdę wartościowym posiłkiem, pod warunkiem że dostarczy nam więcej białka, błonnika i witamin, a mniej tłuszczu i węglowodanów? Jeśli zrezygnujemy z pieczywa czosnkowego (dwie kromki z masłem i serem – 350 kcal) i zamiast tego zamówimy sałatę z pomidorem lub ogórkiem skropioną sosem winegret (100 kcal), zaoszczędzimy 150 kcal. Jeśli odkroimy brzegi ciasta, zostawiając je na talerzu, da nam to 200 kcal mniej w biodrach. Pizzę można też odtłuścić (a tym samym zmniejszyć jej kaloryczność o ok. 30-40 kcal), używając ręcznika papierowego. Jeśli zamiast napoju gazowanego (250 kcal na pół litra) wypijemy wodę lub herbatę, wyjdziemy z pizzerii lżejsi o 250 kcal. Wniosek? Da się zjeść pizzę nawet w fast foodzie i nadal być o 650 kcal lżejszym.

Keczup i inne dodatki

Kalorie w 100 g:
keczup – 96 kcal
chrzan – 67 kcal
ćwikła – 41 kcal
musztarda – 162 kcal
majonez – 714 kcal
sos sojowy – 106 kcal

Zalecana dawka:
codziennie jako dodatek do potraw

Pomidor najzdrowszy w sosie

Typowa kolacja po polsku: parówka z chrzanem, kiełbasa na gorąco z musztardą, kanapka z szynką i majonezem albo z żółtym serem i keczupem. Tylko czy te dodatki nie szkodzą? Ile mają kalorii? Czy warto je kupować?

Najzdrowsze i najmniej tuczące są sosy i dodatki na bazie warzyw lub owoców. Chrzan nie dość, że ma wiele walorów smakowych, to jeszcze dostarcza dwa razy więcej witaminy C niż cytryna. Działa grzybobójczo i bakteriobójczo oraz przyspiesza metabolizm, pobudzając wydzielanie soków trawiennych. O ile nie wymieszano go z majonezem czy śmietaną, zawiera niewiele kalorii. Powinny go jeść osoby cierpiące na kamicę nerkową, jest również pomocny przy niestrawności i nadkwasocie. To krewniak wasabii japońskiej, zwanej chrzanem japońskim.

Jeszcze więcej składników odżywczych i mniej kalorii ma ćwikła. Już dawno udowodniono, że buraki, bogate w polifenole, chronią przed starzeniem i działają przeciwnowotworowo. Ponadto przywracają równowagę w układzie pokarmowym. Neutralizują niekorzystne, kwasotwórcze działanie potraw mięsnych i deserów. Wypłukują z organizmu toksyczny kwas moczowy, którego nadmiar może prowadzić do artretyzmu. Ze względu na zawartość błonnika znakomicie regulują perystaltykę przewodu pokarmowego, zaś znajdująca się w nich betaina wspomaga pracę wątroby i nerek.

Dobra wiadomość dla rodziców zamartwiających się, że ich dzieci jedzą dużo keczupu. Ten produkt to samo zdrowie! Im dłużej był gotowany, tym więcej zawiera łatwo przyswajalnego likopenu – silnego przeciwutleniacza, działającego przeciwnowotworowo i chroniącego m.in. przed zawałem serca, wylewem, chorobami neurologicznymi czy cukrzycą. Jest to karotenoid, od którego zależy czerwona barwa pomidorów. Likopen z pomidorowych przetworów wchłania się znacznie lepiej niż ten z surowych ze względu na łatwiejszą rozpuszczalność w tłuszczach. Bardzo zdrowe i smaczne są sosy pomidorowe z ziołami do spaghetti.

Ilość likopenu w 100 g produktu:

- keczup – 17 mg
- sok pomidorowy – 9,1 mg
- koncentrat pomidorowy – 34,3 mg
- sos do spaghetti – 16 mg
- surowy pomidor – 3 mg

Żurawina to, niestety, rzadki na naszym stole dodatek do mięs i pasztetów, a tymczasem znajduje się w czołówce roślin o znaczeniu prozdrowotnym. Pomaga w chorobach nerek i pęcherza moczowego – zawarte w niej cytryniany rozpuszczają złogi szczawianowo-wapniowe. Działa też bakteriobójczo na drobnoustroje powodujące wrzody żołądka oraz próchnicę zębów. Regularne picie soku żurawinowego zmniejsza ryzyko chorób serca i zapobiega nowotworom.

Do zdrowych przypraw i sosów zalicza się musztardę produkowaną z ziaren gorczycy zwyczajnej, która pomaga przy nieżycie żołądka i jelit, zaparciach, niestrawności czy innych kłopotach z trawieniem. Lotny olejek gorczycy charakteryzuje się ostrym, piekącym smakiem i zapachem. Pobudza wydzielanie soku żołądkowego i poprawia trawienie. Ponadto wykorzystuje się go do sporządzania plastrów łagodzących bóle reumatyczne i przeziębienia. Ma również właściwości przeciwbakteryjne oraz obniża ciśnienie krwi.

Z dodatków, które rzadko powinno się stawiać na stole, najbardziej niechlubne miejsce z pewnością przypadnie sosowi sojowemu. To mieszanka wody, soli i glutaminianu sodu, podejrzewanego przez naukowców o działanie uzależniające i pobudzające apetyt. Kiedyś wytwarzano go z fermentowanej mieszaniny soi, prażonego ziarna ryżu lub pszenicy, wody i soli. Jednak tradycyjna produkcja była na tyle pracochłonna, że szybko została wyparta przez wszechobecną chemię. Dziś uboższa wersja sosu to aż 99 proc. rynku.

Złą opinię ma również majonez (oraz wszelkie sosy na jego bazie), głównie ze względu na wysoką kaloryczność. Zawiera aż 714 kcal w 100 g, czyli ok. 130 kcal w łyżce!

Szkodzi tradycyjny ocet spirytusowy, który powstaje w wyniku fermentacji alkoholowej i jest znacznie mniej łagodny dla przewodu pokarmowego niż winny, jabłkowy czy ryżowy. To kwas o bardzo niskim pH, w nadmiarze może być niebezpieczny, dlatego nie jedzmy dużo ogórków, śledzi czy grzybków w zalewie octowej.

Na zakupach

- Chrzan w słoikach można kupić przez cały rok, ale korzeń pojawia się w sklepach tuż przed świętami i latem. Najostrzejszy jest świeżo starty, później staje się coraz łagodniejszy. Łatwo traci biały kolor. Najlepiej kupować jak najświeższy. Zanim wrzucisz słoiczek do koszyka, sprawdź skład i kaloryczność na opakowaniu.
- Czy produkt składający się z chrzanu, oleju, octu, cukru, mleka w proszku, proszku jajecznego, soli, regulatora kwasowości, środków zagęszczających, przeciwutleniaczy i konserwantów można jeszcze nazwać chrzanem?

• Uwaga! W sosach chrzanowych znajduje się mnóstwo niepotrzebnych kalorii. Te artykuły zazwyczaj są też droższe.

• Kupując keczup, sprawdzaj skład. Niektóre zamiast koncentratu pomidorowego zawierają rzadszy sos pomidorowy albo nie mają żadnego dodatku pomidorów (te najtańsze). Za to mnóstwo w nich barwników, zagęstników i ulepszaczy smaku.

• Chemiczne substancje wzmacniające smak i zapach oznaczone są numerami od E620 do E640, gdzie np. E620 to kwas glutaminowy, E621 – glutaminian sodu, a E640 – glicyna i jej sól sodowa. Więcej informacji na ten temat znajdziesz na s. 194-235.

• Keczup może kosztować od 2 zł do 15 zł za litr. Niekoniecznie ten najdroższy jest najbardziej wartościowy. Choć żaden nie powinien zawierać konserwantów, wiele z nich je ma.

• Majonez to klasyka kuchni francuskiej, w jego skład powinny wchodzić: jajka, olej lub oliwa, sól, musztarda, sok z cytryny. W wyrobie przemysłowym znajdują się często: białka sojowe, substancje zagęszczające, stabilizujące, konserwanty, barwniki. W sklepach można również nabyć majonezy, w których nie uświadczysz prawdziwych jaj, zamiast nich dodany jest jajeczny proszek.

• Musztarda nie powinna mieć konserwantów.

• Lepiej kupić ocet 6- niż 10-procentowy, będzie mniej kwaśny i łagodniejszy dla żołądka.

• Ocet winny, w zależności od tego, z jakiego powstał wina, może być biały lub czerwony. Biały dodaje się do sosów śmietanowych, drobiu, indyka, jasnych sałat i warzyw. Czerwony – do czerwonego mięsa, ciemnych warzyw i sałat mieszanych. Najbardziej ceni się ocet balsamiczny produkowany w okolicach Modeny we Włoszech.

• Czy sos tatarski z zagęstnikiem – acetylowanym adypinianem diskrobiowym, sztucznym aromatem grzybowym, gumą ksantanową, białkiem sojowym, regulatorem kwasowości w postaci kwasku cytrynowego jest jadalny?

Uważaj na hasła

• „Teraz jeszcze więcej dojrzewających w słońcu pomidorów" – nie wiemy, jak było przedtem, ale teraz pomidorów nie jest jakoś powalająco dużo: 136 g na 100 g przetworu. Za to mamy coś, co nawet trudno wymówić, czyli acetylowany adypinian diskrobiowy (chemiczny zagęstnik) i benzoesan sodu (chemiczny konserwant). Czy te składniki są potrzebne podczas dojrzewania na słońcu?

• „Keczup ekologiczny" – wyprodukowany z przecieru, rzeczywiście bez chemicznych dodatków, kosztuje 50 zł za kilogram. A keczup supermarketowy popularnej marki, też bez chemicznych dodatków, kosztuje 14 zł za kilogram. Ponadto wyprodukowano go z o wiele zdrowszego koncentratu pomidorowego. Jak więc widać, nie zawsze ekologiczne znaczy zdrowsze.

- „Keczup dobrej marki" – nie wiemy, na czym ta markowość miałaby polegać, bo zawiera on tylko 60 proc. przecieru pomidorowego i masę zagęstników.
- I tu już mamy szczyt oszustwa. „Keczup diabelski" – to mieszanka rzeczywiście sporządzona przez siły piekielne, bo takie trzeba mieć, aby uwarzyć keczup na bazie 10 proc. przecieru pomidorowego. Brawa dla producenta!

Pstryk, działa!

Keczup domowy:

Umyj 5 kg pomidorów i obierz pięć cebul, następnie wrzuć do garnka i gotuj pół godziny. Przetrzyj przez sito. Dodaj płaską łyżeczkę mielonego pieprzu, łyżkę cynamonu, pół szklanki 10-procentowego octu, osiem ziarenek ziela angielskiego, cztery liście laurowe, dwa goździki, dwie łyżki soli, niecałe dwie szklanki cukru. Trzymaj trzy godziny na ogniu, od czasu do czasu mieszając. Przełóż gorący keczup do słoiczków, zamknij.

Badania naukowe z ostatnich lat

- Fińscy naukowcy odkryli, że osoby, które regularnie jedzą keczup, soki, przeciery, sosy i koncentraty pomidorowe, mają niższy poziom złego cholesterolu we krwi.
- Polacy chętniej sięgają po keczup niż po musztardę, majonez czy inne przyprawy. Ponad 80 proc. rodaków ma go zawsze w swojej lodówce, a 35 proc. nie wyobraża sobie kolacji bez tego smakowitego dodatku.
- Niedawno na konferencji Amerykańskiego Stowarzyszenia Chemicznego w Nowym Orleanie ogłoszono, że sok żurawinowy warto stosować w profilaktyce chorób układu krążenia. Picie trzech szklanek soku dziennie przez trzy miesiące podnosi poziom dobrego cholesterolu we krwi o 10 proc., a także zwiększa poziom przeciwutleniaczy o 121 proc. Powoduje to zmniejszenie ryzyka chorób serca o 40 proc.
- Według badaczy z uniwersytetu w Neapolu likopen odgrywa szczególną rolę w prawidłowym funkcjonowaniu gruczołu krokowego. Wykazano, że wysokie spożycie likopenu może zmniejszyć o 21-53 proc. ryzyko zachorowania na raka prostaty.

Kupuj z głową

Czy wiesz, że z keczupem jest podobnie jak z parówkami? Można go wyprodukować z niewielkiej ilości podstawowego składnika. Ekstremiści potrafią zrobić keczup z kilkuprocentową zawartością przecieru pomidorowego! Są takie, w których użyto 180 g pomidorów na 100 g, i takie, które mają 70 proc. koncentratu. Który lepszy? Ten z koncentratu, bo koncentrat był już gotowany, czyli ma więcej likopenu.

Kiełki, pestki, ekożywność

Kalorie w 100 g:
kiełki brokułów – 30 kcal
kiełki soczewicy – 157 kcal
pestki dyni – 556 kcal
pestki słonecznika – 561 kcal

Zalecana dawka:
jedz jak najczęściej

Jak rozpoznać ekolipę?

Żywność ekologiczna jest droższa, ale czy zdrowsza? Niekoniecznie. Z badań Instytutu Żywności i Żywienia wynika, że jeśli weźmie się pod uwagę zawartość witamin, to ekomarchewka niczym się nie wyróżnia. Jednak na pewno jest smaczniejsza, bardziej pachnąca, mniej skażona chemicznie (zawiera niższe stężenie pestycydów i nawozów sztucznych) i ma nieco więcej składników odżywczych. Ci, którzy decydują się na ekoprodukty, w krótkim czasie zauważają poprawę samopoczucia i ustąpienie wielu dolegliwości, choćby żołądkowo-jelitowych, łatwiej też chudną. Poza tym, jak wykazały badania zachowań konsumenckich przeprowadzone w Europie, kupowanie żywności ekologicznej to obecnie część stylu życia, w którym człowiek chce być w zgodzie z naturą.

Ekouprawa jest korzystniejsza dla środowiska. Wymaga jednak nakładów i urządzeń, np. odkurzaczy do stonki (takie odkurzacze stosuje się w gospodarstwach na Zachodzie; jedno z nich, o powierzchni 480 ha, należy do księcia Karola). Złości więc, kiedy producenci zwykłych ziemniaków wmawiają nam, że są najlepsze, bo pochodzą z rejonów czystych ekologicznie. A to, że do ich uprawy stosowali środki chemiczne, wydaje im się bez znaczenia. Kiedy więc można mieć pewność, że to, co się kupuje, nie jest ekolipą? W myśl prawa obowiązującego w Unii Europejskiej każdy produkt, który w nazwie ma przymiotnik „ekologiczny", powinien posiadać certyfikat jakości instytucji kontrolującej jego produkcję. Takie świadectwo gwarantuje, że była ona zgodna z rygorami Unii. Atest przyznaje się na rok.

I jeszcze jedno: niekoniecznie ekomarchewka musi być mała, zapyziała i krzywa. Można wyhodować piękną marchew bez grama chemii.

Na zakupach

Na opakowaniu żywności ekologicznej szukaj certyfikatów akredytowanych przez instytucje Ministerstwa Rolnictwa i Rozwoju Wsi. Sprawdzają one, czy producenci nie używają zakazanych metod i środków. Nie daj się zwieść nazwom „Bio", „naturalny", „z czystego serca Kujaw", „z płuc Wielkopolski". Na opakowaniu szukaj numeru certyfikatu i nazwy instytucji przyznającej atest. Są to: Ekogwarancja PTRE, PNG, Cobico, Bioekspert, BioCert Małopolska, Polskie Centrum Badań i Certyfikacji, Biuro ds. Badań i Certyfikacji Oddział w Pile, Agro Bio Test.

Kiełki

- Nazywa się je pokarmem życia, bo nie dość, że obfitują w białko, mikroelementy i witaminy, to jeszcze są o niebo mniej kaloryczne od nasion, z których się je otrzymuje. Rośliny gromadzą w nasionach wszystko, co najlepsze, i to w postaci skoncentrowanej. Kiedy zaczynają kiełkować, uaktywniają się w nich enzymy, które rozkładają wielkie cząstki białek i węglowodanów na mniejsze, łatwo przyswajalne składniki. Wniosek? Kiełki odmładzają i odchudzają.
- Kiełki brokułów (30 kcal w 100 g) – zawierają nawet 30 razy więcej niż dojrzałe brokuły przeciwutleniaczy, chroniących przed nowotworami. Należy zjadać maleńkie, trzydniowe.
- Kiełki fasoli mung (85 kcal w 100 g) – nieocenione źródło białka, znacznie lżej strawnego od fasoli. Obniżają poziom złego cholesterolu. Stosuje się je w potrawach kuchni azjatyckiej na zimno i na gorąco. Uwaga! Jeśli kupujesz je w sklepie, wybieraj jak najświeższe i tylko takie, które leżą w chłodni. Sprawdź, czy nie są spleśniałe.
- Kiełki lucerny (50 kcal w 100 g) – Arabowie nazwali kiedyś tę roślinę *Alfa-Alfa*, ojcem wszelkiego pożywienia. Kiełki zawierają witaminę B_{12}, obecną przede wszystkim w mięsie, która zapobiega niedokrwistości. Mają mnóstwo żelaza i łatwo przyswajalnego białka. Zjada się kilkucentymetrowe, żółte.
- Kiełki rzodkiewki (52 kcal w 100 g) – obfitują w witaminę C, działają wykrztuśnie, oczyszczają drogi oddechowe i zatoki. Siarka korzystnie wpływa na skórę, włosy i paznokcie. Biały nalot to nie pleśń, ale boczne korzonki.
- Kiełki słonecznika (120 kcal w 100 g) – zawierają fosfor, wapń i żelazo. Należy jeść kilkucentymetrowe, soczyście zielone.
- Kiełki soczewicy (157 kcal w 100 g) – dostarczają kwasu foliowego o działaniu krwiotwórczym i przeciwmiażdżycowym.
- Kiełki soi (140 kcal w 100 g) – wyśmienite źródło żelaza, witamin C i B_1.
- Kiełki można hodować w domu. Nadaje się do tego tylko ok. 20 roślin, bo nie wszystkie są jadalne (np. kiełki pomidorów czy papryki zawierają trujące substancje). W sklepie ze zdrową żywnością trzeba kupić odpowiednie nasiona, garść wsypać do słoika, zalać letnią wodą i wierzch słoika obwiązać gazą. Po kilku godzinach wodę należy wylać, a słoik ustawić na talerzyku do góry dnem, nieco skośnie, tak by woda

mogła wypływać. Kiełki potrzebują dużo światła i czystej wody – dwa razy dziennie trzeba je przepłukać. Nasiona powinny być wilgotne, ale niezamoczone – jeśli będą stały w wodzie, zgniją.

• Można kupić kiełkownicę, jej koszt to ok. 25 zł. Pozwala ona na hodowlę kilku gatunków ziarna naraz. A potem pozostaje tylko dodawać zarodki do past, sałatek, posypywać nimi kanapki czy ziemniaki.

Kupuj z głową

Czy wiesz, że w Stanach Zjednoczonych mniej więcej w jednej trzeciej produktów spożywczych wykrywa się ślady środków ochrony roślin, czyli szkodliwych dla zdrowia pestycydów? Opisano tam również ok. 10 tys. przypadków zachorowań na różne nowotwory, do których najprawdopodobniej przyczyniło się spożywanie skażonych pestycydami pokarmów. To jeden z argumentów przemawiających za sięganiem po ekożywność.

Drugi argument: porównano (również w USA) skład mięsa szczęśliwych krów pasących się na łące z mięsem tych dokarmianych wysokoenergetycznymi, wysoko wydajnymi paszami. Mięso krów dokarmianych sztucznie miało o wiele gorszy skład, zawierało aż trzy razy więcej tłuszczów nasyconych, sprzyjających rozwojowi chorób układu krążenia.

Pestki i ziarna

• Kupuj pestki bez soli, cukru czy innych dodatków, raczej paczkowane niż na wagę (te ostatnie są bardziej wysuszone i mniej smaczne).

• Dynia – wybieraj ciemne pestki, więcej w nich witamin i minerałów, w tym ważnego cynku. Zawierają nienasycone kwasy tłuszczowe, żywice, aminokwasy (alaninę, glicynę, kwas glutaminowy) oraz cenne fitosterole. Poprawiają wygląd skóry, włosów i paznokci. Pobudzają przemianę materii, a dzięki zawartym w nich fitosterolom obniżają podwyższony poziom cholesterolu we krwi i chronią przed schorzeniami prostaty. Można je spożywać surowe lub prażone (najlepiej bez tłuszczu i soli). Warto jednak pamiętać, że o ile miąższ dyni dostarcza bardzo mało kalorii (20 kcal w 100 g), to pestki są znacznie bardziej kaloryczne – 556 kcal w 100 g.

- Sezam – bogate źródło nienasyconych kwasów tłuszczowych, lecytyny, protein, witamin A, E, z grupy B, magnezu, potasu, wapnia, żelaza, cynku i fosforu. Zawiera ponadto tłuszcze omega-3 i unikatowe substancje, takie jak sesamol i sesamolina, które są najlepszymi znanymi naturalnymi przeciwutleniaczami, spowalniającymi procesy starzenia. Ma też dużą ilość aminokwasów, co powoduje, że ludzki organizm łatwo przyswaja witaminy i minerały znajdujące się w ziarnie sezamowym. Uwaga, sezam jest kaloryczny – 578 kcal w 100 g.
- Słonecznik – znajduje się w nim dużo kwasu linolowego, jednego z nienasyconych kwasów tłuszczowych (NNKT), których nasz organizm potrzebuje, a nie umie sam wytwarzać. Jedzenie pestek słonecznika zmniejsza ryzyko zawału serca, cukrzycy i miażdżycy. Trzeba jednak zachować umiar, ponieważ pestki słonecznika zawierają sporo tłuszczu, więc są kaloryczne – 561 kcal w 100 g.

Badania naukowe z ostatnich lat

- W krajach bałkańskich, gdzie regularnie jada się pestki dyni, zauważono znikomą liczbę zachorowań na choroby prostaty.
- Amerykańscy naukowcy odkryli w kiełkach brokułów wysoką koncentrację działającego przeciwnowotworowo silnego przeciwutleniacza – SGS. Mogą one zawierać od dziesięciu do stu razy więcej tej substancji niż dojrzałe rośliny. Uczeni radzą, by jeść co kilka dni pół filiżanki brokułowych kiełków.

Alkohol

Kalorie:

wódka (50 ml) – 110 kcal
rum (30 ml) – 120 kcal
koniak (50 ml) – 160 kcal
wino białe wytrawne (120 ml) – 80 kcal
wino czerwone wytrawne (120 ml) – 80 kcal
wino czerwone słodkie (120 ml) – 115 kcal
ajerkoniak (40 ml) – 130 kcal
piwo ciemne pełne (0,33 l) – 250 kcal
piwo jasne pełne (0,33 l) – 230 kcal
piwo Pilsner (0,33 l) – 144 kcal

Zalecana dawka:

mała butelka piwa (0,33 l)
lub lampka wina (150 ml)
codziennie lub rzadziej

Ostrożnie z ogniem

Gram alkoholu ma 7 kcal, gram cukru – tylko 4 kcal. Czy pamiętasz o tym, racząc się wieczornym piwem, drinkiem na przyjęciu czy kieliszkiem wina do obiadu? Gdyby jeszcze tylko na tym się kończyło... Wraz z wypiciem paru piw czy drinków może okazać się, że uczestnik zakrapianej imprezy pochłonął 1000 kcal, czyli równowartość pięciu pączków – lukrowanych bomb energetycznych (zjadając jednego pączka, dostarczamy organizmowi średnio 200-240 kcal), a w dodatku ciągle jest głodny. Kilka litrów piwa tygodniowo w widoczny sposób zaokrągla brzuch.

Najwięcej szkodliwych i pustych kalorii zawierają mocne alkohole – wódki, szczególnie te słodkie w połączeniu z sokiem pomarańczowym i innymi bogatymi w cukier dodatkami, choćby grenadiną czy syropami smakowymi.

Przeprowadzono wiele badań, które dowiodły, że kieliszek czerwonego wina czy szklanka piwa nie szkodzi, a niekiedy pomaga. Naukowcy wykazali dobroczynne działanie alkoholu na serce, nadciśnienie oraz sprawność umysłową w podeszłym wieku. Tym, którzy sięgają po alkohol tylko czasami, grozi mniejsze ryzyko zawału, a jeśli już do niego dojdzie – mają większą szansę, że go przeżyją. Według włoskich uczonych pijący niewielkie ilości alkoholu żyją średnio dwa lata dłużej niż abstynenci.

Wiadomo jednak, że nadmierne picie skraca życie – prowadzi do marskości wątroby, raka żołądka, zapalenia trzustki, niewydolności serca, zmian w mózgu, a także jest przyczyną wypadków na drogach i przemocy domowej. Według Światowej Organizacji Zdrowia nieumiarkowane spożywanie alkoholu jest jednym z najpoważniejszych problemów zdrowotnych naszych czasów.

Czasem wyniki badań naukowych są jednak sprzeczne. Wiele publikacji potwierdza, że picie lampki wina dziennie chroni przed zawałem. Ale zwiększa też ryzyko raka piersi o 12 proc., co udowodnili naukowcy z Anglii. Zatem, choć wszystko jest dla ludzi, lepiej mniej i ostrożnie.

Na zakupach

- Jeśli już decydujesz się na alkohol, kupuj zdrowsze wino i piwo. Zrezygnuj z mocnych i kalorycznych wódek, koniaków, whisky i likierów.
- Umiarkowana ilość to mała butelka piwa (0,33 l) lub lampka wina (150 ml) dziennie.
- Kupuj wino wytrawne, bo w takim jest najmniej kalorii. Najlepiej czerwone – zawiera więcej przeciwutleniaczy niż białe. Omijaj słodkie i półsłodkie – mają dużo kalorii.
- Wybieraj raczej piwo jasne niż ciemne, bo w jasnym znajduje się mniej kalorii. Pamiętaj, że pół litra piwa to aż 350 kcal!
- Piwo light jest mniej kaloryczne (31 kcal w 100 ml), dla porównania – tradycyjne to ok. 45 kcal (ciemne nawet 60 kcal). Zawiera również mniej alkoholu – 3,8 proc., podczas gdy zwykłe – najczęściej 5,5 proc.
- Najzdrowsze jest piwo niepasteryzowane. Rewelacyjnie smakuje, ma więcej witamin i krótką przydatność do spożycia – najwyżej pięć tygodni.
- Zawartość przeciwutleniaczy w winach z różnych regionów świata:

– Australia: ok. 1,47 mg/l,
– Francja: Burgundia – 4,39 mg/l, Bordeaux – 3,89 mg/l, Beaujolais – 2,88 mg/l,
– Hiszpania i Portugalia: ok. 1,64 mg/l,
– Włochy: ok. 1,76 mg/l,
– Stany Zjednoczone: Oregon – 4,3 mg/l, Kalifornia – 1,47 mg/l.

- Uwaga! Do niektórych win dodaje się konserwanty, głównie w postaci związków siarki (patrz także s. 215-216).

Kupuj z głową

Czy wiesz, że w najtańszych sklepach sieci dyskontowych można kupić całkiem przyzwoite wina w bardzo dobrej cenie? Wystarczy poszperać na forach miłośników win. Polecają oni wina hiszpańskie, portugalskie, chilijskie oraz argentyńskie, których koszt nie przekracza 20 zł.

Badania naukowe z ostatnich lat

- Duńscy naukowcy dowiedli, że wino czerwone wytrawne spożywane w małych ilościach podwyższa stężenie dobrego cholesterolu i łagodzi negatywny wpływ złego.

- Natomiast według uczonych z uniwersytetu w Glasgow czerwone wino działa przeciwzapalnie. Zawarty w nim przeciwutleniacz – resweratrol – zapobiega silnym stanom zapalnym w rodzaju sepsy.
- Polska Agencja Rozwiązywania Problemów Alkoholowych podała, że w 2008 roku statystyczny Polak wypił 4,8 l piwa, wina lub wódki, co w porównaniu np. z 2002 rokiem oznacza spadek o 1,2 l! Aż 28 proc. konsumentów deklarowało, że w ostatnim roku nie wypiło ani kropli alkoholu. Niestety, więcej go kupujemy – aż 9 l na głowę, a przyznajemy się do wypicia zaledwie połowy tej ilości.

PRAWDY I MITY O ALKOHOLU

- **Prawda**, że organizm kobiety gorzej trawi alkohol ze względu na mniejszą aktywność enzymu zwanego dehydrogenazą alkoholową. Dlatego też panie powinny pić ostrożniej.
- **Nieprawda**, że kobiety w ciąży mogą sobie pozwolić na kieliszek czerwonego wina czy szklankę piwa. W tym czasie obowiązuje abstynencja – alkohol bez przeszkód przedostaje się do krwiobiegu dziecka przez łożysko.
- **Prawda**, że alkohol szybciej się wchłania przy pustym żołądku i gdy miesza się go z napojami gazowanymi – zawarty w nich dwutlenek węgla przyspiesza wchłanianie etanolu.

W krajach Unii Europejskiej obowiązuje lista dozwolonych substancji dodatkowych i składników funkcjonalnych, które producenci mogą wkładać do artykułów spożywczych. Wśród wszechobecnych w żywności przetworzonej „E" są substancje naturalne (wyprodukowane z naturalnych produktów), są również składniki syntetyczne (wytworzone w wyniku reakcji chemicznej, procesu mikrobiologicznego lub enzymatycznego).

Chociaż wszystkie te dodatki uznawane są za bezpieczne dla zdrowia, jednak co do niektórych istnieją kontrowersje. Spożywane w nadmiarze, a także u dzieci i osób cierpiących na różnego rodzaju schorzenia, mogą wywoływać niepożądane reakcje lub nawet szkodzić.

Najbardziej trzeba uważać na barwniki, konserwanty, antybiotyki i wzmacniacze smaku.

E tam,
czyli dodatki do żywności

Uważane za nieszkodliwe

E100 Kurkumina

Naturalny, roślinny, żółty barwnik. Otrzymywany z rozłogów rośliny *Curcuma longa*. Spożywany w dużych ilościach może powodować nadmierne wydzielanie żółci.

E101(i) Ryboflawina

Naturalny, roślinny, żółty barwnik. Witamina B_2. Występuje w przyrodzie, m.in. w zielonych częściach warzyw, fasoli, grochu.

E101(ii) Ryboflawiny-5'-fosforan

Barwnik syntetyczny. Powstaje w wyniku reakcji ryboflawiny z kwasem fosforowym.

E120 Koszenila

Naturalny, zwierzęcy, czerwony barwnik. Pozyskiwany z wysuszonych owadów *Dactylopius coccus cacti*.

E131 Błękit patentowy V

Syntetyczny, niebieski barwnik.

E140 Chlorofile i chlorofiliny

Naturalne, roślinne, zielone barwniki. Pozyskiwane m.in. z lucerny, szpinaku, pokrzyw i traw.

E150a Karmel naturalny

Naturalny, roślinny, brązowy (czasem niemal czarny) barwnik. Otrzymywany przez podgrzewanie cukru bez dodatku kwasów lub zasad. Silnie barwiący, lekko słodzący.

E150b Karmel siarczynowy

Syntetyczny, brązowy barwnik na bazie roślinnej. Produkowany przez ogrzewanie cukru z dwutlenkiem siarki lub ze związkami zawierającymi siarkę.

E153 Węgiel roślinny

Naturalna substancja otrzymywana przez suche zwęglanie surowca roślinnego. Węgiel roślinny stosowany jest m.in. do barwienia skórki niektórych rodzajów sera, w cukiernictwie.

E160a Mieszanina karotenów, beta-karoten

Naturalne, pomarańczowe barwniki, ekstrahowane z surowców roślinnych. Występują w wielu roślinach, m.in. w marchwi. Mogą być przekształcane w organizmie w witaminę A. Przy przedawkowaniu beta-karotenu skóra nabiera żółtawego zabarwienia.

E160c Kapsantyna, kapsorubina (ekstrakt z papryki)

Naturalny, roślinny, pomarańczowoczerwony barwnik. Występuje w strąkach papryki.

E160d Likopen (ekstrakt z pomidorów)

Naturalny, roślinny, czerwony barwnik. Do celów przemysłowych otrzymywany z pomidorów, częściowo także syntetycznie.

E162 Czerwień buraczana, betanina

Naturalny, roślinny, czerwony barwnik. Otrzymywany z czerwonych buraków.

E163 Antocyjany

Naturalne, roślinne, barwniki w odcieniach od jasnoróżowego do ciemnoniebieskich. Otrzymywane z owoców i warzyw.

E170 Węglany wapnia

Naturalna, mineralna, biała substancja. Pełni w żywności rolę barwnika, dodatku przeciwzbrylającego i stabilizatora.

E171 Dwutlenek tytanu

Syntetyczny, mineralny, biały barwnik.

E172 Tlenki i wodorotlenki żelaza

Syntetyczne, mineralne, barwniki: żółte, czerwone lub czarne.

E200 Kwas sorbowy

Syntetycznie otrzymywany konserwant. Występuje także jako naturalny kwas w produktach spożywczych. Ma lekko kwaśny smak.

E202 Sorbinian potasu

Syntetycznie otrzymywany konserwant. Sól potasowa kwasu sorbowego. Patrz E200.

E203 Sorbinian wapnia

Syntetycznie otrzymywany konserwant. Sól wapniowa kwasu sorbowego. Patrz E200.

E260 Kwas octowy

Wytwarzany metodą fermentacyjną (przez mikroorganizmy) regulator kwasowości i konserwant. Ma zdecydowanie kwaśny smak. Występuje w naturze (w większości owoców). Skoncentrowany kwas octowy może prowadzić do zniszczenia tkanek. W artykułach spożywczych stosowany jest wyłącznie w dawkach niezagrażających zdrowiu.

E261 Octan potasu

Naturalny, roślinny lub syntetycznie otrzymywany regulator kwasowości i konserwant. Sól potasowa kwasu octowego. Patrz E260.

E262(i) Octan sodu

Naturalny, roślinny lub syntetycznie otrzymywany regulator kwasowości i konserwant. Sól sodowa kwasu octowego. Patrz E260.

E263 Octan wapnia

Naturalny, roślinny lub syntetycznie otrzymywany regulator kwasowości i konserwant. Sól wapniowa kwasu octowego. Patrz E260.

E270 Kwas mlekowy

Syntetycznie otrzymywany lub wytwarzany w wyniku fermentacji regulator kwasowości, konserwant i przeciwutleniacz. Występuje w każdym organizmie żywym. U noworodków, których układ trawienny nie jest wystarczająco rozwinięty, może prowadzić do zaburzeń w przemianie materii. Dotyczy to jednak tylko formy D(-) oraz DL kwasu mlekowego. W żywności dla niemowląt stosuje się jedynie formę L(+).

E290 Dwutlenek węgla

Naturalny gaz, produkowany przez rośliny. Występuje w każdej żywej komórce. Stosowany przy pakowaniu żywności.

E296 Kwas jabłkowy

Syntetycznie produkowany regulator kwasowości. Ma kwaśny smak. Wytwarzany także w procesie przemiany materii człowieka.
U noworodków, których system trawienny nie został w dostatecznym stopniu rozwinięty, może powodować zaburzenia w przemianie materii.

E297 Kwas fumarowy

Otrzymywany w wyniku fermentacji regulator kwasowości. Występuje w żywych komórkach. Stosowany także jako lekarstwo.

E300 Kwas askorbinowy

Syntetycznie wytwarzana substancja o aktywności witaminy C. Używana jako przeciwutleniacz, stabilizator barwy i składnik wzbogacający.
Ze względów technologicznych kwas askorbinowy jest coraz częściej stosowany w przemyśle spożywczym. Przy ciągłym przedawkowywaniu (kilka gramów dziennie) może przyczyniać się do powstawania kamieni moczowych w nerkach i pęcherzu. Hamuje niepożądane tworzenie się nitrozoamin podczas intensywnego ogrzewania (np. smażenia) wędlin z mięsa peklowanego.

E301 Askorbinian sodu

Syntetycznie produkowany przeciwutleniacz. Sól sodowa kwasu askorbinowego. Patrz E300.

E302 Askorbinian wapnia

Syntetycznie produkowany przeciwutleniacz. Sól wapniowa kwasu askorbinowego. Patrz E300.

E304 Palmitynian i stearynian askorbylu

Syntetycznie otrzymywane przeciwutleniacze. Pochodne kwasu askorbinowego. Patrz E300.

E306 Tokoferole naturalne

Naturalne przeciwutleniacze, otrzymywane z olejów roślinnych. Tylko w przypadku nadmiernego spożycia preparatów zawierających witaminę E istnieje niebezpieczeństwo przedawkowania, co może niekorzystnie oddziaływać na stan zdrowia.

E307 Alfa-tokoferol

Syntetycznie produkowana witamina E. Przeciwutleniacz i substancja wzbogacająca. Patrz E306.

E308 Gamma-tokoferol

Syntetycznie produkowany przeciwutleniacz. Patrz E306.

E309 Delta-tokoferol

Syntetycznie produkowany przeciwutleniacz. Patrz E306.

E311 Galusan oktylu

Syntetycznie produkowany przeciwutleniacz. Patrz E310.

E312 Galusan dodecylu

Syntetycznie produkowany przeciwutleniacz.

E322 Lecytyna

Naturalny, roślinny, emulgator i przeciwutleniacz. Pozyskiwany z olejów: sojowego, słonecznikowego lub rzepakowego. Występuje w żywych komórkach.

E325 Mleczan sodu

Syntetyczny regulator kwasowości, konserwant, przeciwutleniacz i substancja wzmacniająca smak. Związek sodu i kwasu mlekowego. U noworodków, których system trawienny nie został jeszcze dostatecznie wykształcony, może prowadzić do zaburzeń przemiany materii.

Dotyczy to jednak tylko formy D(-) kwasu mlekowego. W żywności dla niemowląt występuje nieszkodliwa postać – pochodna kwasu L(+) mlekowego. Patrz E270.

E326 Mleczan potasu

Syntetyczny regulator kwasowości i przeciwutleniacz. Związek potasu i kwasu mlekowego. Patrz E270.

E327 Mleczan wapnia

Syntetyczny regulator kwasowości. Związek wapnia i kwasu mlekowego. Patrz E270.

E330 Kwas cytrynowy

Otrzymywany w wyniku fermentacji pleśniowej (*Aspergillus niger*) regulator kwasowości i przeciwutleniacz. Substancja występująca w przemianie materii człowieka. Tylko w bardzo dużych dawkach, które nie są stosowane w żywności, może powodować zaburzenia w przyswajaniu wapnia.

E331 Cytryniany sodu

Syntetyczne regulatory kwasowości i stabilizatory. Sole sodowe kwasu cytrynowego. Patrz E330.

E332 Cytryniany potasu

Syntetyczne regulatory kwasowości i stabilizatory. Sole potasowe kwasu cytrynowego. Patrz E330.

E333 Cytryniany wapnia

Syntetyczne regulatory kwasowości i stabilizatory. Sole wapniowe kwasu cytrynowego. Patrz E330.

E334 Kwas winowy L(+)

Naturalny, roślinny, regulator kwasowości, synergent i przeciwutleniacz. Upośledza wchłanianie wapnia.

E335 Winiany sodu

Naturalne, roślinne, regulatory kwasowości i przeciwutleniacze. Sole sodowe kwasu winowego. W dużych dawkach działają przeczyszczająco. Patrz E334.

E336 Winiany potasu

Naturalne, roślinne, regulatory kwasowości i przeciwutleniacze. Sole potasowe kwasu winowego. Znane także jako kamień winny. Działają przeczyszczająco. Patrz E334.

E337 Winian sodowo-potasowy

Naturalny, roślinny, regulator kwasowości i przeciwutleniacz. Sól sodowo-potasowa kwasu winowego. Działa przeczyszczająco. Patrz E334.

E350 Jabłczany sodu

Syntetyczny regulator kwasowości. Sól sodowa kwasu jabłkowego. Występuje w żywych komórkach. Patrz E296.

E351 Jabłczan potasu

Syntetyczny regulator kwasowości. Sól potasowa kwasu jabłkowego. Występuje w żywych komórkach. Patrz E296.

E352 Jabłczany wapnia

Syntetyczny regulator kwasowości. Sól wapniowa kwasu jabłkowego. Występuje w żywych komórkach. Patrz E296.

E356 Adypinian sodu

Syntetyczny regulator kwasowości i substancja wzmacniająca smak. Sól sodowa kwasu adypinowego. Smak słonawy.

E357 Adypinian potasu

Syntetyczny regulator kwasowości i substancja wzmacniająca smak. Sól potasowa kwasu adypinowego. Smak słonawy.

E363 Kwas bursztynowy

Syntetyczny regulator kwasowości. Występuje w żywych komórkach. Smak lekko gorzkawy.

E415 Guma ksantanowa

Syntetyczny środek zagęszczający i stabilizujący na bazie roślinnej. Otrzymywany w wyniku fermentacji substancji zawierających cukier przez bakterie. Nie ulega przemianie materii. Podawany w dużych dawkach zwierzętom doświadczalnym powodował biegunki, jednak tak duże dawki nie są stosowane w artykułach spożywczych.

E422 Glicerol, gliceryna

Syntetyczny nośnik i substancja utrzymująca wilgotność. Występuje w naturze w olejach i tłuszczach.

E440 Pektyny

Naturalne lub syntetyczne środki zagęszczające i żelujące na bazie roślinnej. Pozyskiwane z jabłek, buraków cukrowych i skórki pomarańczowej. Pektyny amidowane otrzymuje się w wyniku hydrolizy amoniakalnej pektyn wysokometylowanych. Stosowane jako dodatek do cukrów żelujących i substancji żelujących.

E460 Celuloza

Naturalny emulgator, stabilizator i substancja wypełniająca. Pozyskiwana ze ścianek komórek roślinnych. Nietrawiona. Wzmaga trawienie.

E461 Metyloceluloza

Naturalny środek zagęszczający i stabilizator. Patrz E460. Przy dawkach powyżej 6 g możliwe jest działanie przeczyszczające.

E463 Hydroksypropyloceluloza

Naturalny środek zagęszczający i stabilizator. Patrz E460. Przy dawkach powyżej 6 g możliwe jest działanie przeczyszczające.

E464 Hydroksypropylo-metyloceluloza

Naturalny środek zagęszczający i stabilizator. Patrz E460. Przy dawkach powyżej 6 g możliwe jest działanie przeczyszczające.

E465 Etylometyloceluloza

Naturalny środek zagęszczający i stabilizator. Patrz E460.

E470a Sole sodowe, potasowe i wapniowe kwasów tłuszczowych

Naturalne emulgatory, substancje przeciwzbrylające i stabilizatory. Sole kwasów tłuszczowych, które w naturze występują w każdej komórce.

E470b Sole magnezowe kwasów tłuszczowych

Naturalne emulgatory i substancje przeciwzbrylające. Występują w naturze.

E471 Mono- i diglicerydy kwasów tłuszczowych

Naturalne emulgatory i stabilizatory. Występują w naturze.

E472a Mono- i diglicerydy kwasów tłuszczowych estryfikowane kwasem octowym

Syntetyczne emulgatory i stabilizatory.

E472b Mono- i diglicerydy kwasów tłuszczowych estryfikowane kwasem mlekowym

Syntetyczne emulgatory i stabilizatory.

E472c Mono- i diglicerydy kwasów tłuszczowych estryfikowane kwasem cytrynowym

Syntetyczne emulgatory, stabilizatory i synergenty.

E472d Mono- i diglicerydy kwasów tłuszczowych estryfikowane kwasem winowym

Syntetyczne emulgatory i stabilizatory.

E472e Mono- i diglicerydy kwasów tłuszczowych estryfikowane kwasem mono- i diacetylowinowym

Syntetyczne emulgatory i stabilizatory. Bułeczki i inne wyroby piekarnicze wyprodukowane z ich dodatkiem sprawiają wrażenie „nadmuchanych".

E472f Mono- i diglicerydy kwasów tłuszczowych estryfikowane mieszaniną kwasu octowego i winowego

Syntetyczne emulgatory i stabilizatory.

E473 Estry kwasów tłuszczowych i sacharozy

Syntetyczne emulgatory. Mogą zawierać w niewielkich ilościach resztki rozpuszczalnika.

E474 Sacharoglicerydy

Syntetyczne emulgatory i stabilizatory. Mogą zawierać w niewielkich ilościach resztki rozpuszczalnika.

E475 Estry kwasów tłuszczowych i poliglicerolu

Syntetyczne emulgatory i stabilizatory. Nieznacznie zmienione w stosunku do występujących w naturze.

E481 Stearoilomleczan sodu

Syntetyczny emulgator i stabilizator.

E482 Stearoilomleczan wapnia

Syntetyczny emulgator.

E500 Węglan i wodorowęglan sodu

Syntetyczny środek spulchniający i przeciwzbrylający, regulator kwasowości. Główny składnik mineralny wody. W dużych, niewystępujących w żywności, dawkach może prowadzić do uszkodzeń nerek lub nadmiernego wydzielania soku żołądkowego.

E501 Węglan i wodorowęglan potasu

Syntetyczny środek spulchniający i regulator kwasowości. Tradycyjnie dodawany do pierników.

E504 Węglan i wodorowęglan magnezu

Syntetyczny regulator kwasowości i dodatek spulchniający.

E507 Kwas solny

Syntetyczny regulator kwasowości. Występuje w naturze. Stosowany do produkcji przypraw i syropów. Skoncentrowany kwas solny może zniszczyć tkanki. Dawki szkodliwe dla zdrowia nie występują jednak w artykułach spożywczych.

E508 Chlorek potasu
Syntetyczna substancja konserwująca i regulator kwasowości. Sól potasowa kwasu solnego.

E509 Chlorek wapnia
Syntetyczny wzmacniacz tekstury i stabilizator. Sól wapniowa kwasu solnego.

E511 Chlorek magnezu
Syntetyczny stabilizator. Sól magnezowa kwasu solnego.

E513 Kwas siarkowy
Syntetyczny regulator kwasowości. Stosowany do uzdatniania wody przy produkcji słodu, piwa, żelatyny i kazeiny. W żywności nie występuje w dawkach szkodliwych dla zdrowia.

E514 Siarczany sodu
Syntetyczny regulator kwasowości.

E515 Siarczany potasu
Syntetyczny regulator kwasowości.

E516 Siarczan wapnia
Syntetyczny regulator kwasowości i wzmacniacz tekstury, znany jako gips.

E524 Wodorotlenek sodu
Syntetyczny regulator kwasowości. Znany jako ług sodowy. Stosowany przy produkcji pewnych rodzajów pieczywa i oliwek (usuwa gorzkawy smak).

E525 Wodorotlenek potasu
Syntetyczny regulator kwasowości. Znany jako ług potasowy.

E526 Wodorotlenek wapnia

Syntetyczny regulator kwasowości.

E528 Wodorotlenek magnezu

Syntetyczny regulator kwasowości.

E529 Tlenek wapnia

Syntetyczny regulator kwasowości.

E530 Tlenek magnezu

Syntetyczna substancja zapobiegająca zbrylaniu i regulator kwasowości.

E535 Żelazocyjanek sodu

Syntetyczna substancja zapobiegająca zbrylaniu. Dodawana do soli kuchennej i środków zastępujących sól kuchenną. Może być stosowana w bardzo małych ilościach.

E536 Żelazocyjanek potasu

Syntetyczna substancja zapobiegająca zbrylaniu. Patrz E535.

E538 Żelazocyjanek wapnia

Syntetyczna substancja zapobiegająca zbrylaniu. Patrz E535.

E551 Dwutlenek krzemu

Syntetyczna substancja przeciwzbrylająca. Nie wchłania się do organizmu. Występuje w przyrodzie.

E552 Krzemian wapnia

Naturalna substancja przeciwzbrylająca. Występuje w naturze. Nie wchłania się do organizmu.

E553a Krzemian magnezu

Naturalna substancja przeciwzbrylająca. Trójkrzemiany magnezu podawane zwierzętom w dużych dawkach powodowały uszkodzenie nerek.

E553b Talk

Naturalna substancja przeciwzbrylająca. Niewchłaniana w organizmie.

E558 Bentonit

Naturalna substancja klarująca.

E570 Kwasy tłuszczowe

Naturalne emulgatory. Występują w każdej żywej komórce.

E575 Lakton kwasu glukonowego

Syntetyczny regulator kwasowości i dodatek smakowy. W roztworze wodnym ulega hydrolizie do kwasu glukonowego.

E585 Mleczan żelazawy

Syntetyczny stabilizator i emulgator.

E640 Glicyna

Syntetyczny regulator smakowitości. Intensyfikuje smak substancji słodzących.

E901 Wosk pszczeli biały i żółty

Naturalna substancja powlekająca. Nie ulega trawieniu. Uzyskuje się go poprzez topienie wosku z ula.

E902 Wosk candelilla

Naturalna substancja powlekająca, stabilizator i emulgator. Pozyskiwany z roślin rosnących na pustyni. Nie ulega trawieniu.

E903 Wosk carnauba

Naturalna substancja powlekająca i nabłyszczająca. Pozyskiwana z brazylijskiej palmy woskowej. Nie ulega trawieniu.

E904 Szelak

Naturalna substancja powlekająca. Pozyskiwana z wydzieliny niektórych zwierząt.

E938 Argon

Gaz ochronny. Występuje w powietrzu.

E939 Hel

Naturalny gaz. Występuje w powietrzu.

E941 Azot

Naturalny gaz ochronny i środek zamrażający. Występuje w powietrzu.

E942 Podtlenek azotu

Naturalny gaz, używany jako gaz rozprężający do spieniania m.in. przetworów mleczarskich. Zwany także gazem rozśmieszającym i stosowany w lecznictwie – podczas narkozy. W przemyśle spożywczym ma minimalne zastosowanie, dlatego nie można mówić o zasadniczym wpływie podtlenku azotu na rozwój efektu cieplarnianego.

E948 Tlen

Naturalny gaz ochronny, stosowany m.in. do pakowania żywności. Występuje w powietrzu.

E1404 Skrobia utleniona

Naturalny zagęszczacz, stabilizator, substancja wiążąca i żelująca.

E1420 Skrobia acetylowana

Naturalny zagęszczacz i stabilizator.

E1422 Acetylowany adypinian diskrobiowy

Naturalny zagęszczacz, stabilizator i substancja wiążąca.

E1450 Sól sodowa oktenylobursztynianu skrobiowego

Naturalny zagęszczacz i stabilizator. W testach na zwierzętach, przy podaniu dużych ilości (które nie występują w artykułach spożywczych) i przy jednoczesnym nadmiarze wapnia w pokarmie, stwierdzono uszkodzenie nerek.

Problematyczne, odradzamy częste spożywanie

E102 Tartrazyna

Syntetyczny, żółty barwnik z grupy azowej. Może wywoływać alergie. Zagrożone są zwłaszcza osoby, które reagują alergicznie na aspirynę (kwas acetylosalicylowy), i astmatycy. Działania uboczne: trudności w oddychaniu, wysypka na skórze, zaburzenia w widzeniu. Uwaga, alergicy!

E104 Żółcień chinolinowa

Syntetyczny, zielonkawożółty barwnik. Może wywoływać alergie. W testach na szczurach po podaniu czystej chinoliny obserwowano powstawanie nowotworów wątroby. Uwaga, alergicy!

E110 Żółcień pomarańczowa S

Syntetyczny, pomarańczowy barwnik azowy. Może wywoływać alergie. W testach na zwierzętach po podaniu dużych dawek stwierdzono powstawanie nowotworów nerek. Uwaga, alergicy!

E122 Azorubina

Syntetyczny, czerwony barwnik azowy. Może wywoływać alergie. Uwaga, alergicy!

E123 Amarant

Syntetyczny, czerwony barwnik azowy. Dozwolony do stosowania tylko do dobarwiania win przeznaczonych na aperitify, alkoholi oraz ikry. W testach na zwierzętach stwierdzono jego wpływ na odkładanie się wapnia w nerkach. Odradza się spożywanie. Uwaga, alergicy!

E124 Czerwień koszenilowa

Syntetyczny, czerwony barwnik azowy. Uwaga, alergicy!

E127 Erytrozyna

Syntetyczny, czerwony barwnik. Dozwolony do stosowania tylko do wiśni koktajlowych lub kandyzowanych, sałatek owocowych z dodatkiem wiśni. Może uwalniać jod i upośledzać funkcję tarczycy. W testach na zwierzętach stwierdzono przypadki nowotworowych zmian tarczycy. Osoby z problemami tarczycy powinny unikać artykułów spożywczych barwionych tą substancją. Odradza się częste spożywanie.

E128 Czerwień 2G

Syntetyczny, czerwony barwnik azowy. Uwaga, alergicy!

E129 Czerwień Allura AC

Syntetyczny, czerwony barwnik azowy. Dotychczas opublikowano mało wyników badań na jego temat. Obecnie niemożliwe jest wydanie wiążącej opinii. Uwaga, alergicy!

E132 Indygotyna

Syntetyczny, niebieski barwnik. Przy jednoczesnym podawaniu zwierzętom dużych dawek indygotyny i azotynu sodowego stwierdzono uszkodzenia materiału genetycznego. Połączenie takie może wystąpić w diecie, np. szynka lub kiełbasa i barwione słodycze bądź likiery.

E133 Błękit brylantowy FCF

Syntetyczny, niebieski barwnik. W badaniach przeprowadzonych na zwierzętach u osobników płci żeńskiej przy dawce 2 proc. stwierdzono spadek masy ciała. Dalsze badania nie wykazały szkodliwości tego barwnika.

E141 Kompleksy miedziowe chlorofilu i chlorofiliny

Naturalne, roślinne, zielone barwniki, w których w celu ustabilizowania barwy jony magnezowe zostały zastąpione miedzią. W połączeniu z dużą konsumpcją artykułów spożywczych zawierających miedź, np. wody z miedzianych rur wodociągowych (ma od ponad 0,5 mg do 1 mg miedzi na litr), może nasilić się odkładanie miedzi we krwi.

E142 Zieleń S

Syntetyczny, zielony barwnik. Dotychczas opublikowano niewiele wyników badań. Niemożliwe jest obecnie wydanie wiążącej opinii.

E150c Karmel amoniakalny

Syntetyczny, brązowy barwnik na bazie roślinnej. Otrzymywany przez działanie amoniaku na cukier. W testach przeprowadzonych na zwierzętach stwierdzono przy dużych dawkach skurcze i obniżenie ilości limfocytów (białych krwinek krwi). Odradza się częste spożywanie.

E150d Karmel amoniakalno-siarczynowy

Syntetyczny, brązowy barwnik na bazie roślinnej. Produkowany przez działanie siarczynu amonu na cukier. Może zawierać związki toksyczne, które w dużych dawkach powodowały u zwierząt doświadczalnych zmiany w obrazie krwi i wywoływały skurcze mięśni. Odradza się częste spożywanie.

E151 Czerń brylantowa BN, czerń PN

Syntetyczny, czarny barwnik azowy. Uwaga, alergicy!

E154 Brąz FK

Syntetyczna, brązowa mieszanka sześciu różnych barwników azowych. Barwnik dozwolony do stosowania tylko przy produkcji wędzonych śledzi z Anglii i Norwegii. Uwaga, alergicy!

E155 Brąz HT

Syntetyczny, brązowy barwnik azowy. Uwaga, alergicy!

E160b Annato, biksyna, norbiksyna

Naturalny, roślinny, pomarańczowy barwnik. Otrzymywany z nasion drzewa tropikalnego *Bixa orellana* L. Niemożliwe jest obecnie wydanie jednoznacznej opinii.

E160e Beta-apo-8'-karotenal (C30)

Syntetyczny barwnik. W nieznacznie zmienionej formie występuje w naturze. Do tej pory opublikowano mało wyników badań. Niemożliwe jest obecnie wydanie jednoznacznej opinii.

E160f Ester etylowy kwasu beta-apo-8'-karotenowego

Syntetyczny barwnik, identyczny z naturalnym. W nieznacznie zmienionej formie występuje w naturze. Do tej pory opublikowano niewiele wyników badań. Niemożliwe jest obecnie wydanie jednoznacznej opinii.

E161b Luteina

Naturalny, roślinny, barwnik. Otrzymywany z liści rośliny *Tagetes erecta*. Do tej pory opublikowano niewiele wyników badań. Niemożliwe jest obecnie wydanie jednoznacznej opinii.

E161g Kantaksantyna

Syntetycznie otrzymywany pomarańczowoczerwony barwnik. Występuje również w naturze (w wielu roślinach, grzybach oraz piórach niektórych ptaków, m.in. flamingów). Używany do produkcji tabletek opalających, odkładał się w warstwach skóry i dlatego został zakazany. W przemyśle spożywczym dozwolony wyłącznie do produkcji kiełbasy sztrasburskiej. Odradza się częste spożywanie.

E173 Aluminium

Syntetyczny, mineralny, srebrnoszary barwnik. Dozwolony do produkcji polew i słodyczy służących do dekoracji ciast i ciasteczek. Aluminium może być asymilowane przez organizm. Osoby chore na nerki mogą go nie wydalać. Podejrzewa się, że jest jednym z czynników powodujących chorobę Alzheimera. Uwaga, pacjenci cierpiący na chorobę Alzheimera!

E174 Srebro

Naturalny, mineralny, srebrny barwnik i konserwant. Dozwolony wyłącznie do stosowania w polewach słodyczy, do dekoracji tortów, pralinek oraz do likierów. Może odkładać się w tkankach. Do zatruć dochodzi już przy podaniu kilku gramów srebra. Wydziela się bardzo powoli z moczem. Wysoka cena powoduje, że stosuje się je w małych ilościach. Odradza się częste spożywanie.

E175 Złoto

Naturalny, mineralny, złoty barwnik. Dozwolony tylko do dekoracji cukierków i czekoladek oraz do likierów. Może prowadzić do zaburzeń w obrazie krwi. Wysoka cena złota powoduje, że stosuje się je w małych ilościach. Odradza się częste spożywanie.

E180 Czerwień litolowa BK

Syntetyczny, czerwony barwnik azowy. Stosowany do barwienia przeznaczonych do spożycia skórek serów. Odradza się częste spożywanie. Uwaga, alergicy!

E210 Kwas benzoesowy

Syntetycznie otrzymywany konserwant. Występuje również jako naturalna substancja w artykułach spożywczych. Stosowany przede wszystkim w przetworach rybnych i gotowych sałatkach. Może zmieniać smak gotowych produktów. Po jego spożyciu osoby wrażliwe, chorujące na astmę, katar sienny lub alergie skórne mogą odczuwać zaostrzenie stanów chorobowych. Odradza się częste spożywanie. Uwaga, alergicy!

E211 Benzoesan sodu

Syntetycznie otrzymywany konserwant. Sól sodowa kwasu benzoesowego. Patrz E210. Odradza się częste spożywanie. Uwaga, alergicy!

E212 Benzoesan potasu

Syntetycznie otrzymywany konserwant. Sól potasowa kwasu benzoesowego. Patrz E210. Odradza się częste spożywanie. Uwaga, alergicy!

E213 Benzoesan wapnia

Syntetycznie otrzymywany konserwant. Sól wapniowa kwasu benzoesowego. Patrz E210. Odradza się częste spożywanie. Uwaga, alergicy!

E214 Ester etylowy kwasu p-hydroksybenzoesowego

Syntetycznie otrzymywany konserwant. Pochodna kwasu benzoesowego. Stosowany przeważnie w produktach rybnych oraz wyrobach owocowo-warzywnych, m.in. w sałatach. Może powodować zmiany smaku potraw. W testach przeprowadzonych na zwierzętach odnotowano jego działanie odurzające, rozszerzające naczynia i wywołujące skurcze mięśni. Patrz E210. Odradza się częste spożywanie. Uwaga, alergicy!

E215 Sól sodowa estru kwasu p-hydroksybenzoesowego

Syntetycznie otrzymywany konserwant. Pochodna kwasu benzoesowego. Patrz E214. Odradza się częste spożywanie. Uwaga, alergicy!

E216 Ester propylowy kwasu p-hydroksybenzoesowego

Syntetycznie otrzymywany konserwant. Pochodna kwasu benzoesowego. Patrz E214. Odradza się częste spożywanie. Uwaga, alergicy!

E217 Sól sodowa estru propylowego kwasu p-hydroksybenzoesowego

Syntetycznie otrzymywany konserwant. Pochodna kwasu benzoesowego. Patrz E214. Odradza się częste spożywanie. Uwaga, alergicy!

E218 Ester metylowy kwasu p-hydroksybenzoesowego

Syntetycznie otrzymywany konserwant. Pochodna kwasu benzoesowego. Patrz E214. Odradza się częste spożywanie. Uwaga, alergicy!

E219 Sól sodowa estru metylowego kwasu p-hydroksybenzoesowego

Syntetycznie otrzymywany konserwant. Pochodna kwasu benzoesowego. Patrz E214. Odradza się częste spożywanie. Uwaga, alergicy!

E220 Dwutlenek siarki, bezwodnik kwasu siarkawego

Syntetycznie otrzymywany konserwant i przeciwutleniacz. Stosowany m.in. w winach białych, suszonych owocach (!) i przetworach ziemniaczanych. Powoduje straty witaminy B_1 w artykułach spożywczych. U osób wrażliwych może wywoływać bóle głowy i nudności, u astmatyków doprowadzić do tzw. astmy siarczynowej. Ze względów zdrowotnych żadna grupa osób nie powinna przekraczać dawki maksymalnej, wynoszącej 0,7 mg na kilogram masy ciała (ok. 50 mg na osobę w ciągu doby). Dopuszczalne dzienne pobranie

(ADI, zwane inaczej „dopuszczalnym dziennym spożyciem" bądź „dopuszczalną dzienną dawką") można przekroczyć, wypijając dwa kieliszki białego wina, zwłaszcza słodkiego, do którego dodany został dwutlenek siarki w ilości 300-400 mg/l. Odradza się częste spożywanie. Uwaga, osoby wrażliwe i astmatycy!

E221 Siarczyn sodu

Syntetycznie otrzymywany konserwant i przeciwutleniacz. Patrz E220. Odradza się częste spożywanie. Uwaga, osoby wrażliwe i astmatycy!

E222 Wodorosiarczyn sodu

Syntetycznie otrzymywany konserwant i przeciwutleniacz. Patrz E220. Odradza się częste spożywanie. Uwaga, osoby wrażliwe i astmatycy.

E223 Pirosiarczyn sodu

Syntetycznie otrzymywany konserwant i przeciwutleniacz. Patrz E220. Odradza się częste spożywanie. Uwaga, osoby wrażliwe i astmatycy!

E224 Pirosiarczyn potasu

Syntetycznie otrzymywany konserwant i przeciwutleniacz. Patrz E220. Odradza się częste spożywanie. Uwaga, osoby wrażliwe i astmatycy!

E226 Siarczyn wapnia

Syntetycznie otrzymywany konserwant i przeciwutleniacz. Patrz E220. Odradza się częste spożywanie. Uwaga, osoby wrażliwe i astmatycy!

E227 Wodorosiarczyn wapnia

Syntetycznie otrzymywany konserwant i przeciwutleniacz. Patrz E220. Odradza się częste spożywanie. Uwaga, osoby wrażliwe i astmatycy!

E228 Wodorosiarczyn potasu

Syntetycznie otrzymywany konserwant i przeciwutleniacz. Patrz E220. Odradza się częste spożywanie. Uwaga, osoby wrażliwe i astmatycy!

E231 Ortofenylofenol

Syntetycznie otrzymywany konserwant. Odradza się spożywanie skórek owoców cytrusowych. Uwaga, alergicy! Może wywołać alergię kontaktową.

E232 Sól sodowa ortofenylofenolu

Syntetycznie otrzymywany konserwant. Uwaga, alergicy! Może wywołać alergię kontaktową.

E234 Nizyna

Syntetycznie otrzymywany konserwant. Antybiotyk produkowany przez mikroorganizmy. W krajach Unii Europejskiej dozwolony jest do stosowania m.in. w budyniach z kaszki manny i tapioki oraz do produkcji dojrzewających serów i serów topionych. Przy zbyt częstym spożywaniu z żywnością może stracić swoje działanie lecznicze. Uodpornione bakterie są bardzo trudne do zwalczania. Odradza się częste spożywanie.

E235 Natamycyna

Syntetycznie otrzymywany antybiotyk o działaniu konserwującym. Wytwarzany przez pleśnie. Używany do zabezpieczania powierzchni serów i suszonych kiełbas. Nie może wniknąć do artykułu spożywczego głębiej niż na 5 mm. Stosowany także jako lek (przeciw infekcjom grzybiczym skóry). Przy zbyt częstym spożywaniu z żywnością antybiotyk może stracić swoje działanie lecznicze. Uodpornione bakterie są bardzo trudne do zwalczania. Odradza się częste spożywanie.

E239 Heksametylenoczteroamina

Syntetyczny konserwant. Czasami stosowany do utrwalania serów Provolone. Uwalnia do sera formaldehyd. Śladowe jego ilości, tj. 25 mg na kilogram sera, są dopuszczalne. Heksametylenoczteroamina używana jest także do dezynfekcji skóry i dróg moczowych oraz jako środek konserwujący do produkcji kosmetyków. Odradza się częste spożywanie. Uwaga, alergicy!

E242 Dimetylodiwęglan

Syntetycznie produkowana substancja konserwująca i dezynfekująca. Stosowana do sterylizacji pojemników napełnianych napojami bezalkoholowymi, winami bezalkoholowymi i koncentratami herbaty w płynie. Ulega rozkładowi z wydzieleniem śladowych ilości pestycydu: methylcarbamatu. Pestycyd ten może być obecny w napoju tylko w ilości niestwierdzalnej przy użyciu standardowych metod badawczych. Niestety, nie ma obowiązku zaznaczania, że go stosowano. Brak pełnych danych. Niemożliwe jest obecnie wydanie jednoznacznej opinii.

E249 Azotyn potasu

Syntetycznie otrzymywany konserwant. Patrz E250. Odradza się częste spożywanie.

E250 Azotyn sodu

Syntetycznie produkowany konserwant i stabilizator barwy. Stosowany powszechnie do peklowania mięsa przeznaczonego do produkcji wędlin. Hamuje rozwój bakterii szkodliwych dla zdrowia (m.in. *Clostridum botulinum*). Spożyty w dużych ilościach utrudnia transport tlenu przez krew. Jest to szczególnie niebezpieczne w przypadku niemowląt. Podczas ogrzewania peklowanych przetworów mięsnych (w temperaturze powyżej 150°C) wchodzi w reakcje z cząsteczkami białka, w wyniku czego mogą wytwarzać się rakotwórcze nitrozoaminy. Odradza się częste spożywanie.

E251 Azotan sodu

Syntetycznie produkowany konserwant. Istnieje niebezpieczeństwo przekształcenia się tego azotanu w azotyn. Patrz E250. Odradza się częste spożywanie.

E252 Azotan potasu

Syntetyczny konserwant. Istnieje niebezpieczeństwo przekształcenia się tego azotanu w azotyn. Patrz E250. Odradza się częste spożywanie.

E280 Kwas propionowy

Syntetycznie produkowany konserwant. Może zmieniać zapach i smak potraw. Dopuszczony do stosowania w paczkowanym, krojonym chlebie i opakowanych drobnych wyrobach cukierniczych, m.in. w herbatnikach i innych ciastkach. Występuje naturalnie w niektórych gatunkach sera. Dopuszczony do użytku w krajach Unii Europejskiej. Odradza się częste spożywanie.

E281 Propionian sodu

Syntetycznie otrzymywany konserwant. Sól sodowa kwasu propionowego. Patrz E280. Odradza się częste spożywanie.

E282 Propionian wapnia

Syntetycznie otrzymywany konserwant. Sól wapniowa kwasu propionowego. Patrz E280. Odradza się częste spożywanie.

E283 Propionian potasu

Syntetycznie otrzymywany konserwant. Sól potasowa kwasu propionowego. Patrz E280. Odradza się częste spożywanie.

E310 Galusan propylu

Syntetycznie produkowany przeciwutleniacz. Istnieje podejrzenie, że utrudnia wchłanianie żelaza. Uważany za nieszkodliwy, ale uwaga, alergicy! Wszystkie galusany mogą wywoływać alergie.

E315 Kwas izoaskorbinowy

Syntetycznie produkowany przeciwutleniacz i stabilizator barwy. Dopuszczony do stosowania w wyrobach mięsnych i rybnych. Nie wykazuje aktywności witaminy C. Niemożliwe jest obecnie wydanie wiążącej opinii.

E316 Izoaskorbinian sodu

Syntetycznie produkowany przeciwutleniacz i stabilizator barwy. Związek sodu z kwasem izoaskorbinowym. Patrz E315. Brak wystarczających danych. Niemożliwe jest obecnie wydanie wiążącej opinii.

E320 Butylohydroksyanizol (BHA)

Syntetycznie produkowany przeciwutleniacz. W dużych dawkach powoduje zaburzenia pracy wątroby. U zwierząt doświadczalnych stwierdzano po jego podaniu powstawanie wrzodów dwunastnicy. Przy przyjmowaniu dużych dawek możliwe jest odkładanie się w organizmie. Podejrzewa się, że BHA może wywoływać alergie. Odradza się częste spożywanie. Uwaga, alergicy!

E321 Butylohydroksytoluen (BHT)

Syntetycznie produkowany przeciwutleniacz. Patrz E320. Odradza się częste spożywanie. Uwaga, alergicy!

E338 Kwas fosforowy

Przeciwutleniacz i regulator kwasowości. W dużej dawce może upośledzać wchłanianie wapnia, magnezu i żelaza. Odradza się częste spożywanie.

E339 Fosforany sodu

Naturalne przeciwutleniacze, emulgatory, regulatory kwasowości, stabilizatory i substancje wspomagające wiązanie wody. Sole sodowe kwasu ortofosforowego. Fosfor jest jednym z niezbędnych do życia składników mineralnych. W organizmie powinna istnieć określona proporcja pomiędzy ilością fosforu i wapnia. Jeśli dostarczymy za dużo fosforu, może to zakłócić przyswajanie innych substancji mineralnych, prowadząc do osłabienia kości i odkładania się wapnia. Odradza się częste spożywanie.

E340 Fosforany potasu

Naturalne przeciwutleniacze, emulgatory i regulatory kwasowości. Sole potasowe kwasu ortofosforowego. Patrz E339. Odradza się częste spożywanie.

E341 Fosforany wapnia

Naturalne regulatory kwasowości, topniki, środki teksturotwórcze i dodatki przeciwzbrylające. Sole wapniowe kwasu ortofosforowego. Patrz E339. Odradza się częste spożywanie.

E353 Kwas metawinowy

Syntetyczny regulator kwasowości i stabilizator. Może upośledzać wchłanianie wapnia.

E354 Winian wapnia

Syntetyczny regulator kwasowości. Może upośledzać wchłanianie wapnia.

E355 Kwas adypinowy

Syntetyczny regulator kwasowości i substancja wzmacniająca smak. Bardzo łatwo osiągnąć dopuszczalne dzienne spożycie (ADI). Odradza się częste spożywanie.

E380 Cytrynian triamonowy

Syntetyczny regulator kwasowości. Sole amonowe spożywane w dużych dawkach mogą powodować nadmierne zakwaszenie płynów organicznych oraz dolegliwości żołądka i jelita cienkiego. Brak wiarygodnych danych. Niemożliwe jest obecnie wydanie wiążącej opinii.

E385 Sól wapniowo-disodowa kwasu etylenodiaminotetraoctowego

Syntetyczny przeciwutleniacz i substancja o działaniu synergistycznym z konserwantami. Stosowana w produkcji konserw (np. do roślin strączkowych, grzybów i ryb), niskotłuszczowej margaryny i mrożonych skorupiaków. Silnie wiąże substancje mineralne, może prowadzić do poważnych zaburzeń w przemianie materii. Dzieci poniżej 2. roku życia nie powinny jej spożywać. Sól ta jest stosowana także jako lek przy leczeniu zatruć metalami ciężkimi. Odradza się spożywanie.

E400 Kwas alginowy

Naturalna, roślinna, substancja zagęszczająca, żelująca i wykorzystywana do powlekania produktów spożywczych. Otrzymywana z glonów morskich. Może upośledzać wchłanianie substancji mineralnych, np. wapnia, żelaza, manganu i cynku. W przypadku regularnego spożycia może dojść do obniżenia poziomu składników mineralnych w organizmie. Odradza się częste spożywanie.

E401 Alginian sodu

Naturalny, roślinny, środek zagęszczający, do powlekania i substancja żelująca. Sól sodowa kwasu alginowego. Patrz E400. Odradza się częste spożywanie.

E402 Alginian potasu

Naturalny, roślinny, środek zagęszczający, do powlekania i substancja żelująca. Sól potasowa kwasu alginowego. Patrz E400. Odradza się częste spożywanie.

E403 Alginian amonu

Naturalny, roślinny, środek zagęszczający, stabilizator i substancja żelująca. Sól amonowa kwasu alginowego. Patrz E400. Odradza się częste spożywanie.

E404 Alginian wapnia

Naturalny, roślinny, środek zagęszczający, stabilizator i substancja żelująca. Sól wapniowa kwasu alginowego. Patrz E400. Odradza się częste spożywanie.

E405 Alginian propylenowo-glikolowy

Naturalny, roślinny, środek zagęszczający, emulgator i stabilizator piany. Pochodna kwasu alginowego. Może przekształcać się w glikol propylenowy, wtedy działa jak alergen. Patrz E400. Odradza się częste spożywanie. Uwaga, alergicy!

E406 Agar

Naturalny, roślinny, środek żelujący i zagęszczający. Otrzymywany z czerwonych glonów morskich. W bardzo małym stopniu wchłaniany w przewodzie pokarmowym. Ogranicza przyswajanie składników mineralnych. W dużych dawkach może działać przeczyszczająco. Odradza się częste spożywanie.

E407 Karagen

Naturalny, roślinny, środek żelujący i zagęszczający. Otrzymywany z czerwonych glonów morskich. W bardzo małym stopniu wchłaniany w przewodzie pokarmowym. W dużych dawkach, normalnie niewystępujących w żywności, może ograniczać przyswajanie składników mineralnych (np. potasu) i działać przeczyszczająco. Odradza się częste spożywanie.

E410 Mączka chleba świętojańskiego

Naturalny, roślinny, środek żelujący i zagęszczający. Otrzymywany z owoców drzewa świętojańskiego. W bardzo małym stopniu wchłaniany w przewodzie pokarmowym. W dużych dawkach może działać przeczyszczająco. Takie ilości nie są jednak spotykane w artykułach spożywczych, ale uwaga, alergicy!

E412 Guma guar

Naturalny, roślinny, środek zagęszczający i stabilizator. Otrzymywany z nasion drzewa *Cyamopsis tetragonolobus*. W bardzo małym stopniu wchłaniany w przewodzie pokarmowym. Zdarzają się przypadki wystąpienia po jego spożyciu reakcji alergicznych w postaci zaburzeń żołądkowo-jelitowych, astmy i egzemy kontaktowej. Uwaga, alergicy!

E413 Tragakanta

Naturalny, roślinny, środek zagęszczający. Otrzymywany z soku krzewu z rodzaju *Astragalus*, rosnącego w Azji. Nie ulega przemianie materii, w dużych dawkach może działać przeczyszczająco. Tak duże dawki w artykułach spożywczych nie są jednak stosowane, ale uwaga, alergicy!

E414 Guma arabska

Naturalny, roślinny, środek zagęszczający, stabilizator i emulgator. Wysuszony sok niektórych gatunków akacji. Uwaga, alergicy!

E416 Guma karaya

Naturalny, roślinny, środek zagęszczający i stabilizator. Wysuszony sok drzewa *Sterculiceae*. Ma działanie przeczyszczające. Może upośledzać wchłanianie substancji mineralnych, np. wapnia. Stosowany także jako środek przeczyszczający, wzmacniający włosy i do przytwierdzania protez zębowych. Odradza się częste spożywanie.

E417 Guma tara

Naturalny, roślinny, środek zagęszczający i stabilizator. Otrzymywany z nasion strączkowych drzewa tara (*Caesalpinia spinosa*). Uwaga, alergicy!

E418 Guma gellan

Syntetyczny zagęszczacz, środek żelujący i stabilizator. Produkowany przez mikroorganizmy rosnące na podłożu zawierającym cukier. Nieprzyswajany przez organizm człowieka. Substancja o działaniu przeczyszczającym. Brak wiarygodnych danych. Niemożliwe jest obecnie wydanie wiążącej opinii.

E420 Sorbitol

Syntetyczna substancja słodząca (słodzik) i teksturotwórcza. Produkowana w wyniku chemicznego przetwarzania glukozy. Wykorzystywana w diecie diabetyków. Nie atakuje szkliwa zębów. Sorbitol wolno stosować prawie we wszystkich produktach spożywczych, z wyjątkiem napojów, w dowolnych ilościach. Przy przekroczeniu dawki 20 g na dzień mogą wystąpić biegunki. Ilość ta może być zawarta już w kilku łyżeczkach dietetycznej konfitury. W doświadczeniach na zwierzętach przy podawaniu zbyt dużej dawki obserwowano tworzenie się kamieni moczowych i guzów nerek. Odradza się częste spożywanie w ilości przekraczającej 20 g dziennie.

E421 Mannitol

Syntetyczna substancja słodząca (słodzik) i przeciwzbrylająca. Stosowana w diecie diabetyków. Nie atakuje szkliwa zębów. Może powodować biegunki. Odradza się częste spożywanie w ilości przekraczającej 50 g dziennie.

E432 Monolaurynian polioksyetylenosorbitolu

Syntetyczny emulgator i substancja tworząca kompleksy. Może ułatwiać wchłanianie szkodliwych substancji rozpuszczalnych w tłuszczu. Wpływa na trawienie innych substancji. Odradza się częste spożywanie.

E433 Monooleinian polioksyetylenosorbitolu

Syntetyczny emulgator i substancja tworząca kompleksy. Może ułatwiać wchłanianie szkodliwych substancji rozpuszczalnych w tłuszczu. Wpływa na trawienie innych substancji. Odradza się częste spożywanie.

E434 Monopalmitynian polioksyetylenosorbitolu

Syntetyczny emulgator i substancja tworząca kompleksy. Może ułatwiać wchłanianie szkodliwych substancji rozpuszczalnych w tłuszczu. Wpływa na trawienie innych substancji. Odradza się częste spożywanie.

E435 Monostearynian polioksyetylenosorbitolu

Syntetyczny emulgator i substancja tworząca kompleksy. Może ułatwiać wchłanianie szkodliwych substancji rozpuszczalnych w tłuszczu. Wpływa na trawienie innych substancji. Odradza się częste spożywanie.

E436 Tristearynian polioksyetylenosorbitolu

Syntetyczny emulgator i substancja tworząca kompleksy. Może ułatwiać wchłanianie szkodliwych substancji rozpuszczalnych w tłuszczu. Wpływa na trawienie innych substancji. Odradza się częste spożywanie.

E442 Fosfatydy amonu

Syntetycznie pozyskiwany emulgator. Sole amonowe spożywane w dużych ilościach mogą prowadzić do nadmiernego zakwaszenia organizmu. Brak wystarczających danych. Niemożliwe jest obecnie wydanie wiążącej opinii.

E444 Octan izomaślanu sacharozy

Syntetyczny stabilizator i emulgator. Wolno go stosować tylko do aromatyzowanych, bezalkoholowych napojów. Brak wystarczających danych. Niemożliwe jest obecnie wydanie wiążącej opinii.

E445 Estry glicerolu i żywicy roślinnej

Syntetyczne stabilizatory i emulgatory. Stosowane do produkcji aromatyzowanych, bezalkoholowych, mętnych napojów oraz wyrobów cukierniczych. Brak wystarczających danych. Niemożliwe jest obecnie wydanie wiążącej opinii.

E450 Difosforany

Syntetyczne emulgatory, stabilizatory i regulatory kwasowości. Spożywane w dużych ilościach mogą pogarszać wchłanianie wapnia, magnezu i żelaza oraz powodować osteoporozę i odkładanie się wapnia. Patrz E339. Odradza się częste spożywanie.

E451 Trifosforany

Syntetyczne emulgatory, stabilizatory i regulatory kwasowości. Spożywane w dużych ilościach mogą pogarszać wchłanianie wapnia, magnezu i żelaza oraz powodować osteoporozę i odkładanie się wapnia. Patrz E339. Odradza się częste spożywanie.

E452 Polifosforany

Syntetyczne emulgatory i stabilizatory. Spożywane w dużych ilościach mogą pogarszać wchłanianie wapnia, magnezu i żelaza oraz powodować osteoporozę i odkładanie się wapnia. Patrz E339. Odradza się częste spożywanie.

E466 Sól sodowa karboksymetylocelulozy

Naturalny środek zagęszczający i stabilizator. Patrz E460. Przy dawkach powyżej 5 g możliwe jest działanie przeczyszczające. Uwaga, alergicy!

E476 Polirycynooleinian poliglicerolu

Syntetyczny emulgator i stabilizator. Stosowany w produktach przeznaczonych do smarowania pieczywa o zredukowanej ilości tłuszczu, do sosów sałatkowych, słodyczy na bazie kakao i czekolady. W testach na zwierzętach przy podawaniu dużych dawek obserwowano powiększenie wątroby i nerek. Odradza się częste spożywanie.

E477 Estry kwasów tłuszczowych i glikolu propylenowego

Syntetyczne emulgatory. Brak wystarczających danych. Niemożliwe jest obecnie wydanie wiążącej opinii.

E479b Termoutleniony olej sojowy z mono- i diglicerydami kwasów tłuszczowych

Syntetyczny emulgator i sekwestant. Stanowi składnik olejów smażalniczych. Stosowany jako składnik emulsji tłuszczowych przeznaczonych do pieczenia. Brak wystarczających danych. Niemożliwe jest obecnie wydanie wiążącej opinii.

E491 Monostearynian sorbitolu

Syntetyczny emulgator oraz stabilizator struktury krystalicznej tłuszczów. Dopuszczalna dzienna dawka (ADI) może być przekroczona po spożyciu 150 g czekolady, 150 g ciasteczek bądź 300 g deserów lub słodyczy. U zwierząt, którym podawano go w dużych dawkach (powyżej 25 proc. paszy), obserwowano uszkodzenia organów wewnętrznych, biegunki i kamienie moczowe w pęcherzu. Odradza się częste spożywanie.

E492 Tristearynian sorbitolu

Syntetyczny emulgator. Patrz E491. Odradza się częste spożywanie.

E493 Monolaurynian sorbitolu

Syntetyczny emulgotor. Patrz E491. Odradza się częste spożywanie.

E494 Monooleinian sorbitolu

Syntetyczny emulgator. Patrz E491. Odradza się częste spożywanie.

E495 Monopalmitynian sorbitolu

Syntetyczny emulgator. Patrz E491. Odradza się częste spożywanie.

E503 Węglan i wodorowęglan amonu

Syntetyczny środek spulchniający i regulator kwasowości. Znaczne, niewystępujące w artykułach spożywczych, ilości soli amonowych mogą prowadzić do nadmiernego zakwaszenia krwi.

E517 Siarczan amonu

Syntetyczny stabilizator. Sole amonowe mogą prowadzić do wzrostu kwasowości krwi i wywoływać dolegliwości żołądkowo-jelitowe.

E527 Wodorotlenek amonu

Syntetyczny regulator kwasowości. Znany jako amoniak. Znaczne, niewystępujące w artykułach spożywczych, ilości soli amonowych mogą prowadzić do wzrostu kwasowości krwi oraz powodować schorzenia w obrębie żołądka i jelit.

E554 Krzemian glinowo-sodowy

Naturalna substancja przeciwzbrylająca. Prowadzi do schorzeń spowodowanych odkładaniem się glinu w organizmie. U osób cierpiących na choroby nerek może dojść do kumulowania się glinu. Podejrzewa się, że glin jest jednym z czynników wywołujących chorobę Alzheimera. Uwaga, pacjenci chorzy na chorobę Alzheimera! Odradza się częste spożywanie.

E555 Krzemian glinowo-potasowy

Naturalna substancja przeciwzbrylająca. Patrz E554. Uwaga, pacjenci chorzy na chorobę Alzheimera! Odradza się częste spożywanie.

E556 Krzemian glinowo-wapniowy

Naturalna substancja przeciwzbrylająca. Patrz E554. Uwaga, pacjenci chorzy na chorobę Alzheimera! Odradza się częste spożywanie.

E559 Krzemian glinu, kaolin

Naturalna substancja przeciwzbrylająca i klarująca. Może prowadzić do powstawania schorzeń spowodowanych odkładaniem się glinu w organizmie. U osób cierpiących na choroby nerek może dojść do kumulowania się glinu. Podejrzewa się, że glin jest jednym z czynników wywołujących chorobę Alzheimera. Uwaga, pacjenci chorzy na chorobę Alzheimera! Odradza się częste spożywanie.

E577 Glukonian potasu

Naturalny regulator kwasowości i stabilizator. Sól potasowa kwasu glukonowego. Odradza się spożywanie ponad 20 g.

E578 Glukonian wapnia

Naturalny regulator kwasowości i stabilizator. Sól wapniowa kwasu glukonowego. Odradza się spożywanie ponad 20 g.

E579 Glukonian żelazawy

Syntetyczny stabilizator i emulgator. Sól żelazawa kwasu glukonowego. Stosowany do barwienia czarnych oliwek. Odradza się spożywanie ponad 20 g.

E620 Kwas glutaminowy

Syntetyczna substancja wzmacniająca smak. Otrzymywana metodą fermentacji. Duże jej ilości zawierają półprodukty kuchni chińskiej – sosy sojowe. Przypuszcza się, że u osób bardzo wrażliwych mniej więcej dwie godziny po spożyciu może powodować sztywnienie karku, pleców i ramion, przyspieszone bicie serca, bóle głowy i uczucie osłabienia (tzw. syndrom chińskiej restauracji). Nowsze badania nie potwierdziły wprawdzie tych podejrzeń, ale też nie usunęły wszystkich wątpliwości. Przedawkowania są możliwe, ponieważ kwas glutaminowy nie jest wyczuwalny podczas jedzenia. Odradza się częste spożywanie.

E621 Glutaminian sodu

Syntetyczna substancja wzmacniająca smak. Otrzymywana metodą fermentacji. Związek sodu i kwasu glutaminowego. Patrz E620. Osoby wrażliwe powinny uważać. Odradza się częste spożywanie.

E622 Glutaminian potasu

Syntetyczna substancja wzmacniająca smak. Otrzymywana metodą fermentacji. Związek potasu i kwasu glutaminowego. Patrz E620. Osoby wrażliwe powinny uważać. Odradza się częste spożywanie.

E623 Glutaminian wapnia

Syntetyczna substancja wzmacniająca smak. Otrzymywana metodą fermentacji. Związek wapnia i kwasu glutaminowego. Patrz E620. Osoby wrażliwe powinny uważać. Odradza się częste spożywanie.

E624 Glutaminian monoamonowy

Syntetyczna substancja wzmacniająca smak. Otrzymywana metodą fermentacji. Patrz E620. Osoby wrażliwe powinny uważać. Odradza się częste spożywanie.

E625 Diglutaminian magnezu
Syntetyczna substancja wzmacniająca smak. Otrzymywana metodą fermentacji. Związek magnezu i kwasu glutaminowego. Patrz E620. Osoby wrażliwe powinny uważać. Odradza się częste spożywanie.

E626 Kwas guanylowy
Syntetyczna substancja wzmacniająca smak. Otrzymywana metodą fermentacji lub przez rozkład RNA. Brak wystarczających danych. Niemożliwe jest obecnie wydanie wiążącej opinii.

E627 Guanylan disodowy
Syntetyczna substancja wzmacniająca smak. W porównaniu z kwasem glutaminowym wykazuje 10-20-krotnie silniejsze działanie jako polepszacz smaku. Brak wystarczających danych. Niemożliwe jest obecnie wydanie wiążącej opinii.

E628 Guanylan dipotasowy
Syntetyczna substancja wzmacniająca smak. Brak wystarczających danych. Niemożliwe jest obecnie wydanie wiążącej opinii.

E629 Guanylan wapnia
Syntetyczna substancja wzmacniająca smak. Brak wystarczających danych. Niemożliwe jest obecnie wydanie wiążącej opinii.

E630 Kwas inozynowy
Naturalna substancja wzmacniająca smak. Brak wystarczających danych. Niemożliwe jest obecnie wydanie wiążącej opinii.

E631 Inozynian disodowy
Naturalna substancja wzmacniająca smak. W porównaniu z kwasem glutaminowym wykazuje 10-20-krotnie silniejsze działanie jako polepszacz smaku. Brak wystarczających danych. Niemożliwe jest obecnie wydanie wiążącej opinii.

E632 Inozynian dipotasowy
Naturalna substancja wzmacniająca smak. Brak wystarczających danych. Niemożliwe jest obecnie wydanie wiążącej opinii.

E633 Inozynian wapnia

Naturalna substancja wzmacniająca smak. Brak wystarczających danych. Niemożliwe jest obecnie wydanie wiążącej opinii.

E634 Rybonukleotydy wapnia

Naturalna substancja wzmacniająca smak. Brak wystarczających danych. Niemożliwe jest obecnie wydanie wiążącej opinii.

E635 Rybonukleotydy disodowe

Naturalna substancja wzmacniająca smak. Brak wystarczających danych. Niemożliwe jest obecnie wydanie wiążącej opinii.

E900a Dimetylopolisiloksan

Syntetyczny środek zapobiegający pienieniu. Odradza się częste spożywanie.

E950 Acesulfam K

Syntetyczna substancja słodząca o działaniu 200-krotnie silniejszym niż cukier. Dopuszczalne dzienne spożycie (ADI) wynosi 15 mg na kilogram masy ciała. Wartość ta w przypadku osoby ważącej ok. 60 kg zostanie osiągnięta dopiero po wypiciu ok. 6 l soku pomarańczowego osłodzonego tym środkiem, jednak u dziecka ważącego ok. 25 kg już po wypiciu 2,5 l soku. Uwaga, rodzice i dzieci!

E951 Aspartam

Syntetyczna substancja słodząca i wzmacniacz smaku. Działa 200-krotnie silniej słodząco niż cukier. Dwupeptyd. Może być produkowany z zastosowaniem techniki genetycznej (np. w Japonii i Stanach Zjednoczonych). Może zawierać zanieczyszczenia, w dużych ilościach szkodliwe dla zdrowia. Ze względu na obecność fenyloalaniny nie wolno go stosować w żywieniu dzieci chorych na fenyloketonurię. Dopuszczalna dzienna dawka (ADI) wynosi 40 mg na kilogram masy ciała. Wartość ta w przypadku osoby ważącej ok. 60 kg zostanie osiągnięta po spożyciu ok. 1200 g jogurtu light i wypiciu ośmiu filiżanek herbaty osłodzonej aspartamem, jednak u dziecka ważącego ok. 25 kg już po spożyciu 600 g jogurtu light. Dla osób chorych na fenyloketonurię szkodliwy.

E952 Kwas cyklaminowy i jego sole: sodowa i potasowa

Syntetyczne substancje słodzące o działaniu 30-50-krotnie silniejszym niż cukier. W testach na zwierzętach podawanie dużych dawek prowadziło do nowotworu pęcherza, zmniejszonej płodności i zmian w komórkach. W nowszych badaniach obserwacje te nie potwierdziły się. Dopuszczalne dzienne spożycie (ADI) wynosi 11 mg na kilogram masy ciała. Wartość ta w przypadku osoby ważącej ok. 60 kg zostanie osiągnięta po wypiciu szklanki coca-coli light, półtorej filiżanki kawy i dwóch puszek napoju dla sportowców, jeśli wszystkie były słodzone tą substancją; jednak w przypadku dziecka ważącego ok. 25 kg już po zjedzeniu 200 g jogurtu muesli light. Odradza się częste spożywanie.

E953 Izomalt

Syntetyczna substancja słodząca, prawie w połowie tak słodka jak cukier. Nie atakuje szkliwa zębów. Jednorazowe spożycie 20-30 g może wywołać biegunkę. Taką ilość zawiera np. połowa tabliczki czekolady dietetycznej. Odradza się częste spożywanie w ilościach przekraczających 20-30 g jednorazowo lub 50 g dziennie.

E954 Sacharyna i jej sole sodowe, potasowe i wapniowe

Syntetyczne substancje słodzące, 500-krotnie słodsze od cukru. Mogą nadawać potrawom metaliczny i gorzkawy posmak. W testach na zwierzętach wywoływały nowotwór pęcherza, mogą stymulować powstawanie komórek nowotworowych. W Stanach Zjednoczonych istnieje obowiązek umieszczania na opakowaniach odpowiednich ostrzeżeń. Dopuszczalne dzienne spożycie (ADI) wynosi 5 mg na kilogram masy ciała. Wartość ta w przypadku osoby ważącej ok. 60 kg zostanie osiągnięta po wypiciu jednocześnie litra napojów dla sportowców, litra nektaru morelowego, czterech filiżanek kawy i zjedzeniu dwóch kubeczków ryżu z owocami, jeśli wszystkie były słodzone tą substancją; jednak w przypadku dziecka ważącego ok. 25 kg już po spożyciu 360 g ryżu z owocami light. Odradza się częste spożywanie.

E957 Taumatyna

Naturalna substancja słodząca i wzmacniacz smaku, 2500-krotnie słodsza od cukru. Jest fragmentem białka owoców afrykańskiej rośliny

Thaumatococcus daniellii. Uważana za nieszkodliwą. Nie jest możliwa obiektywna ocena taumatyny produkowanej genetycznie.

E959 Neohesperydyna DC

Syntetyczna substancja słodząca, 600-krotnie słodsza od cukru. Występuje także w owocach cytrusowych. Dopuszczalne dzienne spożycie (ADI) wynosi 5 mg na kilogram masy ciała. Uważana za nieszkodliwą.

E965 Maltitol

Syntetyczna substancja słodząca i regulator wilgotności. Mniej słodka od cukru. Przy dziennym spożyciu ponad 30-50 g u osób dorosłych i 20 g u dzieci może wystąpić biegunka. Odradza się dzienne spożycie przekraczające 30 g w przypadku dorosłych oraz 20 g w przypadku dzieci.

E966 Laktitol

Syntetyczna substancja słodząca, w połowie tak słodka jak cukier. Produkowana jest z cukru mlecznego. Przy dziennym spożyciu przekraczającym 50 g może wystąpić biegunka. Odradza się dzienne spożycie przekraczające 50 g.

E967 Ksylitol

Syntetyczna substancja słodząca i utrzymująca wilgotność, podobnie słodka jak cukier. Może wywoływać biegunki. Odradza się jednorazowe spożycie przekraczające 20 g lub łącznie dziennie 50 g.

E999 Ekstrakt Quillaia

Naturalny środek pianotwórczy. Pozyskiwany z kory drzewa kwilaja (*Quillaia*). Stabilizuje wytworzoną pianę, zawiera jednak toksyczną saponinę, dlatego jego stosowanie było dawniej zabronione. Obecnie dopuszczony tylko do produkcji aromatyzowanych napojów bezalkoholowych na bazie wody. Wartość ADI dla osób dorosłych ważących ok. 70 kg osiągano przy spożyciu 1,75 l piwa imbirowego (Ginger Ale). Odradza się częste spożywanie.

E1105 Lizozym

Naturalny lub uzyskiwany genetycznie konserwant i preparat enzymatyczny. Stosowany do produkcji serów twardych i krojonych oraz jako enzym do wszystkich artykułów spożywczych. Otrzymywany z białka kurzego. Uwaga, alergicy! Nie jest możliwe dokonanie wiarygodnej oceny lizozymu uzyskiwanego genetycznie.

E1200 Polidekstroza, spolimeryzowana glukoza

Syntetyczna substancja zagęszczająca, regulator wilgotności i stabilizator. Może mieć działanie przeczyszczające. Odradza się jednorazowe spożycie w ilości przekraczającej 50 g lub łącznie w ciągu dnia 90 g.

E1201 Poliwinylopirolidon

Syntetyczna substancja klarująca. Dopuszczona tylko przy produkcji win, artykułów spożywczych i substancji słodzących przeznaczonych dla diabetyków. Po dodaniu najczęściej jest usuwana. Nie zawsze istnieje obowiązek podawania jej obecności. Odradza się częste spożywanie.

E1410 Fosforan monoskrobiowy

Naturalny zagęszczacz, stabilizator i substancja wiążąca. Związki fosforanu mogą w dużych dawkach, jakie zwykle nie występują w artykułach spożywczych, zaburzyć wchłanianie wapnia, magnezu i żelaza.

E1412 Fosforan diskrobiowy

Naturalny zagęszczacz, stabilizator i substancja wiążąca. Związki fosforanu mogą w dużych dawkach, jakie zwykle nie występują w artykułach spożywczych, zaburzyć wchłanianie wapnia, magnezu i żelaza.

E1413 Fosforowany fosforan diskrobiowy

Naturalny zagęszczacz, emulgator i substancja wiążąca. Związki fosforanu mogą w dużych dawkach, jakie zwykle nie występują w artykułach spożywczych, zaburzyć wchłanianie wapnia, magnezu i żelaza.

E1414 Acetylowany fosforan diskrobiowy

Naturalny zagęszczacz i stabilizator. Związki fosforanu mogą w dużych dawkach, jakie zwykle nie występują w artykułach spożywczych, zaburzyć wchłanianie wapnia, magnezu i żelaza.

E1440 Hydroksypropyloskrobia

Naturalny zagęszczacz, stabilizator i substancja wiążąca. Może zawierać szkodliwe zanieczyszczenia: chlorowodór propylenu i epoksyd. W doświadczeniach na zwierzętach przy podawaniu dużych dawek, jakie zwykle nie występują w artykułach spożywczych, i jednoczesnym niedoborze magnezu dochodziło do ostrych uszkodzeń nerek.

E1442 Hydroksypropylofosforan diskrobiowy

Naturalny zagęszczacz i stabilizator. Związek fosforanu ze skrobią hydroksypropylową. Patrz E1440.

E1505 Cytrynian trietylowy

Syntetyczny stabilizator piany. Dodawany do białka kurzego w proszku. Brak wystarczających danych. Niemożliwe jest obecnie wydanie wiążącej opinii.

E1518 Triacetyna, trioctan glicerolu

Syntetyczny nośnik i substancja utrzymująca wilgotność. Brak wystarczających danych. Niemożliwe jest obecnie wydanie wiążącej opinii.

W opracowaniu rozdziału korzystałyśmy z bazy danych Federacji Konsumentów: **www.federacja-konsumentow.org.pl**.

INDEKS

L

M

P

z

Ż